人力资源管理实战型系列教材

丛书主编　罗　帆　孙泽厚

职业生涯管理

——理论与实务

主　编　赵富强
副主编　罗　帆　张清华　陈　耘

科学出版社
北　京

内 容 简 介

职业牵动着个体的工作和家庭，不同的职业意味着不同的工作和生活，因而职业生涯管理不仅关乎个体成败，也关乎企业的稳定与发展。本书旨在将职业生涯管理的理论、工具、方法与途径等呈献给读者。全书分为基础篇、主体篇和过程篇三部分，基础篇提供依据，主体篇提供途径，过程篇提供参考。每章均有学习目标、引导案例、相关实例、要点总结、实验操作、应用案例、思考练习等，帮助学生加深对职业生涯管理的理解、掌握与应用。本教材拥有如下特色：全球视角、操作性强，逻辑清晰、结构严谨，立意较广、注重实用，资料丰富、内容新颖，形式多样、生动灵活。

本书既适合作为管理学专业本科生和研究生的教材，又适合作为相关专业人士的参考用书；既可以为组织的职业发展提供理论指导，也可以为个体职业生涯管理提供现实借鉴。

图书在版编目(CIP)数据

职业生涯管理：理论与实务/赵富强主编．—北京：科学出版社，2015
人力资源管理实战型系列教材
ISBN 978-7-03-043453-1

Ⅰ.①职… Ⅱ.①赵… Ⅲ.①职业选择-教材 Ⅳ.①C913.2

中国版本图书馆 CIP 数据核字(2015)第 036360 号

责任编辑：方小丽/ 责任校对：钟 洋
责任印制：张 伟 / 封面设计：蓝正设计

科 学 出 版 社 出版
北京东黄城根北街 16 号
邮政编码：100717
http://www.sciencep.com
北京盛通商印快线网络科技有限公司 印刷
科学出版社发行 各地新华书店经销
*
2015 年 3 月第 一 版 开本：787×1092 1/16
2023 年 8 月第六次印刷 印张：14
字数：332 000

定价：35.00 元

(如有印装质量问题，我社负责调换)

总　　序

二十六年前，当我们开始学习组织行为学时，即被其以人为本的内涵所吸引。虽然，当时国内很少有人关注这一学科，甚至有人批驳它是伪科学，但我们相信，这门由心理学、社会学、人类学、经济学等有关行为的学科组成的交叉学科一定会在管理中有重大的应用价值。

从主讲组织行为学或管理心理学课程，到探讨其在劳动人事管理中的应用，我们默默地耕耘，直到五十而知天命。随着劳动人事管理向人力资源管理方向发展，武汉理工大学形成了工商管理专业人力资源管理方向，毕业生受到了人才市场的欢迎。九年前，我们创办了人力资源管理专业，毕业生就业率一直在本校名列前茅。2005 年，我们的教学研究成果获得了湖北省教学成果一等奖；2008 年，“人力资源管理”被评为湖北省精品课程；2013 年，“组织行为学”被评为湖北省来华留学生品牌课程。我们主编的《人力资源管理——理论与实践》和《组织行为学》教材，深受社会各界好评。一路走来，充满艰辛，我们付出了许多心血，也获得了无限喜悦。

人力资源管理是蓬勃发展的新兴专业，实践性非常强，教材建设是专业建设的重要组成部分，是教学质量工程的建设重点。为此，在科学出版社的支持下，我们精心策划，联合有关高校的师资力量，组织企事业单位的人力资源管理人员，共同编写了工商管理类人力资源管理实战型系列教材，主要面向人力资源管理、工商管理、劳动与社会保障等专业的本科生和研究生（包括 MBA、EMBA），也可作为企事业单位在职培训的教材，以及各类管理人员的参考用书。

这套系列教材的特色主要体现在三个方面：

1. 统筹规划的系统性

作为湖北省教学研究项目“人力资源管理专业实践教学体系创新研究”的重要成果，本系列教材经过精心规划和系统设计，涵盖了“绩效管理”、“薪酬管理”、“工作分析与职位管理”、“人力资源风险管理”、“职业生涯管理”、“人力资源法规”、“人力资源管理战略规划”、“人员测评与选拔”、“人力资源开发与培训”、“组织行为与人力资源管理实训”等核心课程和特色课程，体系完备，重点突出。同时，本系列教材注重理论教学与实践教学相结合，纸质教材与电子课件、课程网络资源相结合，各种教学方法和手段优化组合，系统性强。

2. 领先前沿的创新性

罗帆、孙泽厚、桂萍、赵富强、卢少华、彭华涛等主编人员具有在美国、英国等发达国家知名大学留学的经历，了解人力资源管理的国际学术前沿和发展动态，将所主持的国家自然科学基金项目、国家社会科学基金项目的最新研究成果纳入教材。《人力资源风险管理》是国内外第一本相关领域的教材，包含人力资源风险预警管理、新生代农民工管理等内容，具有显著的创新性。本系列教材所采用的混合式教学、原创性案例、情景模拟、角色扮演和实训等方法，新颖独到。为了适应互联网＋时代教育信息化的发展趋势，我们在书中插入二维码，读者用手机扫描即可观看关键知识点教学录像、最新案例和阅读材料。

3. 需求导向的实战性

我们在全国范围内针对企事业单位人力资源管理人员、高校人力资源管理教师和学生分别进行了问卷抽样调查，对目前人力资源管理教材建设中的问题进行了诊断，了解了三方对人力资源管理教材的需求和期望，以需求为导向进行人力资源管理教学改革，所编写的教材强调实战性。以《组织行为与人力资源管理实训》为代表，综合反映实践教学创新的成果，致力于提高学生将来从事人力资源管理所需的综合素质，强化人力资源管理的战略视角、业务技能和实际操作能力。

各本教材的主编主要来自武汉理工大学、中南财经政法大学、华中师范大学、武汉科技大学、湖北经济学院、中南民族大学等高校，是多年教授人力资源管理相关课程的任课教师，积累了丰富的教学研究和实战经验。参编人员还有来自美国明尼苏达大学、日本帝京平成大学、上海金融学院、中山大学、上海交通大学、华南理工大学及企事业单位的人力资源管理人员。人员队伍结构合理，优势互补，不仅在人力资源管理理论研究方面有新突破，而且具有丰富的人力资源管理咨询或实践经验。本系列教材充分体现了集体智慧和多方经验，涉及面广，受益面大。

在编写系列教材的过程中，我们吸收了国内外学者的研究成果以及众多人力资源管理者的实践经验，得到了科学出版社、湖北省教育厅、湖北省人力资源学会、武汉理工大学等高校的大力支持和帮助，在此我们深表谢意！

罗帆　孙泽厚

2016 年 1 月

前　言

本教材是在武汉理工大学“人力资源管理”省级精品课程，以及“组织行为学”省来华留学生品牌课程建设的基础上，融合《人力资源管理——理论与实务》和《管理心理与行为》等教材，结合职业生涯管理课程多年的讲授经验，为品牌专业建设和职业生涯管理推广而编写，希望能够为个人职业生涯的成功发展和组织职业生涯管理的有效开展提供理论参考和操作依据，从而使个人找到自己的用武之地，进而实现个体、组织及国家在职业管理方面的多赢发展。

本教材特色表现在以下五个方面。

(1) 全球视角，操作性强。本教材主要在借鉴和整合国内外研究成果的基础上，力图反映职业生涯管理理论和实践的全貌，帮助大学生和企业员工加深对职业生涯管理的认识、理解与应用。全书分为三个部分，基础篇提供依据，主体篇提供途径，过程篇提供参考。每章均有学习目标、引导案例、相关实例、要点总结、实验操作、应用案例、思考练习等，从而主要针对企业员工和人力资源管理的实际，帮助学生加深对职业生涯管理的理解、掌握与应用，可操作性强，是一本理论与实践紧密结合的教材。

(2) 逻辑清晰，结构严谨。本教材共分三大块，第一块为基础篇，主要介绍职业生涯管理的范畴，以及职业生涯发展的理论、工具与方法；第二块为主体篇，主要介绍个体和组织如何进行职业生涯规划与管理；第三块为过程篇，主要介绍不同职业生涯阶段的特点、任务、问题、途径与方法。三大块顺畅衔接、逻辑清晰、结构合理、系统性强，既有解决为什么的理论基础，又注重如何解决的实践指导，既着眼现在，又展望未来。

(3) 立意较广，注重实用。本教材的一大特色是同时面向在校大学生和企业员工，在指导大学生职业生涯规划与管理的同时，积极引导大学生和员工将自己的职业生涯阶段与目前的实际情况相结合，将自己的职业生涯实际与组织需求相结合，将自己的职业生涯实际与国家需要相统一，相机而谋、相机而定、相机而变，从而实现个人、组织与国家的统一。

（4）资料丰富，内容新颖。本教材以学生的兴趣和需求为出发点，通过引导案例激发学生兴趣，通过原理阐释解答学生疑惑，通过实例穿插加强学生理解，通过应用案例锻炼学生分析，通过思考练习增强学生思考。本教材从职业生涯发展需要出发，介绍职业生涯发展理论，指导学生分析自我；引入职业分析工具，引导学生评价自我；介绍职业生涯规划内容、步骤与方法，指导学生进行职业生涯规划；介绍不同职业生涯阶段特点、任务、问题、途径和方法，指导学生在以后的工作中如何使自己适应和平衡职业与工作及工作与生活之间的关系；介绍个人如何进行职业生涯管理，指导学生如何自我评估、自我规划、自我管理；介绍组织如何进行职业生涯管理，指导组织或未来从事相关工作的学生如何对他人进行职业生涯管理；介绍国内外职业生涯管理发展的趋势与挑战，指导学生如何在未来相机而动，从而进行有效的职业生涯管理。

（5）形式多样，生动灵活。在编写本教材过程中，编者注重以学生为本，积极创新写作方法，打破常规教材的窠臼，以学习目标、案例引导、实例引入、知识要点、要点总结、案例分析、实验活动、思考练习为本教材的格律，引导学生积极参与、思考、分析与应用，从而力求学生知、行与会的有机统一。

本教材的编者们长期从事职业生涯管理的研究和教学工作，有着丰富的实践和教学经验，他们在总结大量企业实践和教学经验的基础上，把职业生涯管理最新的观念、理论、经验和体会汇集于本教材，并精选了适当案例和复习思考题。因此，本教材既可以作为大学师生的人力资源管理及相关经济管理专业的教材，又可以作为企业人力资源管理人员的参考用书，既为组织对员工的职业生涯发展提供理论指导，也为员工自身的职业生涯发展提供现实借鉴。

本教材由武汉理工大学管理学院赵富强副教授担任主编，武汉理工大学罗帆教授和陈耘副教授，以及华中师范大学张清华副教授担任副主编，研究生李菁辉、李彦君、李冬、杨淑媛和罗奎等做了大量的资料收集工作，试用本教材的武汉理工大学和华中师范大学人力资源管理专业本科生和研究生也对本书的修改完善提出了宝贵的意见。本教材的编写和出版得到了武汉理工大学管理学院领导及科学出版社领导和编辑的大力支持，在此一并表示感谢。同时，教材中的不妥之处在所难免，恳请读者朋友不吝赐教！

编　者

2014年9月30日

目　录

第一篇　基　础　篇

第二篇 主 体 篇

第三篇 过 程 篇

第一篇 基础篇

第1章 导论

引导案例

李辉的困惑

李辉2010年大学刚毕业，就在北京的一家上市公司的研发部取得了一个看似不错的职位，开始了自以为十分喜欢的工作。然而一段时间后，李辉渐渐发现，这家以“尊重人才，凝聚和谐，团结家庭”而著称的公司，并不像自己所想象的那样。公司领导对员工并不在意，人力资源总监也经常向员工传达着不尊重、不和谐和不团结的信息，“如果你不愿意在这里工作，那就走吧！外面有大把的人在排队等着呢！”。

李辉在研发部门工作了近两年，既没有得到任何有意义的研发任务，也没有接到有关下一步安排的通知。他现在开始考虑是到另一家大公司工作，还是换一个小的企业，甚至回到高等院校进行更高层次的进修呢？然而，2012年劳动力市场就业形势严峻，高校研究生入学竞争也空前激烈，几乎没有什么积蓄让李辉雪上加霜。他对自己的境遇非常困惑，未来的职业之路到底该如何走呢？

思考题：

1. 假如你是李辉，你将如何进行选择？
2. 该公司的职业生涯管理可能存在什么问题？

1.1 职业生涯管理相关概念

1.1.1 职业的内涵、特征及分类

1. 职业的内涵

要进行职业生涯管理，首先要对职业的概念与内涵进行明确的界定，而要理解职业的概念，就必须弄清楚职业和行业、产业、职位等相关概念之间的区别与联系。

职业的产生与发展是社会劳动分工所带来的必然结果，反映了社会的发展与进化，标志着人类的文明与进步。随着社会的发展、科技的进步及生产力水平的提高，社会分工越来越细化，职业的内容、类别和关系也越来越丰富。

在现实生活中，人们总是要在具体的工作岗位上实现就业，但人们对“职业”一词却有着不同的理解。有人认为，职业就是一种安身立命之本的“工作”，如医生、教师、法官等；有人认为，职业是一种“生活来源”；有人认为，职业代表一种等级身份。

学者们基于不同的研究目的，从不同角度对职业的内涵进行了不同的界定。其中主要是从社会学和经济学两方面所进行的阐释。

从社会学的角度，日本社会学家尾高邦雄认为，职业是某种社会分工或社会角色的持续实现，涵盖工作内容、工作场所和工作地位三个方面①；美国学者泰勒则认为，职业是一种成为模式的人群关系，这种关系与特殊工作经验有关；美国学者舒尔茨（Schultz）认为，职业是个人为了不断取得个人收入而连续从事的、具有市场价值的特殊活动，同时也是实现社会联系和自我价值而进行的持续性活动方式②；中国学者陈婴婴认为，职业是个体在社会物质生产或非物质生产过程中获得的一种社会地位，通过这一社会位置，个体加入社会资源的生产和分配体系，并建立相应的社会关系；姚裕群认为，职业是个体社会角色的一个极为重要的方面；《社会学小词典》把职业界定为，在社会分工的社会中，人为的作为独立的社会单位存在、谋求自己生计的维持，同时实现社会联系和自我实现而进行的持续的人类活动的方式③。因此，从社会学角度来看，①职业是在社会分工体系中所体现的一种社会位置；②职业与专门工作的人群关系和社会关系相联系；③职业与权力和利益有紧密的联系，具有垄断权和经济收益权；④职业的产生必定为社会所承认，为国家所认可，并具有相应的职业标准④。

经济学角度的职业概念与社会学角度有着明显的不同。美国学者阿瑟萨尔兹认为，职业是人们为获取经常性收入所从事的一种连续性特殊活动；法国权威词典认为，职业是人们为生活而从事的某种经常性活动；日本劳动问题专家保谷六郎认为，职业是有劳动能力的人以生活收入为目的而发挥个人能力，或者向社会作贡献而连续从事的活动；中国学者潘锦棠则认为，职业是劳动者能够稳定从事的某项有酬工作而获得的劳动角色，是相对稳定、有收入、专门类别的工作。因此，从经济学意义上来看，职业与劳动的精细社会分工紧密相连，具有一定的稳定性和收益性。

综上所述，职业存在于社会分工中，在不同工作性质的岗位上，人们从事的工作在目标、内容、方式及场所上都各有差异。职业的形成是一定社会分工或社会角色的持续实现。所以，职业是个人在社会中所从事的以获得物质报酬为自己主要生活来源并能满足自己精神需要的、在社会分工中具有专门技能的工作⑤。因此，个体是职业活动的主体，职业活动必须在组织中进行，组织目标是靠个体职业活动实现的，个体通过职业活动对组织作出贡献。职业活动贯穿个人一生，不仅是谋生手段，也是个人存在的意义和价值的证明。人尽其才，才尽其用，职业生涯管理就是要实现组织与员工

---

① 转引自段美．旅游职业分类体系构建研究．上海：上海师范大学，2011.

② 转引自徐卓斌．公司员工职业生涯管理体系的建设与应用研究．广州：华南理工大学，2011.

③ 转引自刘育锋．论职业教育的本质属性．职教论坛，2004（4）：13-17.

④ 转引自董显辉，肖凤翔．职业及其对职业教育课程的规定性．中国职业技术教育，2011（21）：24-29.

⑤ 转引自沈曦．大学生职业生涯设计指导的探讨．浙江工商大学学报，2004（5）：93-96.

双赢。

2. 职业的特征

根据职业的内涵，职业主要具有以下特征。①经济特征：个体通过连续的职业活动来完成工作任务，并获得报酬和收入。职业是个人经济收入的来源，是满足自身和家庭生存和发展需要的手段，是社会经济制度运行的主体。职业劳动创造的财富是社会存在和发展的物质基础。②社会特征：职业是社会发展的产物，随着社会分工的细化不断涌现出新的职业。每一种职业都体现了社会分工的细化，以及社会生产和社会进步的积极作用。③技术特征：每一种职业岗位都有其相应的职业要求，个体除了要达到该岗位职业道德、责任义务和服务要求以外，还要达到相应的技术水平。

3. 职业的功能

（1）职业能满足人们生活的物质需要。职业是人们生活的重要内容，主要表现为个体通过参加社会活动来获取生存必需的生活资料和积累个人财富。因为我国实行的是“按劳分配，效率优先，兼顾公平”的分配原则，所以每个劳动者参加职业劳动的数量和质量将直接决定其财富的多少。

（2）职业能满足人们的精神需要。根据马斯洛需要层次理论，人的需要分为生理需要、安全需要、社交需要、尊重需要和自我实现的需要，前两种需要为基本需要，后三种需要为精神需要①。职业是个人实现名誉、地位、权力、成就、尊重及自我实现等精神需要的重要途径。由于每种职业都有其独特的活动内容和要求，当这种工作能够使个人的才能得到发挥、个性得到不断发展和完善时，它就成为促进个性健康发展的途径。

（3）职业不仅能满足人们发展的需要，同时也是社会存在和发展的基础。职业的本质是劳动力与生产资料的有机结合，它体现着人与人之间的社会关系。人们的职业劳动在满足个人需要的同时，也为社会创造了财富。社会发展的基础由职业劳动生产出的物质财富和精神财富所构成。

4. 职业的分类

职业的产生与发展是社会经济发展和社会分工的必然产物。职业分类实质是社会劳动分工的细化。现代社会的职业体系是为了建立起与社会发展相适应的社会分工体系而形成的一种人力资源的配置，是社会经济制度的重要组成部分。正确进行职业分类，就是要正确体现社会分工，遵循经济运行的客观规律。职业分类要遵循以下原则。①同一性。一个职业类别必须在工作范围、工作内容、操作方法、使用工具及工作环境等方面都是同一的。②标准性。职业分类是一项复杂而又重要的工作，职业分类要有严格的标准，政府有关部门应该组织制定和实施相应标准。③多级性。社会职业是一个庞大又复杂的现象，有着成千上万个类别，需要划分为几个不同的等级或层次，

① Maslow A H A. Theory of Human Motivation. Psychological Review，1943，50（4）：370-396.

每一等级或层次要有具体的类别，这样才能够把庞大而复杂的职业区分开。④现实性。职业分类要反映社会实际，要基于社会经济发展、产业结构、技术状态、社会文化状况及个体劳动状况。⑤应用性。职业分类可作为理论和学术研究的对象，但其主要用途是应用。可以应用在国家对“人”的数据标准编码管理中，也可以应用在国民经济与社会发展状况的统计中，还可以应用在人口普查、高校职业指导及政府部门的就业管理等统计工作中。

在漫长的原始社会中，人类劳动最早只是按男女性别进行分工，男的打猎、捕鱼，女的采摘果实、挖掘茎块，所以职业并不存在。在原始社会末期，出现了最初的社会大分工，农业、手工业和畜牧业开始成为专门职业。以后随着生产力的发展，社会分工越来越细，职业也越来越多。职业是人类文明和社会分工的标志。人类历史上职业的产生和发展，一方面体现了社会生产力发展水平和科技进步的结果；另一方面又促进了社会生产力的提高，以及生产的社会化和专业化的发展。一个国家的职业构成，与其国民经济结构、经济与科学技术发展水平有着密切关系。由于各国经济发展水平不同，职业分类标准也不一。为便于国际比较，1958 年国际劳工组织制定了《国际标准职业分类》，1966 年又重新修订，将职业划分为八大类，在八大类之下又划分为 83 个小类、284 个细类及 1506 个职业项目，所列职业共计 1881 个。其中八大类包括：专家、技术人员及有关工作者；政府官员和企业经理；事务性工作者和有关工作者；销售工作者；服务工作者；农业、牧业和林业工作者，渔民和猎人；生产和有关工作者，运输设备操作者和劳动者；不能按职业分类的劳动者。国际劳工组织为各国职业分类提供了一个范本，增强了国家之间职业资料的可比性，有利于国际交流与合作，因而具有非常重要的意义。

参照国际标准，我国在区分物质资料生产与非物质资料生产的基础上，按从业人员所从事的社会经济活动的同一性或工作性质的同一性进行了职业分类。1999 年的《中华人民共和国职业分类大典》将我国的职业进行了全面、系统的划分，分为 8 个大类、66 个中类、413 个小类、1838 个细类。表 1-1 是国际劳工组织制定的《国际标准职业分类》(ISCO) 与我国职业分类标准的对照表。

表 1-1　国际与国内职业分类标准对照表

类别	国际标准职业分类	我国职业分类
1	专家、技术人员和有关工作者	专业技术人员
2	政府官员和企业经理	国家机关、党群组织、企事业单位负责人
3	事务性行政工作者	办事人员和有关工作者
4	销售工作者	商业和服务业人员
5	服务工作者	军人
6	农业、牧业和林业工作者，渔民和猎人	农、林、牧、渔、水利业生产人员
7	生产和有关工作者、运输设备操纵者和劳动者	生产、运输设备操作人员及有关人员
8	不能按职业分类的工作者	不便分类的其他人员

从表 1-1 中可以看出，在我国的职业分类中，军人被单独作为一类职业，商业和服

务业合并为一类职业，其他分类与国际标准职业分类基本相同。

5. 职业的分层

职业分层与职位分类是有明显区别的，弄清二者的区别对深入理解职业生涯发展具有重要意义。职位分类是根据组织内部岗位职责与权限的大小而进行的人员层次划分；而职业分层就是一种以职业角色为依据，以人们从事职业的社会地位和职业声望为标准所作的等级排位。不同职业间存在很大差别，职业活动内容不同、工作复杂程度不同、付出的脑力体力不同、工作环境不同、任职资格不同、组织权利不同、收入水平不同，社会地位也不同。职业分层通过给人创造公平竞争、自由择业的机会，促进人才的向上流动，进而推动社会健康发展。职业分类是对社会职业类别的横向划分，反映的是社会劳动分工的结果；而职业分层是对社会职业等级层次的纵向排序，反映的是职业地位。职业分类是以社会劳动分工为基础，依据劳动过程或劳动性质的同一性来进行划分；而职业分层则是以劳动者所从事职业的社会地位为基础，以其职业地位和职业声望为标准。前者虽然本身并不具有高低等级差异的含义，但由于其一般由政府来制定，所以具有权威性和法律性；而后者是职业地位高低次序的排列，是为社会公众所认可和遵从的，是社会价值取向的体现，能直接反映不同职业社会地位的高低差异，但不具有权威性和法律性。

阿尔伯·爱德华的研究将职业由高至低分为六个层次：专业人员，产业主、经理和官员，职员及类似职业，熟练工人及工段长，半熟练工人，非熟练工人。此外，在美国广泛流行的还有理查德·塞特的职业地位分层，从低到高依次是：①非熟练体力劳动者——在技术和责任方面要求最低的体力劳动者，如清洁工、搬运工、擦鞋工等；②半熟练体力劳动者——以体力劳动为主、技术要求不高的劳动者，如售货员、服务员、汽车司机、机器操作工等；③熟练体力劳动者——具有一定技能的体力劳动者和服务业的熟练劳动者如厨师、印刷工、火车司机、理发师等均系此层级；④白领工人——包括各类职员和技术工人，如图书管理员、打字员、推销员、制图员，以及其他从事管理工作和非体力劳动的劳动者；⑤小企业所有者和经营者——修理业主、服务业主、小零售商、小承包商及其他一切非农产业所有者；⑥专业人员——工程师、教授、作家、艺术家、法官、编辑、医生、教师等；⑦工商业者——大产业主、大工商业企业家等。一般企业员工可分为四个层次：高层管理人员，是企业的领导决策者；中层管理人员，是企业资源分配的组织者；基层管理人员，是企业一线操作的指挥者；操作者，是企业一线工作的完成者。

1.1.2 职业与学业、专业的关系

1. 学业与职业的关系

进入大学后，大家的生活方式有了多种选择，有许多事情需要他们投入精力去做。但作为学生，学习是最基本的任务，在他们从学校人向社会人转变之前，打下扎实的知识基础是十分必要的。基于此，学校许多政策的制定都以此为出发点。目前，大学

里普遍采用的是一种学分制管理模式，学生要顺利毕业，必须按规定修完课程，拿到所需的学分。同时，奖学金的评定与学习成绩也有很大的相关性，有时甚至将学习成绩排名作为评奖学金的唯一根据。此外，一些机会的获得，如出国交流、参加竞赛等，都是以学习成绩为重要标准进行选拔的。

许多学生在大学毕业时会选择就业走向社会。那么，他们在校时就必须了解课程学习对就业的重要性。许多单位招聘时，仍十分注重学生的学习情况，学习成绩常常作为单位筛选人才的“一道坎儿”。虽然他们在学校里所学到的知识和工作中所用到的知识差异较大，在上岗前单位也会对员工进行培训，但是招聘方看重学生学习成绩的原因是，他们认为学习成绩反映了学生的学习态度和学习能力。因此，在招聘的第一关——筛选简历的时候，同等条件之下，学习成绩优秀往往是胜出的关键因素。

学业状况在大学阶段有着十分重要的地位，大学阶段掌握的文化知识是毕业后选择工作所必须具备的基础。如果你准备以后找工作，那么最起码要达到组织招聘的基本要求，在此基础上再去发展自己的兴趣、参加各种活动等；如果你准备继续深造，那么更要重视课程学习，为以后作好铺垫。总之，在学校里作为一名学生，学好课程，完成最基本的任务是每位同学的责任。

2. 专业与职业的关系

一般而言，大学生在择业时主要考虑自己的专业或辅修专业，再考虑自己的兴趣爱好、特长等。反过来，用人单位在招聘新职员时一般首先考虑的是应聘者的就业素质、所学专业、特长爱好及相关经历等。

第一，就业素质。毕业生应该具有什么样的素质才能被用人单位录用，是每个毕业生就业时必须思考也必须解决的现实问题。据有关资料，用人单位大致从以下四个方面去考察和录用毕业生。

(1) 思想道德素质。思想道德素质是大学生非职业素质的核心，包括“三观”和“三德”。“三观”即人生观、价值观和世界观，“三德”即社会公德、伦理道德和职业道德。在这里主要谈一下职业道德，职业道德是指个体从事某项职业所应具备的基本道德素质，是一种社会意识的体现，能够直接指导社会行为，具有社会现实性和具体性，而这种特性是其他道德所不具备的。在国外，会计师、律师、法官能够受人尊敬的原因就是其公正、公平的职业道德。从思想道德素质上看，相当多的学生害怕吃苦受累，存在“娇”、“骄”二气，缺乏敬业精神和团队精神，文明道德修养不高，甚至对作弊、毁坏公共财物、破坏公共秩序等不良现象熟视无睹，这些都是思想道德素质不高的反映。热爱所从事的职业，具备职业的道德水平，是大学生进入社会后要学习的第一课。体现在大学生就业过程当中就是择业道德，即在择业时应该具备的道德水平，比如应聘资料的真实有效、就业过程当中的义务履行、避免多头应聘同时签约几家单位的问题等。

(2) 科学文化素质。目前，随着新兴学科的不断涌现，不同学科间互相交叉和相互渗透，致使科学的高度发展呈现出高度分化又高度综合的态势。由于社会、经济问题的综合性和复杂性，人类也更加倾向于从总体上认识和把握客观世界。大学生是高素质群体之一，更应具备高的科学文化素质，主要体现在以下方面：一是具备能适应自身成才目标需要的基础、有弹性的知识结构。它包括宽厚的综合基础知识、精深而系统的专业理论知识，以及最新的研究前沿知识等；二是科学意识和观念强烈，思维方法和工作方式要具备科学性，同时具备科学的精神和态度；三是运用自己掌握的科学知识解决实际问题的能力[①]。

(3) 生理素质。在现代社会，繁忙的生活、紧张的节奏要求投身进去的每一个人都必须具备健康的体魄。对于初入社会的大学生来讲，要干出一番成绩就要经受更多的压力，投入更多的精力，如果生理素质不高，是难以支持的。好的生理素质一方面是先天遗传的，另一方面也是后天培养和锻炼出来的。形成良好的生活规律，杜绝不良的生活习惯，合理安排工作与生活，是每个大学生的基本功。

(4) 心理素质。开发大学生自身的人力资源主要包括两个重要的方面：一是生理素质，二是心理素质，这两者是紧密联系的。良好的心理素质体现在：一是主动转换角色，适应社会需要；二是能客观评价自己，有良好的就业心态；三是能正确认识社会，寻找自己的最佳位置。在部分高校中，每年都有一定比例的大学生心理承受能力差，诱发精神病，甚至导致自杀、谋杀他人等暴力倾向，究其原因，主要是缺乏良好的心理素质。因此，良好的心理素质和健全的人格也是择业成功的重要条件。

第二，专业选择。从大学开始，一个学生面临的真正意义上的选择就是就读的大学和专业，其中专业对学生的影响力有时比大学要大得多。一方面，一个对口的专业能极大地调动一个人的学习兴趣，同时能够极大地影响其择业的决策过程，同时也在一定程度上对其职业生涯产生影响；另一方面，择业过程的变迁和社会职业的发展又从一定程度上反馈于大学生专业的选择和高校专业的设置。

高校专业设置是人才培养规格的重要标志。目前，各高校实行的是1998年颁布的《普通高等学校本科专业目录》，分设哲学、经济学、法学、教育学、文学、历史学、理学、工学、农学、医学、管理学等11个门类，下设71个二级类和249种专业。专业的设置要以培养人才的适应性及培养合格的专业人才为目标。具体来说专业的设置应该把握好以下几点。

(1) 专业的设置是人才培养规格的标志。对于大学生来说，要想成为符合该专业培养规格的合格毕业生，就必须完成专业教学计划规定的学习任务。用人单位如果是采用较粗放的选人、用人标准，那么按专业来挑选人才是可行的。对于大学毕业生而言，专业的标签是进入某些职业的有效通行证。因此，大学生必须在大学期间达到主修专业合格毕业生的基本要求，从而进一步辅修其他专业，拓展其他专业技能。

(2) 专业设置主要应以学科为主进行划分。学科有其自身的科学体系和内涵，与职业并无直接联系。专业学习的目的是使毕业生掌握系统的与本学科相关的科学知识和专业技能，对与特定职业有关的知识和技能的学习和掌握并不特别注重。高等学校中的各专业均致力于培养具有宽广适应性的毕业生，都希望本专业的毕业生能够适应

① 曾碧元. 关于当代大学毕业生应具备的素质的思考. 湖北民族学院学报（哲学社会科学版），2003，21 (4):102-104.

社会发展的需要，适应多种职业的需要。因此，一个合格的按专业教学计划完成专业学习要求的毕业生，不一定能成为一个满足所选职业要求的胜任者，在适应自己所选职业对人才要求的过程中，必须要通过自己的主观努力来实现。

（3）专业设置从根本上要与社会需求变化相一致。不同专业的兴衰发展各不相同，这与市场需求有着必然的联系。虽然国家通过宏观调控来增加某些专业的招生数量，限制某些专业的招生规模，但最终对结果进行检验的还是市场，毕业生的就业及职业发展前景才是决定性因素。

因此，必须通过了解专业的社会需求情况来进行专业设置。精英教育时代的大学生是社会紧缺人才，有广阔的就业空间，不需要作太多努力，就可以找到自己比较喜欢的职业。随着精英教育时代的结束，上大学就能够保证有一个好职业的时代已经不复存在。在如今高等教育普及的时代，大学生不再紧缺，职业对大学生的要求越来越精细，大学教育的目的是提高素质并发展个人职业，而就业的前提则必须学习相关的专业技能。因此，要对自己负责就必须对专业进行认真的选择。在精英教育时代，按教学计划学好专业是首要的；在大众教育时代，按教学计划学好专业与提高职业适应性至少是并重的。从某种意义上讲，提高职业适应性或许更为重要。上大学，一定要进行专业学习，但是专业学习是建立在个人对职业发展有一个初步认识的基础之上的。个人应该根据职业发展需要，选择主修和辅修专业，选择要参加的培训和要取得的证书，合理安排学习计划，积累适应个人职业发展需要的专业技能。

大学生要想顺利就业，实现人职匹配，就必须尽早地了解职业，明确个人的职业发展方向，并有目的地选择及学好专业。高等院校在此过程中，则必须要适应社会发展的需要，为学生提供较为宽广的专业选择范围和灵活的学习机制。只有这样，才能更好地促进学生就业，使高校得以长期可持续健康发展。

1.1.3 职业生涯管理相关概念

1. 职业生涯的内涵

“生”原意为“活着”，“涯”为“边际”，“生”和“涯”连在一起是“一生”，即人这一辈子。“生涯”的英文“career”，从字源看，来自罗马字“viacarraria”及拉丁字“carras”，二者的含义均指古代的战车。在希腊，“carras”这个字蕴含竞赛的精神，最早常用作动词，如驾驭赛马，后来又引申为道路，即人生的发展道路，又可指人或事物所经历的途径，或者指个人一生的发展过程，也指个人一生中所扮演的系列角色与职位。

不同国家的学者从不同的角度对职业生涯的内涵进行了界定。国外学者对职业生涯概念有不同的解释，沙特尔认为，职业生涯是指一个人在工作生活中所经历职业或职位的总称①；舒伯认为，职业生涯指一个人终生经历的所有职位的历程②；麦克弗兰

① Shartle C L. Occupational information：Its development and application. New York：Prentice-Hall，1952.

② Super D E. The Psychology of Careers. NY：John Will，1957.

德认为，职业生涯指一个人依据心中的长期目标所形成的一系列工作选择，以及相关的教育或训练活动，是有计划的职业发展历程①；霍尔认为，职业生涯是指人终其一生，伴随工作或职业的有关经验与活动②；麦克丹尼尔斯认为，职业生涯指一个人终其一生所从事工作与休闲活动的整体生活形态；韦伯斯特认为，职业生涯指个人一生职业、社会与人际关系的总称，即个人终身发展的历程③。综上所述，职业生涯是指与个人终身所从事工作或职业等有关活动的过程。法国权威词典将职业生涯界定为，连续性、分阶段、分等级的职业经历；美国学者罗斯威尔和思莱德将职业生涯界定为，人的一生中与工作相关的活动、行为、态度、价值观和愿望的有机整体；施恩则认为，职业生涯包括内职业生涯和外职业生涯。外职业生涯是指经历的一种职业通道，包括招聘、培训、晋升、解雇、退休等各个阶段。内职业生涯更多地注重于所取得的成功或满足、主观感情、工作事务、家庭义务、个人休闲等其他需求的平衡。施恩强调了职业的过程，以及职业过程中个人情感与工作家庭和个人事务的关系④。

我国学者吴国存将职业生涯分为狭义职业生涯和广义职业生涯。前者是指一个人从职业学习伊始至职业劳动最后结束的整个人生职业工作历程，即将职业生涯限定于直接从事职业工作的这段时光，上限起始于任职前的职业学习和培训⑤。广义的职业生涯是从能力获得、兴趣培养、职业选择、职业确定、职业履行，直至最后完全退出职业劳动这样一个完整的职业发展过程，其上限从出生开始。

综上所述，尽管不同学者对职业生涯内涵的认识不同，但作为一种客观存在，职业生涯主要包括以下内容：①职业生涯是个体概念，是指个体的行为经历，而非群体或组织的行为经历；②职业生涯是个职业概念，实质是指一个人一生中的职业经历或历程；③职业生涯是个时间概念，意指职业生涯周期，以最初工作之前专门的职业学习和训练为开始，以完全结束或退出职业工作为终止，不同个体之间差别很大，长短不一；④职业生涯是个发展概念，蕴含着个人具体职业内容和职位的发展和变化。职业生涯不仅表示职业工作时间的长短，而且表示职业变更与发展的经历和过程，包括从事何种职业、职业发展的阶段、职业的转换和晋升等具体内容。⑥

因此，职业生涯是指一个人一生中所有与工作职业相联系的行为和活动，以及相关的态度、价值观、愿望等全部历程。这个历程可以是间断的，也可以是连续的，它包含一个人所有的工作、职业、职位的外在变更，以及工作态度和体验的内在变更，它是贯穿于个人整个生命周期的与工作相关的经历组合⑦。它有以下四方面含义：①职业生涯表示一个人一生中在各种职业岗位上所度过的整个经历，并不包含有成功与失

---

① McFarland A S. Power and leadership in pluralist systems . Stanford：Stanford University Press，1969.

② Clarke J，Hall S，Jefferson T，et al. Subcultures，cultures and class. Resistance through rituals：Youth subcultures in post-war Britain，1976：9-74.

③ 均转引自占颖玉．自我概念对大学生生涯发展影响的研究——以集美大学学生为例．厦门：厦门大学，2008.

④ 肖燕舞．饭店员工职业生涯管理研究．南京：中南林业科技大学，2006.

⑤ 吴国存．论企业职业管理的新视点——职业发展观．南开管理评论，1999（5）：17-21.

⑥ 侯忠琳．销售代表自我职业生涯管理的现状和影响因素．武汉：华中师范大学，2008.

⑦ 徐敏．浅析企业员工职业生涯开发与管理．经营管理者，2013（07）：107.

败的含义，也没有进步快慢的含义；②职业生涯由外在行为活动与内在态度和价值两方面组成。要充分了解一个人的职业生涯，必须从客观和主观两方面理解，职业生涯客观特征是一个人在工作时期进行的各种活动和各种举止行为的连续体，主观特征是一个人的价值观、态度、需要、动机、气质、能力及发展取向等；③职业生涯是一个过程，是一生中所有的与工作相关的连续经历，而不仅仅是指一个工作阶段；④职业生涯受各方面因素的影响，如本人计划、父母意见、配偶支持、组织需要及社会环境等。

2. 职业生涯发展与规划

职业生涯发展是个人心理、社会、教育、体能、经济和机会等因素综合形成的个体发展性历程。在个人漫长的职业生涯中，尽管个人情况、职业选择与职业转换等各不相同，但职业生涯的发展却是共同目标。职业生涯发展是指个体逐步实现其职业生涯目标，并不断制定和实施新目标的过程。

职业生涯发展的形式可分为职务变动发展和非职务变动发展两种基本类型。其中，职务变动发展又包括晋升与平行调动两种形式。晋升是职业生涯发展的常见形式，是职业成功的标志。员工在工作中创造出更好的业绩有很多源自于对晋升的渴望，其激励效果对于处于职业生涯早期和中期的员工而言尤为明显。平行调动没有提高员工的职务级别，但作为未来晋升的准备，能够使员工进一步发展其职业生涯目标。

非职务变动发展也越来越成为职业生涯发展的重要形式，特别是随着经济状况的变化，组织机构不断扁平化，管理层不断削减，上升空间越来越小。为留住大量有才干的中层员工，组织机构不得不对个体成长和成功的真正含义作出建设性思考。职业生涯的成功可以是横向调整的工作丰富化，这也日益成为大家的共识。具体而言，非职务变动发展包括工作范围的扩大、观念的改变及方法的创新等。如果员工的能力提高了，但没有相应职位的空缺，可以通过发展职务责权利的方法，使其职业生涯得到发展，即其职务内容丰富化，并给予相应的待遇。改变观念以及工作方法创新可以提高个人的工作能力，改善个人的工作业绩，使其得到激励和鼓舞，同样是职业生涯的发展。过去传统倾向于把向上流动等同于职业成功的观念应予以修正。

因此，生涯发展包括内生涯发展和外生涯发展两方面。内生涯发展，指在职业生涯发展获取的个人综合能力、社会地位及荣誉的总和，它是别人无法替代和窃取的人生财富。外生涯发展，指在职业生涯中所经历的职业角色及获取的物质财富的总和，依赖于内职业生涯的发展而增长。

3. 职业生涯管理

职业生涯管理（career management，CM）是企业人力资源管理的重要内容之一。职业生涯管理是指组织和员工对个体的职业生涯进行设计、规划、执行、评估、反馈和修正的一个综合性过程。通过员工和企业的共同努力与合作，使每个员工的生涯目标与企业发展目标一致，使员工的发展与企业的发展相吻合。其主要内容包括职业生涯规划、职业生涯开发和职业生涯调控等。职业生涯管理的基本宗旨，简单地说就是让人们“工作并快乐着”。

职业生涯管理包括个人和组织两个层面。个人职业生涯管理指个人通过对自己所要从事的职业、要去的工作组织、职业发展的高度等的规划与设计，并为实现自己的职业目标而不断努力的过程。一般通过职业选择、组织选择、岗位选择、工作锻炼、职位晋升及能力发挥等来实现。组织职业生涯管理指组织根据组织内外部环境，结合个人知识、能力及兴趣等，为员工制订职业生涯规划，建立适合员工发展的职业通道，并以员工的职业发展需求为依据，进行适时的培训和职业指导，从而使员工的职业生涯发展和组织目标实现的持续性过程。

要深入理解职业生涯管理的内涵，必须注意以下三方面的问题。

（1）职业生涯管理是企业为员工设计的职业发展与援助规划，与员工个人职业生涯管理有明显的不同。个人职业生涯管理以自我价值实现和增值为目的，自我价值的实现和增值并不局限于特定的企业，员工可以通过跳槽实现个人发展目标①。组织职业生涯管理则是从企业的角度出发，根据企业发展对职业的需要，把员工作为一种可开发增值而非固定不变的资本，通过协助员工在职业目标上的努力，以实现企业的可持续发展。因而，职业生涯管理具有引导性和功能性。通过职业生涯管理，员工能正确地认识自我，克服工作目标完成过程中所遇到的困难和障碍，保持员工个人的职业生涯目标同企业发展目标的一致性，并给员工提供更多的发展机会。职业生涯管理的发起者往往是企业，并由人力资源部门负责，因此具有较强的专业性和系统性。而员工对个人职业生涯的管理却并不一定那么规范和系统。只有在科学的职业生涯管理之下，才能形成规范系统和科学合理的个人职业生涯管理。②

（2）职业生涯管理必须满足个人与企业的双重需要，从而实现两者的共同目标。组织职业生涯管理以帮助员工实现个人职业生涯目标为关注点，力求满足员工的职业发展需要。因此，有效职业生涯管理的实行，必须以了解员工现实的职业生涯目标及在职业生涯目标实现过程中可能遇到的问题为基础，找出解决这些问题的方法，对员工职业生涯历程的不同阶段及其特征进行分析，找出每个阶段的典型矛盾和困难，并提出相应的解决办法。企业只有在对这些信息充分了解之后，才能制定出相应的政策和措施来帮助员工解决这些问题，并为员工提供相应的发展机会。同样，在满足员工职业发展需要的同时，还必须满足企业自身发展的需要。这可以通过两个方面来实现，首先，在满足员工职业发展需求和提高职业技能的同时，带动企业整体人力资源水平的提升；其次，在职业生涯管理中对员工进行有意引导，使那些与企业目标相吻合的员工脱颖而出，从而为企业培养高层经营、管理或技术人才提供储备。对职业生涯管理的精力、财力和政策的投人其实是企业为达到以上目的而进行的长期投资。企业的需要是职业生涯管理的动力源泉，无法满足企业的需要将导致职业生涯管理由于失去动力源而终止。员工个人职业发展需要是职业生涯管理活动的基础，无法满足员工职

---

① 管小东．员工职业生涯管理的四大路径．企业改革与管理，2011（7）：51-53.

② 戴良铁，刘颖．职业生涯管理理论与方法介绍．中国劳动，2001（8）：28-29.

业发展需要将导致职业生涯管理活动的失败。

（3）职业生涯管理的形式多种多样，涉及内容十分广泛。所有能够对员工职业活动提供帮助的，都可以列入职业生涯管理的范畴，但主要可以归结为个体和组织两方面：一是针对员工个体的各类培训、咨询、讲座以及为员工学习给予便利等；二是针对组织的职业发展政策和措施，如职业评审政策以及职位升迁制度等。从时间上来看，职业生涯管理，是从新员工进入企业开始，直至员工流向其他企业或退休而离开企业的全过程。从内容上来看，职业生涯管理既包括对员工个人状况的深入了解，又包括对企业的深入了解；既包括职业生涯规划目标的确定，又包括实现职业生涯目标所需的各种管理方法与手段；同时又涉及职业活动的各个方面，既应了解企业过去的发展及未来的目标，又要预测外在政治、经济、社会、文化等环境的变化及可能产生的影响，从而规划出前瞻性发展方向。

4. 职业生涯管理的影响因素

职业生涯管理是一个涉及内容非常广泛的系统工程。影响职业发展的因素主要包括以下三个方面。

（1）个人因素。首先，心理特质，每个人都有其独特的心理特质和个性，如兴趣、性向、智商、情商、潜能、价值观、动机、态度及人格倾向等。不同的心理特质适合不同的职业和岗位。其次，生理特质，包括性别、年龄、体能、健康状况、身高、体重及外貌等。不同的生理特质适合于不同的职业和岗位。再次，学历资历，包括受教育程度、培训经历、学业成绩、社团活动、工作经验、生涯目标等。不同的职业需要不同的专业教育，不同的岗位需要不同的阅历。最后，家庭背景，包括父母的职业、受教育状况、社会地位、家人的期望等。家庭教育是个人价值观和行为习惯形成的基础，不同的家庭背景意味着不同的文化和价值观，而不同的文化和价值观适合于不同的职业和岗位。

（2）组织因素。组织因素包括组织状况和人力资源管理。组织状况包括组织规模、组织结构、组织阶层、生命周期、组织氛围及组织文化等。不同的组织状况意味着不同的职业发展通道和机会，不同的组织给予个人不同的职业历练。人力资源管理包括工作分析、人力资源规划、招聘方式、晋升管理、工资报酬、福利措施、员工关系、发展政策等。这些政策和措施与个人的职业发展密切相关，没有相应的人力资源管理措施和政策的支持，职业生涯管理是不可能有效开展的。

（3）环境因素。环境因素包括社会环境、政治环境、经济环境和科技发展。社会环境，包括劳动力市场的供需状况、国家有关劳动人事政策、法规等；政治环境，包括政治与政策的变动、体制的变动、国际政治关系的变化等；经济环境，包括经济增长率、市场竞争状况、经济景气状况等；科技发展，包括产业结构调整、高新技术影响，以及现代化技术与管理的发展等。不同的环境因素影响不同职业发展的机会和前景。

1.2 职业生涯管理的产生与发展

1.2.1 职业的产生与社会分工

1. 职业的产生与发展

职业是在人类社会经济发展过程中，社会劳动分工的必然产物。在社会生产力不断发展的过程中，职业受到多种因素的共同作用而不断变化，其中社会分工变化是决定性和制约性的因素。职业的产生和发展变化，其根本原因是生产力水平和社会分工的发展。当然，其他社会因素对职业的影响作用也不可忽视，社会经济、政治、宗教、文化等诸多因素都会对职业的兴衰产生重要的影响。

2. 社会劳动分工体系

社会劳动分工根据其性质的不同可以分为产业分工和行业分工。

所谓产业即由于社会劳动分工而独立出来的专门从事某一类生产经营活动单位的总和。这些产业的发展状况在很大程度上能反映一个国家社会经济的总体水平。一般而言，产业的划分反映社会分工的发展水平。以劳动性质、作用和内容的同一性为标志，通常分为三次产业部门。

第一产业——农业，包括种植业、林业、畜牧业、渔业等，农业是人类赖以生存的基础，是人类粮食和其他生活资料的来源，也可以为工业提供原材料。

第二产业——工业、建筑业，其中工业包括冶金、煤炭、石油、机械、电子、纺织、化工、食品等，是采掘自然资源和对原材料进行加工的物资生产部门；建筑业则是从事建筑和安装工程施工的社会生产部门。第二产业是国民经济的支柱，其中工业在许多国家的国民经济中都起着主导作用。

第三产业——除第一、二产业以外的流通和服务类产业部门，具体可分以下四个部门：①流通部门，包括交通运输、邮电通信、商业、饮食、物资供销和仓储等；②为生产和生活服务的部门，包括金融、保险、房地产、公共事业、居民服务、旅游、咨询信息服务业和各类技术服务业等；③为提高科学文化水平和居民素质服务的部门，包括教育、文化、广播电视业、科学研究事业、卫生、体育和社会福利事业等；④为社会公共需要服务的部门，包括国家机关、党政机关、社会团体，以及军队和警察等。

三大产业部门吸收劳动力的数量和比例取决于一定时期内产业结构的动态发展状况。根据产业发展的一般规律而言，随着工业化和城镇化进程的发展，劳动力将逐步由第一产业向第二产业转移，第二产业就业者数量和比例都不断上升，而第三产业则呈缓慢增长之势；进入工业化和城镇化发展的后期，第二产业吸收劳动力的能力开始逐渐趋于饱和并下降，第三产业就业者的数量和比例则将大大增加，并将超过第一、第二产业就业容量的总和。

行业分工是社会劳动分工中，与产业分工不同层次的一种特殊形式。同一个产业中存在着许多不同行业。行业划分的依据是生产或工作单位所生产物品或所提供服务的差异，是就业者所在单位性质的一种体现。中国的行业结构主要按企事业单位和机关团体，以及个体从业人员所从事的生产或其他社会经济活动的性质来确定。根据国家标准分为13个门类，每个门类又分大类、中类、小类3个级别，这13个门类是：农、林、牧、渔、水利业；工业；地质普查和勘探业；建筑业；交通运输、邮电通信业；商业、公共饮食业、物资供销和仓储业；房地产管理、公共事业、居民服务和咨询服务业；卫生、体育和福利事业；教育、文化艺术和广播电视事业；科学研究和综合技术；金融、保险业；国家机关、党政机关和服务事业，社会团体；其他行业[①]。

1.2.2 职业生涯管理的心理学演进

职业生涯管理的历史发展进程主要从心理学和社会学两大脉络进行。

职业生涯管理最早可以追溯到15世纪，它的前身是就业指导。就业指导是指就业指导机构给择业者提供职业方向确定、职业选择、就业准备并谋求职业发展咨询指导的过程。经济发展、技术进步、职业分化给西方社会带来了很多社会就业方面的问题，作为解决这些问题的一种手段，到19世纪，就业指导已经成为一种重要社会活动。

美国波士顿大学教授帕森斯（Frank Parsons）在1908年创立的地方职业局标志着职业指导的正式形成，职业指导从此成为一种具有组织形态的专业性工作，帕森斯因此被认为是职业指导的创始者。随后，苏联、日本、德国、加拿大等国家也开始认识到其重要性，职业指导日益受到重视。帕森斯认为，一种明智的职业生涯选择需要具备三个条件：①对自身、天赋、能力、兴趣、志向、资源、限制及种种因素考虑清楚；②对不同行业工作的基本要求、成功要素、优缺点、薪酬水平、发展前景及机会等认识明确；③在以上两组要素之间进行最佳匹配。[②] 帕森斯的“三步范式”为后来较为系统的职业生涯管理理论奠定了良好的理论基础，也为职业生涯咨询师和企业组织职业生涯管理工作者提供了最初的理论指导。

迄今为止，这些简单的思想到现在还是职业选择理论的核心思想。职业生涯管理研究专家已经将这种思想作了进一步的研究，形成了许多职业生涯管理理论。威廉姆森的“特质-因素理论”在20世纪30年代一直占有绝对的统治地位，这种理论的核心是强调择业过程中的人-职匹配；20世纪50年代，职业生涯选择和发展理论引用了心理学中关于自我认知理论和社会学的观点，舒伯则以生命周期为视角来考虑职业发展，认为职业发展和个人发展是相互作用的，通过生活角色和工作角色的共同作用决定个人的职业发展模式；1959年，霍兰德将特质-因素理论从静态扩展到了动态，提出了关于职业选择的人格类型理论。20世纪50年代以来，各种职业生涯管理理论纷纷崭露头角，如工作适应理论、社会学习理论、职业激励理论、成功导向理论、职业生涯发展理论及职业生涯抉择理论等。

---

① 郭扬．合理选择职业的两个基本前提．职业技术教育，1998（1）：34-37．

② Parsons F. Choosing a vocation. Houghton Mifflin，1909.

1.2.3 职业生涯管理的社会学演进

社会学家之所以对职业生涯管理感兴趣，主要是因为职业生涯管理源于社会经济发展的不平衡，这也对个人的财富获得、收入、人际关系和生活方式产生了重要影响。在某种程度上，年轻一代的职业选择与上一代有着密切的联系，但代与代之间的差异有所区别。而社会学家们对职业生涯的选择和发展的关注最初主要集中在研究代与代之间的动态变化上，例如，20世纪60年代，有人提出，教育是父子之间职业选择重要的调节变量。研究结果表明，性别、种族、民族、社团规模及家庭特征，如整体教育背景、子女数量、出生顺序等都会影响个人的职业选择。

20世纪，社会学理论学派开始研究个人在特定的社会环境中如何选择职业的问题。比较有代表性的是戈萨德的职业决策社会学模式，归纳了影响职业选择的8个因素，分为两个层次：第一层次包括社会-经济阶层因素、性别因素、种族因素、身体素质和智力因素；第二层次包括教育因素、职业知识、职业指导、就业可能性等因素。该理论认为职业决策必须要平衡个人因素和社会因素之间的关系。

个人所处的具体社会环境对其职业选择的影响包括三个方面。

（1）家庭。家庭对个人职业价值观、职业发展兴趣和个性特征等具有重要作用。父母对工作环境的评价对子女的职业选择影响很大。社会学家认为，父母的工作特征对子女的价值观和个性特征产生影响，进而塑造子女的行为，同时父母的言传身教会影响子女的职业发展兴趣和职业价值观。

（2）实习经历。青少年早期的实习经历对择业有重要的影响。首先，早期的实习经历能够指导以后的就业，实习经历能够形成个人的工作习惯、工作态度和职业兴趣。其次，早期的实习能够了解获得满意工作所需的知识和技能，积累工作经验，增加个人的人力资本，可以知道自己擅长做哪类事情，了解自己的优势和劣势，从而指明个人以后的努力方向。

（3）地域。当地劳动力市场状况对职业的选择有一定的影响。尤其是在劳动力进入阶段，这种影响更加重要。在全球市场，就目前的现状来看，更多的就业机会慢慢由制造业转向服务业，对于城市居民而言，这种职业数量和种类的变化意味着更多的就业机会，但是由于地理条件的限制，很多偏远地区的劳动力无法得到更多的教育和培训机会，这对提高他们自身的就业能力造成了障碍。

在现代社会中，存在着很多对个体的职业生涯选择和发展产生重要影响的因素，研究社会环境对职业选择和发展的影响，有助于我们理解那些社会的、地域的及各种微观的影响因素，在进行职业生涯选择时，也有助于我们认识到全球经济变化及各种社会经济状况可能对其产生的影响。

1.3 职业生涯管理的意义与方法

人的一生大部分时间是在职业工作中度过的，职业生涯跨越人生中精力最充沛、知识经验日臻丰富的几十年，职业成为绝大多数人生活的重要组成部分。职业不仅提供了个人谋生的手段，而且创造了实现自我价值的大好机会和发展空间。企业也越来越认识到，人是企业发展最重要的资源。一方面，企业想方设法保持员工的稳定性和积极性，通过不断提高员工的业务技能来创造更好的企业效益；另一方面，企业又希望能维持员工知识和观念的与时俱进，来提高企业对外界环境变化的适应性，从而保持企业活力和竞争力。而开展职业生涯管理工作则是使员工与企业双方需要都得以满足的最佳方式。

1.3.1 职业生涯管理对组织的意义

对于企业组织而言，职业生涯管理的意义主要有以下方面。

（1）职业生涯管理是企业资源合理配置的首要问题。随着知识经济时代的发展，知识成为企业核心竞争力的重要源泉，而“人”是掌握和创造这些知识的载体。在这样的背景下，企业更应注重人的知识、技能的提高与全面发展。首先，人力资源是可以不断开发并增值的资源，人的知识、技能和创造力都可以通过开发得到不断的更新与提高，从而使资源得以有效利用。其次，职业生涯管理可帮助组织盘点其人力资源存量，了解员工的不同个性和职业需求等信息，从而在需要时对其进行合理有效的利用。再次，在了解员工现状、需求、能力及目标的过程中为企业提供帮助，以最大限度地避免员工同企业在现在和未来的职业机会间可能出现的矛盾，最终使人力资源配置的合理性得到提高。因此，企业只有加强职业生涯管理，才能更好地使人尽其才、才尽其用。

（2）职业生涯管理能更好地实现员工和组织目标。企业通过职业生涯管理，一方面逐步提高员工物质需要的满意度，另一方面逐步提高他们的自我实现等精神方面需要的满意度。总而言之，就是帮助员工提高其在各个需要层次上的满意度。职业生涯管理是以员工友爱、尊重、自我实现等高级需要为立足点，真正了解员工在个人发展上的需要，从而对其个人职业规划进行协调，以使员工更好地实现职业生涯目标。职业生涯管理可以充分调动员工的积极性和创造性，能够激发员工的工作潜能，培养其对组织的责任感、归属感和忠诚度，从而使员工与企业间建立起长期心理契约，确保现有员工队伍的稳定性，进而更好地推动企业目标的实现。

（3）职业生涯管理是企业持续发展的组织保证。拥有高质量的企业家和高质量的员工是一个企业成功的根本保证。企业的生存和发展要想拥有取之不尽、用之不竭的资源，就必须使人的才能和潜力得以充分发挥，不虚耗和浪费人力资源。职业生涯管理活动能优化劳动技能，提升企业人力资源的竞争力，从而提升企业的竞争力，使组织获得持续健康发展。在发达国家，成功的企业并不是以有形的工厂和设备作为主要资本，而是依赖他们所积累的经验、知识及训练有素的人力资源。企业要想留住人才、凝聚人才，并保证长盛不衰，那么为员工提供施展才华的舞台，并充分体现员工自我价值的职业生涯管理是根本保证。

1.3.2 职业生涯管理对个人的意义

职业生涯管理对于员工个人而言，其意义与重要性主要体现在以下四个方面。

(1) 增强员工对职业环境的把握和控制能力。职业生涯管理不仅可以帮助员工个人了解自身的长处和短处，并促使员工经常对工作环境和工作目标进行分析，还可以使员工对时间和精力进行合理的安排，参与各种学习和培训以完成工作任务和提高职业技能。这些活动的开展都有利于强化员工的环境把握和控制能力。做好职业生涯管理，通过引导员工对自己的专业特长、兴趣爱好、性格特征、待人接物能力、擅长技能等做全面充分的分析，可以帮助他们对自己进行正确评估，迅速准确地为自己定位，明白自己更适合什么样的工作，自己将来有可能在哪些方面获得成功，从而逐渐找到职业生涯发展方向，形成较明确的职业意向，并提升自己的职业生涯自主意识和责任，为今后的事业发展作全面、长远的打算①。

(2) 帮助员工协调好工作与生活的关系。职业生涯管理有助于员工通过对自己的综合优势与劣势进行对比分析，并对外部职业世界了解和分析，以此来树立自身更明确的职业发展目标与职业理想；通过评估个人目标与现实状况之间的距离，合理运用科学的方法，制定有效的措施及可行的步骤，在不断增强自己职业竞争力的同时，更好地实现自己的职业目标与理想。良好的职业生涯管理能帮助员工在看待工作和生活中的各种问题和选择时，从更高的角度出发，有机结合各个分离的事件，使其共同服务于职业目标，使工作和生活更加充实和有效。同时，职业生涯管理能帮助员工综合考虑职业活动与个人追求、家庭目标等其他生活目标的平衡，避免陷入顾此失彼、左右为难的窘境，从而增加工作满足感和提高工作生活质量。

(3) 使员工不断提升和超越自我价值。员工寻求职业的最初目的也许仅仅是生计，但其进一步追求则是财富、地位和名望。“自我实现”源于美国心理学家马斯洛的人本主义心理学，其真正含义是当人们获得了生理、安全和情感需要的满足以后，就要追求自我实现的满足，即在与环境积极协调和适应的前提下，个人潜能得以充分发挥。在我国，自我实现被理解为“事业有成”或“功成名就”，而事业有成必须以正确的职业选择与发展为前提。职业生涯管理对职业目标的多次凝练，可以逐步使员工工作的目的超越财富和地位而追求自我价值实现。因此，职业生涯管理可以激发出人们努力工作的本质动力。

(4) 增强员工的核心竞争力。好工作不是单单依靠运气得来的，对于员工而言，它是多种因素共同作用的结果。影响大学生求职的因素包括学校培养质量、专业与社会需求和来自学生的变量，如个人综合素质、就业观念、就业技巧、性别、生源地、家庭背景，以及学校职业指导工作是否到位等。其中，个体能够控制的主要是个人素质、就业能力与技巧。对于员工而言，生涯规划就像一座灯塔，指引着自己在追求人生目标的道路上前进。它在总结了无数前辈智慧结晶的基础上，告诉你做人处事的基本道理，向你指明怎样做才能事半功倍；它也在反思了身边许多事例的基础上，告诉

① 曲艳．企业人才需求与大学生职业生涯规划．天津：天津大学，2005.

你在实现目标的过程中要注意些什么，使你少走弯路，找到其中的捷径；此外，当你在前进道路上遇到困难、坚持不住而想放弃之时，生涯规划会使你产生源源不断的动力，让你坚定地走下去，直到成功。

总之，生涯管理的目的是要突破障碍、激发潜能、实现自我，它向你提供一些有效的方法和工具，让你有能力在不同发展阶段都能对自己的过去、现在和未来有一个重新审视和评估的机会。即使在无法预期、充满不确定性的人生中，你也能学习到如何根据这些可能发生的变局，不断调整自己、修正计划，为自己人生的每一个阶段创造最大的满足感和成就感。

1.3.3 职业生涯管理的定量研究方法

职业生涯管理是一个广泛的研究领域，目前还不是一个成熟的科学体系，还没有自己独特的研究方法。由于职业生涯管理与组织行为学、社会学、心理学有着千丝万缕的联系，这些学科中定量的研究方法在职业生涯管理中可以借鉴。

定量研究通过具体客观的观察和经验概括得出结论。它一般采取如下步骤：①明确问题；②探索和研究有关理论和模式；③形成假设；④选择适当的研究方法；⑤通过观察—测验—实验进行论证。主要有探索性研究、描述性研究和解释性研究。

（1）探索性研究：对所研究的对象或问题进行初步了解，以便为今后系统研究提供线索和奠定基础，一般采用参与观察、无结构访谈的方式收集资料，从资料得出的研究结果主要用于探索某类现象或问题的基本范围和特征，给人以大致的印象。

（2）描述性研究：对某一总体或某种现象进行描述，发现研究对象在某些特征上的分布状况和出现频率，一般采用封闭问题、结构访谈的方式收集资料，所得资料经过统计处理得出数量形式的结果，用这些样本的结果或结论去推论总体。

（3）解释性研究：探询现象背后的原因，说明各种现象背后的关系，回答为什么。它通常从理论假设出发，进行深入调查收集资料，然后对收集的资料进行分析，来验证假设。它比前两种定量研究方法更为严谨。

具体研究方法包括三种。

（1）调查研究：采用问卷或结构访谈，系统直接地从某社会群体样本收集资料，并通过资料统计分析来认识所研究的现象及其规律。调查研究可依据职业生涯管理的不同目的与需求，设计出针对不同调查对象、不同结构、不同内容的调查问卷，可以了解员工的职业生涯需求与发展愿望，可以诊断组织的职业生涯管理情况与效果，是职业生涯管理的有效方法之一。

（2）实验研究：包括实验室研究（实验程序和基本思路是控制自变量或刺激变量以观察因变量或反应变量的变化，从而确定其因果关系）和现场实验（自然发生不是人为设计）。

（3）文献研究：通过收集和分析现存的，以文字、数字、符号、画面等信息形式出现的文献资料，来探讨和分析各社会行为、社会关系及其他社会现象。

1.3.4 职业生涯管理的定性研究方法

定性研究方法侧重对事物含义、特征、隐喻、象征的描述和理解，定性研究是由访问、观察、案例研究等组成的，原始资料包括场地笔记、访谈记录、对话、照片、录音和备忘录等，目的在于描述解释事物、事件、现象和任务等并更好地理解所研究的问题。定性研究方法具体包括三类。

(1) 个案研究，运用历史数据、档案材料、访谈和观察等方法收集数据，并运用可靠技术对某个事件进行分析，从而得出针对某单独群体的普遍性结论。

(2) 参与观察，研究者深入事件和行动发生地点，去看、听、问、想、体验和感受，以获得更全面的资料。参与观察不仅能观察到被观察者行动的原因、态度、努力、行动决策依据，而且还可以获得特定社会情境中的感受。

(3) 归纳演绎法，是指从个别到一般与从一般到个别的推理方法。运用归纳法对职业生涯管理进行研究，主要是指从纷繁的职业现象中总结出职业发展的一般规律；运用演绎法从职业生涯概念出发，推导出职业生涯管理的原则、方法和措施等。

1.4 职业成功的内涵及影响因素

1.4.1 职业生涯成功的内涵

职业生涯成功是近20年来人力资源开发领域研究的热点问题。员工个人的成功最终会影响组织的成功，因此职业生涯成功不仅对于个人而言非常重要，对于组织而言也意义重大。国内外学者对职业生涯成功评价指标的研究，主要围绕客观评价指标和主观评价指标，并随着时代的发展不断加入新的评价指标，如个人市场竞争力、工作的意义和价值等。影响职业生涯成功因素的研究主要是从个人、家庭、组织和社会四个角度展开，近年来社会资本对职业生涯成功的影响也日益得到学者的关注。未来的研究可从职业生涯成功的评价指标和影响因素两大方面深入展开①。

每个人在其职业生涯过程中都有自己所追求的目标，而职业生涯成功就是这种目标的实现。职业生涯成功具有很强的相对性，不同的人对其含义有不同的理解，甚至同一个人在不同的人生阶段对其含义的理解也有差异。每个人都应该明确界定自己职业生涯成功的内容，包括成功意味着什么、成功的实践与范围、成功与健康、被承认的社会地位水准、能使自己满意的收入水平和财富等，甚至于以何种方式被承认，以及权势和社会地位的期望值等。很多人可能认为成功的概念很抽象、不能量化，如心情的愉快、工作气氛的和谐，以及由工作完成所带来的成就感与满足感。很多人可能在其职业生涯中，追求的是职务上的晋升或工作内容的丰富化。但是对于年轻员工来说，其职业生涯的成功不应该是一味地追求

① 刘宁，张伶，赵梅．国外职业生涯成功研究的述评及其启示．南京邮电大学学报（社会科学版），2008，10（3）：32-37.

快速晋升，而应该是建立一种工作的满足感与成就感；同时在工作设计上，追求更大的挑战性，想方设法扩大其工作内容。

从员工自我实现需求的角度出发，职业生涯成功能使人产生满足感，进而促进个人素质的提高和潜能的发挥。但是个人、家庭、企业、社会这些不同的主体对职业生涯是否成功的判定标准并不相同。

1.4.2 职业生涯成功的标准

职业生涯成功的标准与方向在现实世界中有着明显的多样性。第一是进取型，追求达到组织的最高地位；第二是安全型，希望被认可，追求工作安全、尊敬和成为“圈内人”；第三是自由型，希望得到在工作过程中最大的控制而不是被控制；第四是攀登型，寻求并希望得到刺激、挑战、冒险和“攀登型擦边”的机会；第五是平衡型，追求工作、家庭和自我发展之间的平衡①。

个人家庭生活的成功与其职业生涯的成功密切相关。职业生涯的每个阶段都与个人的家庭因素有着直接联系，由于个人工作与家庭并行发展，家庭因素对职业生涯成功可能起到协调或冲突的作用。如何在职业生涯与家庭责任之间寻找平衡，是年轻员工特别是女性员工的一个重要问题。我们每个人或作为子女或作为父母，在个体生命周期中扮演着多种不同的角色，这是不可违逆的。职业可以选择放弃，但这些角色的责任却不能放弃。因此，对员工的职业生涯而言，家庭成员的意见影响重大。

在对职业生涯成功进行全面评价的过程中，必须对个人、家庭、企业、社会等各方面的因素都进行综合考虑。针对企业员工，根据个人的人际关系范围，其职业生涯成功标准可以划分为自我评价、家庭评价、企业评价和社会评价这四类评价体系，如表 1-2 所示。判断一个人的职业生涯是否成功，则需要考察其在这四类体系中是否都得到肯定的评价②。

表 1-2 职业生涯成功标准评价维度表

评价方式	评价者	评价内容	评价标准
自我评价	本人	(1) 自己的才能是否充分发挥 (2) 自己对企业发展和社会进步中的贡献是否满意 (3) 自己对职称、职务、工作待遇等方面是否满意 (4) 自己对职业发展与其他活动关系的处理是否满意	根据个人价值观、知识、能力等
家庭评价	父母、配偶、子女等成员	(1) 是否能够理解和肯定 (2) 是否能够支持和帮助	根据家庭文化

① 周文霞．职业成功标准的实证研究与理论探讨．经济与管理研究，2006 (5)：59-62.

② Derr C B，Jones C，Toomey E L. Managing high-potential employees：Current practices in thirty-three US corporations. Human Resource Management，1988，27 (3)：273-290.

续表

评价方式	评价者	评价内容	评价标准
企业评价	上级、平级、下级	(1) 下级和平级同事是否尊重和赞赏 (2) 上级是否肯定和表彰 (3) 职务、职称是否有晋升，或者相同职务责权利范围是否有扩大 (4) 工资待遇是否有提高	根据企业文化及经营结果
社会评价	相关社会组织	(1) 是否有社会舆论的支持和好评 (2) 是否有社会组织的承认与奖励	根据社会文明程度以及社会历史进程

由于职业生涯的成功在方向和标准上具有多样性，所以组织应根据每个员工的具体情况来制定个性化的职业生涯管理策略；同时，为制定更好的战略目标和措施，组织也应注意结合自身的特点。通过寻求这两者之间的平衡，来找到组织发展与个人发展之间的最佳结合点，从而促进组织和员工的共同发展。

1.4.3 职业生涯成功的影响因素

对职业成功影响的因素主要包括个人、家庭、组织和社会等四方面。

(1) 个人角度。人口统计变量、人力资本变量和个性特征等都是个人角度的影响因素。其中，人口统计变量主要有性别、年龄、婚姻状况等，这些人口统计变量是客观职业成功的重要决定因素。研究结果表明，受教育程度、工作经验、职业变更、任职期限、培训状况等与职业生涯成功之间有着显著的正相关关系。在个性特征对职业生涯成功的影响中，神经质、外倾性和责任心与职业成功的关系更为紧密，其中神经质与内外在职业成功有着负相关关系；外倾性与外在职业成功呈正相关，但与内在职业成功（工作满意度）的关系并不显著；责任心与内外在职业成功均正相关，并且在不同的人生阶段，这些特征对职业成功的作用大小也有所不同。

(2) 组织角度。从组织层面看，研究较多的影响因素包括组织规模和组织职业生涯管理活动。在研究的过程中，很多学者发现在员工薪酬上，大型企业比小型企业高，同时大企业的空缺职位更多，因此能提供的晋升机会也更多。但优秀人才较多，使得大企业人才之间的竞争更为激烈，所以即使空缺岗位多，但每个员工真正能获得的晋升机会却很少。组织职业生涯管理活动与员工的个人职业成功有着显著的正相关关系。导师制（mentoring）在所有组织职业管理活动中是一项非常重要的内容，员工个人要获得成功，导师的有效反馈和支持很重要。现实中，得到更多提升机会和更高薪水，并有更高职业满意度的人，大部分是拥有更广泛指导关系的人。

(3) 家庭角度。家庭方面的影响因素对职业生涯的成功也非常重要，因为家庭会使人变得不太坚强和更加依赖，这些因素主要包括家庭的社会经济地位、家庭结构、家庭生活和工作/家庭平衡等。一个人的职业是否成功和他的家庭社会经济地位有很大关系。那些工作满意度更高、赚钱更多、生活更幸福、身体更健康的人们往往拥有良好的家庭关系，并且能得到家庭的支持。家庭结构包括是否结婚、是否有孩子及配偶是否有工作等，对于那些已婚有孩子但配偶没有工作的人来说，他的工资收入反而会高于相同条件下配偶有工作的人。此外，工作/家庭冲突会导致较低的职业满意度。

(4) 社会角度。在关于社会角度的影响因素的研究中，很多学者认为，社会网络对职业目标成功实现很重要。如果员工个人在组织中的非正式网络联系越多，那么他获得的信息和资源就会比其他人更多，晋升的机会也就越大，同时晋升的次数也会因为参与网络活动而提高。研究表明那些在人际网络活动上比竞争对手多花70%的时间，在日常交流沟通活动中比竞争对手要多花10%时间的人，才能成为成功的经理人。

1.5 职业生涯管理与人力资源管理

1.5.1 职业生涯管理的角色与内容

要进行有效的职业生涯管理，就必须了解职业生涯管理的角色和任务，从而在实现组织发展目标的同时，又能实现员工个人职业生涯发展目标。具体而言，职业生涯管理的任务及角色主要包括以下五个方面。

(1) 帮助员工开展职业生涯规划与开发：组织为员工提供工作分析资料、工作描述、经营理念、政策措施等，员工据此设定自我发展目标与开发计划，使个人目标与组织目标相匹配。

(2) 确定组织发展目标与职业需求规划：根据组织的现状、发展趋势与发展规划，明确组织的发展目标，并据此确定不同时期组织的职业发展规划与职位需求。

(3) 开展基于职业生涯发展的绩效评估，包括工作业绩与表现的评估、工作士气的调查，并提供相关回馈资料给组织或员工，从而提供职业发展通道，确定职位升迁标准，尽早发现潜力股，晋升优秀员工等，以支持组织发展目标与方向。

(4) 帮助员工进行工作与职业发展调适：组织应协助员工制定职业生涯目标，并进行科学的评估，根据绩效和职业生涯发展的评估结果，找出员工的优缺点及组织的优劣势，分析员工职业生涯发展目标的可行性；对员工的工作或职业生涯目标作适当的调整，使员工的工作、生活与目标有机结合。

(5) 辅导员工进行职业生涯发展，包括各种教育与培训、工作的扩大与丰富、工作责任的增加，以及激励措施等。[①]

以上五项彼此之间联系密切，互有影响。在实际操作中，应彼此兼顾，才能获得最佳效果，在促进员工的自我发展的同时，确保组织的持续发展。

由此可见，职业生涯管理是一个涉及内容非常广泛的系统科学。其研究内容主要包括：①职业生涯开发与管理理论研究，如职业选择理论、职业发展理论、职业锚理论等；②个人职业生涯规划与开发理论与方法研究，如自我分析方法、目标设定技巧、自我开发措施、职业生涯周期管理等；③组织职业生涯开发与管理研究，如组织职业

---

① 陈薇．我国公务员职业生涯管理研究．上海：华东师范大学，2006.

生涯规划方法、职业发展通道设置、继任规划、顾问计划与工作家庭平衡计划等；④企业职业发展目标与员工个人职业发展目标整合方法研究，如组织发展变化趋势及其对职业生涯管理的影响，组织目标与个人目标整合技术等。

1.5.2 职业生涯管理与人力资源管理的联系与区别

职业生涯管理是人力资源管理中一个重要的组成部分。但与工作分析、招聘、培训、绩效管理等有所不同，职业生涯管理不仅是人力资源的一个环节，它还有自己内在的路径。作为一种新兴的人力资源管理技术，越来越多的企业开始高度重视职业生涯管理。因为科学、有效的职业生涯管理不仅能够充分调动员工的主观能动性和工作积极性，而且也有利于增强企业的人才竞争力，达到企业与员工双赢。人力资源管理与职业生涯管理之间的区别在于以下三个方面：①人力资源管理主要是从组织的角度去考虑问题，更关心组织的利益，而职业生涯管理更多是从员工的角度去考虑问题，相对更关心员工的利益；②人力资源管理涉及员工进入组织，在组织中发展及退出的管理，而职业生涯管理则包括员工进入组织前的教育和培训及员工更换组织后的职业发展管理；③人力资源管理以组织发展和变化为中心，考虑员工如何适应组织发展和变化，而职业生涯管理是以员工职业发展为中心，考虑组织如何为员工提供发展方向、发展机会、发展通道及发展资源等。

1.5.3 人力资源管理在职业生涯管理中扮演的角色

(1) 文化传播者。很多企业对员工职业生涯管理有误解，认为就是“炒作”或“作秀”，仅仅是企业树立自身形象的一种手段，所以人力资源（HR）工作者对这种观念上的偏差要正视。科学研究表明：人的潜能是巨大的，每个人已经被开发利用的潜能可能不到本人实际潜能的十分之一。很多人们在绝望环境或高压下潜能发挥到极致的故事告诉我们，人的潜能在现实世界中往往有很多浪费，而在职业生涯中，未能开发运用人的潜能则是最大的浪费。在有效开发员工潜能的方法中，对员工进行职业生涯管理非常重要。很多企业经营管理者认为，企业是营利性组织不是培训学校，只要找来需要的人才，这种人才不需要培训，也不需要进行职业生涯管理，一进来就能为企业发挥效益。人才的合理配置当然是对的，但短视行为不可取。针对这种现状，HR工作者应该从观念上对企业经营管理者进行引导，作为一个文化传播者去大力宣传人力资源理念，站在人力资源开发的高度，寻求与其观念上的共鸣。要让企业经营管理者深刻认识到员工职业生涯管理的重要意义，以及员工发展对引进人才和留住人才的重要作用。

(2) 制度建设者。员工职业生涯管理不仅是一种技术手段，而且是一个系统工程，与其相关的制度是其成功的保障。毫无疑问，这些制度的制定者正是HR工作者，首先他们要对企业的具体情况进行分析，然后经过详细的策划和设计，最终制定一系列行之有效的员工职业生涯管理操作制度，最后实施制度。随着经济的高速发展，人本观念不断深化，企业对人才的需求越来越个性化、多元化。不同类型人才的晋升通道可能大有不同。因此，制度建设首要任务是规划多路线的晋升通道。除此之外，与之相匹配的薪酬管理制度、绩效管理制度、培训开发制度、晋升管理制度、员工辅导制度、内部讲师制度、轮岗制度、师徒帮教制度等都需要人力资源工作者深入实际去研究、规划、制定和实施。[①]

（3）职业导师。在职业生涯规划中，“能力＋意愿＋个性＋职位”的基本模型运用比较广泛，即全面、深入测量个人的能力状况、意愿状况、个性特质状况及职位说明，对其进行客观分析和调整，最终要达到这四个方面的高度统一。由此来看，HR 工作者应该扮演一种职业导师的角色。既要对员工进行自身的职业生涯规划提供指导，又要用自身的专业知识去指导基层管理者，使其能够有效地为其属下进行职业生涯规划。要扮演好这样的职业导师角色，在职业指导方面，HR 工作者应当是专才，尤其是在专业领域，如性格分析、人才测评、心理学、绩效考核等专业知识，HR 工作者应该很好地掌握并能熟练运用，同时较强的分析力、判断力及沟通能力对于 HR 来说也不可或缺。在员工职业生涯管理中，HR 工作者作为导师，要做的具体工作很多。首先，HR 工作者对企业的职位总量必须有详细的了解，然后进行全面、细致的职位分析，形成详细的职位说明书。其次，HR 工作者要找到员工的职业锚，只有真正了解了员工的职业锚，他们的辅助才能发挥效用和价值。如果 HR 工作者的职业导师角色发挥得好，就能协助员工高效准确地找到适合自己的岗位与发展方向，不仅有利于企业更好地配置资源，还有利于员工发挥潜能，在职业生涯道路上走得更远。

（4）培训管理者。在经过诊断分析之后，HR 工作者会在一定程度上对员工的兴趣、爱好、性格、知识结构、教育背景、经验和能力等有一定程度的了解。对诸如组织架构、职务职称、企业文化、外部环境等企业现状的认识也比较明确和清楚，进一步的工作就是要对员工职业生涯发展上存在的不足进行合理的弥补。因此，HR 工作者在员工职业生涯管理过程中应扮演培训管理者的角色。第一步是建立员工个人发展规划。个人发展规划主要根据员工个人工作发展需要来制订，制订者是员工及其上级。第二步是在获得员工发展规划之后，进行培训项目的组织实施，包括统筹规划、组织协调、具体实施等，这些工作都是由 HR 部门负责，其他各部门经理及相关人员负责协助并组织部门内部进行专项培训。同时 HR 工作者还应建立适应企业策略和发展方向的培训体系，形成“学习型组织”，以实现上述目标。当然，在培训方式上，HR 也要秉承多样化策略，针对不同层次的员工，培训方式的选择可以不同，如针对基层人员，可以采取师傅帮教制度，而针对中层管理人员，又需要采用其他的方式，总之，这些具体工作都需要 HR 工作者去加以分析和组织。

（5）组织协调者。在员工职业生涯管理中，HR 工作者对项目的推动有着直接的影响。因此，HR 工作者需要扮演好组织协调者的角色，因为属于人力资源开发范畴的员工职业生涯管理，不仅涉及面广，而且时间跨度长，从舆论宣传到项目的策划、实施及改善等一系列的工作，都离不开 HR 工作者的沟通桥梁作用，项目最终能够收到成效也需要 HR 工作者付出智慧及艰苦努力。企业可以成立专门的员工职业生涯管理委

① 易东．让员工带上“职业锚”启航．人力资源管理，2009（7）：29-30.

员会，确立员工职业生涯开发与管理的宗旨、原则、程序及相关文件。HR部门在其中属于执行部门，同时HR部门还要承担委员会相关功能中的协调工作。在基层管理者确定展开职业生涯规划的人选时，HR工作者要提供协助。根据80/20管理原则，有限的资源只能用在最有需要的地方。因此企业在开展职业生涯规划时，不可能面向全部员工，而只针对关键岗位和核心人才来进行规划。另外，在对整个企业及员工的评估过程中，必须要运用专业的工具和方法。因此，HR工作者需要对各基层管理者进行指导。同时HR工作者在培训实施过程中，需要对企业内部教育培训资源进行整合，力求投入最小、回报最大，效果最佳。

关键术语

职业　职业生涯　职业生涯管理　职业生涯成功　职业特征　职业功能
定性研究　定量研究

本章小结

本章首先阐释了职业生涯管理相关概念的内涵，总结职业特征和职业功能，界定了职业生涯管理的角色；其次，指出了职业生涯管理对组织和个人的意义；再次，分析了职业生涯成功的影响因素；复次，阐明了职业生涯管理与人力资源管理的区别和联系；最后，分析了职业生涯管理的理论演进，总结了职业生涯管理的研究方法。

复习思考题

1. 职业和职业生涯的内涵是什么？
2. 职业的特征和功能是什么？
3. 职业管理对组织和个人的意义是什么？
4. 影响职业生涯成功的因素有哪些？
5. 职业生涯管理与人力资源管理的区别和联系是什么？

案例分析

打工皇帝——唐骏

唐骏，业内著名的“打工皇帝”，担任微软（中国）总裁时收入超过1亿元，担任盛大总裁时收入超过5亿元，加盟新华都转会费收入超过10亿元，多次获得中国信息产业年度经济人物、中华十大英才管理人物、中国十大科技人物、中国十大IT风云人物、中国十大最有价值职业经理人等殊荣。

唐骏，1962年出生于江苏常州。1984年获得北京邮电学院应用物理专业学士学位；1990年获得日本名古屋大学计算机专业硕士学位，在日本留学期间，他发明了卡拉OK打分器，以8万美元卖给了三星公司，后来这个娱乐配件居然风靡于整个亚洲；1993年毕业于美国Pacific Western大学获博士学位。

1990～1994年，创办美国双鹰公司、好莱坞娱乐影业公司等；1994～1997年，加入微软公司并担任微软总部Windows NT开发部高级经理；1997～2002年，任微软全球技术中心总经理，1997年从微软总部带了4位经理和500万美元到上海成立技术支持中心，用4年半把该中心变成微软在美国总部之外唯一的全球技术支持中心；2002～2004年，任微软（中国）总裁，在唐骏领导下的微软（中国），销售方面是微软全球唯一一个连续6个月（2002.7～2003.1）创造历史最高销售纪录的公司，2003财年（2002.7.1～2003.6.30）微软全球82家分公司中销售业绩增长最快的分公司，2004年2月3日，从微软中国总裁任上提前“退休”，此时身价过亿元，被比尔·盖茨授予微软历史上唯一的“荣誉总裁”。

2004.2.9～2008.4，任上海盛大网络发展有限公司总裁，期间帮盛大在华尔街成功上市和两次路演，第一次是在盛大股价低迷只有14美元时帮助华尔街重建对盛大模式的信心，使得盛大股价一下子上升到20.5美元；第二次去路演的时候，盛大股票是26美元，离开华尔街时，股票是37美元，给盛大创造了8亿美元的价值。两次路演给盛大带来13亿美元的直接价值。2007年，盛大营收达到24.673亿元人民币，比2006年增长49.1%。在线游戏营收达到23.706亿元，比2006年增长53.6%。当盛大企业如日中天的时候，唐骏毅然选择离开盛大。在担任盛大总裁期间，收入超过了5亿元。

2008年4月16日，中国最耀眼的职业经理人唐骏以10亿元转会费投奔新东家新华都集团任福建新华都实业集团总裁。

唐骏何以取得如此骄人的成就呢？他把自己的成功归结为职业成功的“4+1”模式——智慧、机遇、勤奋、激情和性格，因为环境是不易被改变的，你只有去改变自己。

（1）智慧。我们每个人每天都在学习知识，但我们要学的知识不仅仅停留在书本上，更重要的是要具备一种良好的学习能力、有效的学习方式和运用知识的能力，即智慧。唐骏在名古屋大学攻读计算机专业时，为了挣更多的钱让妻子早日到日本留学，唐骏去做教师。日本人一般不愿请中国人做教师，因为日本人听唐骏说日语，判断不出他是哪里人，他凭借自己流利的日语使其工资从每小时625日元涨到1500日元最后到4000日元。唐骏说，如果我有两个学生，其中一个用整整两个月时间看完所有复习用书最后得分70分，另一学生用一学期夜以继日最后考试得90分，两个学生比较而言，我更偏向于那个得了70分的学生。

（2）机遇。唐骏说过：“机会是不平等的，它只会给予勤奋的人、勇于争取的人、超前多跨了一步的人。”从唐骏的第一桶金，到自己创业开公司，从进入微软到成为总裁，从盛大网络到现在的新华都，唐骏的每一个进步，都是靠自己努力得来的，他不会坐着等待机遇的降临，而是积极主动出击去赢取机会，然后抓住它，把握它，让它成为自己通向成功的奠基石。刚进微软时，唐骏在项目开发组负责的工作是部分程序的编写与研发。如果只是和其他人一样每天按照规定的进度完成工作，唐骏一生将只是一位程序员。但是爱思考的唐骏一直在思考，是否能够通过改变结构、重新编写程序的方式，实现程序的各种功能，一方面，能简化大量的编写工作；另一方面，也能大大提高用户使用软件的运行速度和效率。于是唐骏再三向上司建议，终于上司被他说动了，决定给他一段时间把他的想法付诸实践。唐骏夜以继日地攻克难关，每天最早来最晚走，一个星期后，唐骏拿出了一份清晰的程序结构，不仅比原来的设想节省了一半多的研发时间，而且人力成本也节约了一半以上。上司看完之后，对他赞不绝口，并安排他成立项目小组，按照他的想法重新设计和编写软件。通过努力，唐骏一下从最普通的程序员变成了项目组的组长，为自己将来做管理工作奠定了坚实的基础。

(3) 勤奋。如果你现在一无所有，没关系，但是不能没有勤奋。唐骏认为应该让勤奋成为一种习惯，勤奋得感动别人，最后连自己都被感动了。唐骏说："我们竞争一定要靠勤奋取胜。每个员工在公司里面都和我的工作做得一样的话，我相信当年和我一起进微软的人一定都比我优秀得多。"

(4) 激情。唐骏认为，当你每天早上醒来想到要自己做这份工作时，会觉得很激动，迫不及待地想去做；每天晚上睡觉的时候，虽然有很多事，但你还是希望明天可以快点去工作，这是对工作充满激情。生活里，有激情的人对于周围的人、周围的事、周围的社会，会更多地关注正面的东西，看到的更多的是美好的东西。唐骏充满活力、崇尚激情、爱好刺激。虽然他身居微软高职仍有勇气选择另一职业生涯。面对微软诚恳的挽留，就连盖茨提出专门为他在中国设立一个职位，他也不为所动。他说，一旦他的激情受到了挫折很难马上再延续，需要换一个环境重新追求新的激情。充满激情的人，总是拥有年轻的心态。心中没有患得患失的惶恐，只充满了无穷无尽的动力。

(5) 性格。唐骏强调，在取得成功的诸多因素中，性格无疑是最重要的。性格决定未来，性格决定命运这句话是完全正确的。最好的性格是热爱生活、热爱同学、热爱周围的一切事物，如果你做到了，那么所有人也都会热爱你！这里性格并不是单纯地指一个人的本性，而是指一个人如何待人接物、如何去做人。性格是一种习惯，是可以随着时间慢慢改变的。对于一个优秀的职业经理人，拥有好的性格能够更好地与上司、下属、客户、同行进行有效沟通，绝对能起到润滑剂的作用。那么如何塑造自己的好性格呢？"仔细去观察周围的人，看他们性格中哪一点是大家公认的，把这些好的一面都学过来，让自己也成为一个拥有好性格的人。"人生当中每个人都会遇到很多障碍，不应该盲目地碰壁或黯然离去主动放弃机会，而应该选择其他方法绕过这些障碍。毕业生在面试中和今后的成功与否，和改变性格的意志有着很大程度上的关联。

思考题：

1. 你是如何看待唐骏的个人职业生涯的？
2. 唐骏是如何成功管理个人生涯的？其职业成功的关键是什么？
3. 唐骏的成功给你哪些启示？

第2章　职业生涯管理的基本理论

引导案例

职业发展向左向右

作为国有房地产集团的公关部副总，30岁的傅建海已经是业界的知名人士，在公司中是一颗前途无限的新星。研究生毕业后，他先在当地一家新闻媒体做记者，然后在一家外资咨询公司担任高级咨询顾问，因为对房地产行业的独到见解，被集团老总看中，通过猎头公司挖到了这家公司担任公关部副总。傅建海凭借广博的媒体关系和对行业发展的准确把握，短短几年风生水起，不仅迅速提升了公司知名度，并且与政府建立了良好关系，而且还成功化解了多次危机，令业界对他刮目相看。公司老总更是对他信任有加，多次在公开场合表扬他。无论从哪个角度衡量，毕业仅六年的傅建海无疑是一个成功者，不仅有丰厚的薪酬，有房有车，还有不可限量的锦绣前程。但对于傅建海而言，内心的矛盾却无时无刻不在困扰着他。

在这家公司工作几年后，傅建海才发现，他与这家公司的企业文化格格不入。公司慢悠悠的工作方式、良好的福利待遇及健全的制度保障使他们没有危机意识，许多员工做事能拖则拖，这使雷厉风行的傅建海经常空叹无奈。更让他难受的是，资历深的员工看着他这个外来和尚在短短几年内就如此风光，内心感到不平衡，在狭隘心理的作祟下工作上故意作绊，使他的工作执行越来越困难。对于职业前途，虽然现任总经理很欣赏，但是公司权力斗争激烈，高层之间论资排辈互相倾轧，许多高层领导背后都有错综复杂的社会关系。职场的无形压力像一张网，傅建海越来越感到压抑与烦恼。

一次偶然机会，傅建海遇到了大学同学元浩。毕业后，元浩在一家公司打了两年工之后，靠一点积蓄在海南代理某产品销售，经过几年打拼，公司迅速发展壮大，资金与实力都上了一个台阶。对于未来发展，元浩充满了憧憬与激情。元浩一向欣赏傅建海的才干，极力邀请其一起创业。“创业好坏是为自己打工，得失全由自己，何苦在别人公司里为五斗米而委曲求全?”按目前情况，傅建海知道如果自己以追求安逸舒适生活为人生目标的话，只需适当调整一下心态，坚守现有的状态便可以实现。但如果想体验不同的人生精彩，那么创业才是适合自己的未来之路。但这意味着要放弃现有的稳定而去承担一定的风险。在30岁这个人生关口上，该舒适坚守还是艰苦奋进呢?

（资料来源：中国管理传播网）

思考题：

1. 傅建海的个人特质如何？
2. 傅建海的职业发展环境如何？
3. 前途无限的傅建海为什么感到困惑？
4. 傅建海应该舒适坚守还是艰苦奋进？

2.1　职业选择理论

人们从对职业的评价、意向、态度出发，依照自己的职业期望、兴趣、爱好、能力等，从社会现有的职业中挑选其一的过程叫作职业选择。职业选择的目的在于使自身能力素质和职业需求特征相符合。

2.1.1　特质-因素理论

帕森斯的特质-因素理论，又称人职匹配理论，是最典型的职业选择理论。

美国波士顿大学教授弗兰克·帕森斯（1909）认为，每个人的人格特征都是独特的，因此与不同人格特征相适应的职业类型也应各不相同，职业选择的焦点是人与职业相匹配[①]。个人的人格特征，即所谓的“特质”，包括能力倾向、兴趣、价值观和人格等，这些特质的测量都可以利用心理测量工具来完成。而“因素”的概念，则主要是指职业成功所必备的条件或资格，要了解这些因素则需要对工作进行分析。

特质-因素论主要包括三个步骤。

第一步是评价求职者的生理及心理特点。针对求职者的身体状况、兴趣爱好、能力倾向、气质与性格等有关资料，借助心理测量及其他测评工具进行整理分析，而求职者的家庭背景、学业成绩、工作经历等有关情况则通过会谈、调查等方法来获得，并对所有获得的资料进行综合评价。

第二步是对各种职业的任职要求或因素进行分析，然后把有关的职业信息提供给求职者，这些信息包括：①职业的工作性质、工作条件、薪酬待遇及晋升空间等；②求职的最低条件，诸如年龄、身体要求、学历要求、专业训练、各种能力及其他心理特征条件；③以就业为目的而设置的教育课程计划，以及提供这种计划的教育机构、入学资格、学习年限和费用等；④就业机会。

第三步是人-职匹配。首先要对求职者的特性、职业的各项指标分别进行了解，然后由职业指导者帮助求职者来进行对比分析，使求职者选择的职业既能适合其个人特点又有获得的可能，最终还能取得成功。

而特质-因素理论的人职匹配分为两类：第一是因素匹配，即工作找人。举例来看，有些职业需要有专门的技术和专业知识，那与这类工作相匹配的必然是掌握该种

① Parsons F. Choosing a vocation. Houghton Mifflin，1909.

技能和专业知识的择业者；而另外一些如劳动条件很差，比较脏、累和辛苦的职业，与之匹配的劳动者则需要体格健壮，并且能吃苦耐劳。第二则是特性匹配，即人找工作。比如有些人属于比较感性、不守常规、追求个性、理想主义等的类型，因此，从事审美性、自我情感表达的艺术创作类职业则比较适合他们。

特质-因素理论的核心在于协调和匹配个人所具备的特质，以及职业所需要的素质与技能（因素）。该理论侧重对人才测评工具的运用，通过测评来深入了解个体的特性，因此对人的特性进行测评可以说是特质-因素论进行职业指导的基本前提。在职业决策中进行人-职匹配的思想也是由该理论首先提出的，所以说特质-因素论推动了人才测评在职业选拔与指导中的运用和发展，是人才测评理论的理论基础。

总体来看，特性-因素理论为人们的职业设计提供了最基本的原则，各种心理测量工具和美国大量的职业信息期刊也为职业设计提供了良好的支持。由于该理论具有较强的可操作性，所以被广泛采用。但理论中的静态观点与现代社会的职业变动规律不相吻合，同时它也忽视了社会因素对职业设计的影响和制约作用。

2.1.2 职业性向理论

1. 霍兰德职业性向理论

早在20世纪初，兴趣测验的研究就已经兴起，桑代克（1912）探讨了兴趣和能力的关系[①]；詹姆士系统研究了兴趣测验；斯特朗（1927）最早研究了职业性向测验[②]；库德（1953）编制了职业偏好量表，提出了“人格特质与工作环境相匹配”[③]。美国约翰·霍普金斯大学心理学教授约翰·霍兰德（1959）将二者有机结合，并引入人格心理学理论，提出了具有广泛社会影响的职业性向理论[④]。他认为，职业性向，包括价值观、动机和需要等，是决定一个人职业选择的重要因素。职业选择与人格特征和兴趣有着密切的关系，其中兴趣对人们职业的动力很重要，如果人们对职业具有浓厚的职业性向，那么他们的积极性也会相应地提高，在从事该职业时就会有积极和愉快的态度，而且职业性向与人格之间的相关性很高。Holland认为，人格可分为六种类型：实际型、研究型、艺术型、社会型、企业型和常规型[⑤]。

随着职业性向测验的不断发展，教育、培训、企业管理等多个领域都开始应用职业性向测验，尤其是对于企业而言，职业性向测验可应用于招聘，以此来判定应聘者属于哪种类型，为职位录用决策提供依据。在企业日常管理中，也可通过测试员工的职业性向，把员工调整到与其职业性向相匹配的岗位上，以此来解决企业中出现的员工和职位不匹配的问题。Holland的职业性向理论也是众多职业咨询机构的一种重要工

① Thorndike E L. The Permanence of Interests and their Relation to Abilities. Popular Science Monthly, 1912, 81：449-456.

② Strong Jr E K. Vocational guidance of executives. Journal of applied psychology, 1927, 11 (5): 331.

③ Kuder G F. Kuder Preference Record: Examiner's Manual. Science Research Associates, 1953.

④ Holland J L. A theory of vocational choice. Journal of counseling psychology, 1959, 6 (1): 35.

⑤ Holland J L. Making vocational choices: a theory of vocational personalities and work environments. 2nd ed. Englewood Cliffs, NJ: Prentice-Hall, 1985.

具，特别是针对个人升学就业方面具有重要的指导作用。另外，Holland 的职业性向代码字典给出了不同的职业性向代码分别来与美国《职业大典》中的每一个职业相对应。[①] 此外，职业性向量表还可应用于职业辅导和咨询。

2. 职业性向与职业类型匹配

个人职业性向可划分为实际型、研究型、艺术型、社会型、企业型和常规型六种；同时，职业类型也相应有上述六种类型（图 2-1）。

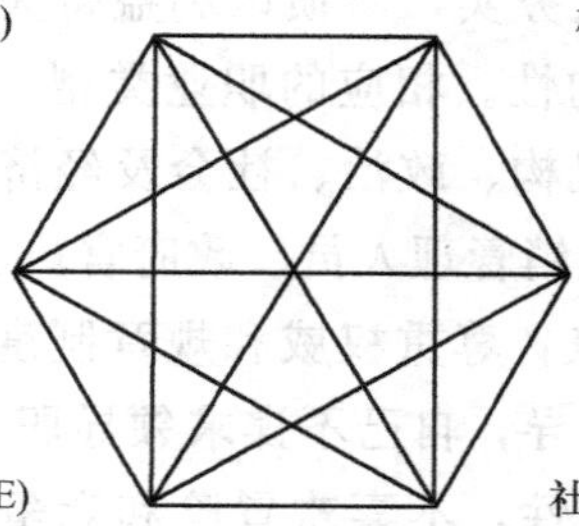

图 2-1　Holland 人格类型图

(1) 实际型（R）。共同特点：对具体任务较偏好，做事手脚灵活，愿意使用工具从事操作性工作，动手能力强，动作协调；不善言辞，做事保守，较为谦虚。缺乏社交能力，通常喜欢独立做事。相应的职业类型：喜欢使用工具和机器，需要基本操作技能的工作；要求具备机械方面才能、体力或从事与物件、机器、工具、运动器材、植物、动物相关的职业有兴趣，并具备相应能力，如技术性职业（计算机硬件人员、摄影师、制图员、机械装配工）和技能性职业（木匠、厨师、技工、修理工、农民、一般劳动者）。

(2) 研究型（I）。共同特点：思想家而非实干家，抽象思维能力强，求知欲强，肯动脑，善思考，不愿动手；喜欢独立的和富有创造性的工作；知识渊博，有学识才能，不善于领导他人；考虑问题理性，做事喜欢精确，喜欢逻辑分析和推理，不断探讨未知的领域。相应的职业类型：喜欢智力的、抽象的、分析的、独立的定向任务，要求具备智力或分析才能，并将其用于观察、估测、衡量、形成理论、最终解决问题的工作。具备相应能力的职业，如科学研究人员、教师、工程师、电脑编程人员、医生和系统分析员等。

(3) 艺术型（A）。共同特点：有创造力，乐于创造新颖、与众不同的成果，渴望表现自己的个性，实现自身的价值；做事理想化，追求完美，不重实际；具有一定的艺术才能和个性；善于表达、怀旧，心态较为复杂。相应的职业类型：喜欢的工作要求具备艺术修养、创造力、表达能力和直觉，并将其用于语言、行为、声音、颜色和形式的审美、思索和感受，具备相应的能力，如艺术方面的演员、导演、艺术设计师、雕刻家、建筑师、摄影家和广告制作人等职业，音乐方面的歌唱家、作曲家、乐队指

---

① Holland J L. Missing link between interests and occupations? Journal of Vocational Behavior，1982. 21.

挥等职业，以及文学方面的小说家、诗人、剧作家等职业。

(4) 社会型（S)。共同特点：喜欢与人交往、不断结交新的朋友、善言谈、愿意教导别人；关心社会问题、渴望发挥自己的社会作用；寻求广泛的人际关系，比较看重社会义务和社会道德。相应的职业类型：喜欢要求与人打交道的工作，能够不断结交新的朋友，从事提供信息、启迪、帮助、培训、开发或治疗等事务，并具备相应能力，如教育工作者（教师、教育行政人员）和社会工作者（咨询人员、公关人员）。

(5) 企业型（E)。共同特点：追求权力、权威和物质财富，具有领导才能；喜欢竞争、敢冒风险、有抱负；为人务实，习惯以利益得失、权力、地位、金钱等来衡量做事的价值，做事有较强的目的性。相应的职业类型：喜欢要求具备经营、管理、劝服、监督和领导才能，以实现机构、政治、社会及经济目标的工作，并具备相应的能力，如项目经理、销售人员、营销管理人员、政府官员、企业领导、法官和律师。

(6) 常规型（C)。共同特点：尊重权威和规章制度，喜欢按计划办事，细心、有条理，习惯接受他人的指挥和领导，自己不谋求领导职务；喜欢关注实际和细节情况，通常较为谨慎和保守，缺乏创造性，不喜欢冒险和竞争，富有自我牺牲精神。相应的职业类型：喜欢要求注意细节、精确度、有系统、有条理，具有记录、归档、据特定要求或程序组织数据和文字信息的职业，并具备相应能力，如秘书、办公室人员、记事员、会计、行政助理、图书馆管理员、出纳员、打字员和投资分析员。

个体的人格特点与职业环境息息相关，二者的匹配程度决定了员工的工作满意度与流动倾向。当人格和职业相匹配时，员工的满意度会达到最高，同时流动率也会维持在最低水平。但是，对于大部分人来说，其性向选择都不是唯一的，一个人的性向中很可能有多种类型的性向同时并存。霍兰德认为，一个人在选择职业时，个人的心理内在冲突和犹豫会随着个体性向选择的相似性或相容性的强度而变化，强度越大则冲突与犹豫越少，反之亦然。为了对这种情况作出详细描述，霍兰德建议将这六种性向分别放在一个正六三角形的每一角。

3. 职业性向六类型间的关系

霍兰德所划分的六大类型，并非是并列的、有着明晰的边界的。他以六边形标示出六大类型的关系。

(1) 相邻关系，如 RI、IR、IA、AI、AS、SA、SE、ES、EC、CE、RC 及 CR。属于这种关系的两种类型的个体之间共同点较多，现实型 R、研究型 I 的人就都不太偏好人际交往，这两种职业环境中也都较少机会与人接触。

(2) 相隔关系，如 RA、RE、IC、IS、AR、AE、SI、SC、EA、ER、CI 及 CS，属于这种关系的两种类型个体之间共同点较相邻关系少。

(3) 相对关系，在六边形上处于对角位置的类型之间即为相对关系，如 RS、IE、AC、SR、EI 及 CA，相对关系的人格类型共同点少，因此，个体同时对处于相对关系的两种职业环境都兴趣很浓的情况较为少见。

在个体进行职业选择时，大部分人都会依据自己的职业性向类型来选择与之相匹配的职业，如具有实际型职业性向的个人在选择职业环境时，一般会倾向于能使自己技能得到最好发挥的职业环境。然而实际情况却是，每个人的职业性向很少是显著的单一职业性向类型，大部分人的职业性向是多种类型职业性向综合而成，因此个体对职业环境的选择并非一定要与自己职业性向完全匹配。在评价个体的职业性向类型时也时常由其在六大类型中得分居前三位的类型组合而成，组合时根据分数的高低依次排列字母，构成其职业性向组型，如 RCA、AIS 等；另外，对个人职业选择产生影响的因素并非只有职业性向，还包括现实的职业需求及获得职业的现实可能性等多方面的因素。所以，职业选择不一定非要与性向相匹配，有时可能需要作出一定的妥协，寻求与其他相关影响因素之间的吻合和适应，这种情况则需要个体不断适应其工作环境的变化。但如果个体的选择是相对的职业环境，也就代表着其选择的职业环境与他的职业性向完全不吻合，这种情况下的工作可能会让人觉得痛苦或难以适应。

4. 职业性向理论评价

霍兰德的职业性向理论所探讨的对象是职业指导问题，他力求为每种职业性向找出两种相匹配的职业能力。在职业指导和职业咨询的实际操作中，职业性向测试和能力测试的结合起到了促进作用，使各类人员在搜寻合适的职业时，可以按照自己的职业性向类型来搜寻，其应用前景十分广泛。

5. 职业性向理论应用

职业性向是个人职业生涯的强大动力，在个人进行职业选择时，职业性向是最重要的考虑因素之一。只有首先明确自我性向，才能进一步选择适合自己的工作环境，并在工作岗位上投入热情，这种情况下，职业性向测验可以帮助个体明确自己的主观性。从企业和员工两个不同角度来看，霍兰德的职业性向理论的作用主要有以下两个方面。

(1) 为企业招募人才提供协助。现代人力资源管理的基本原则是将合适的人放在合适的岗位上。由于不同的职业有不同的工作任务、责任、环境及考核制度，所以对任职者的要求也各不相同。企业的人力资源管理要达到人岗匹配，不仅是要求个人的知识、能力、技术与要岗位相匹配，人的性格、兴趣等对岗位的适应性来说更重要。这就要求企业在进行人力资源招聘工作时，对相关申请者进行职业性向的测评，以霍兰德的职业性向理论为指导，并以测试的结果为依据，企业可以清楚地判断岗位申请者与企业所提供的相关职业环境是否匹配。以此来帮助企业尽量避免招聘工作中的盲目性，使企业可以更有效地招募到适合企业并与相关工作岗位相匹配的人才，并协助企业对工作环境进行不断调整，适应员工性向的同时，使员工的工作积极性及工作绩效不断提高。

(2) 是个人职业选择和职业成功的有利因素。从霍兰德理论的观点来看，个体对所从事职业的满意程度与其职业性向密切相关，而满意度直接影响着员工的工作绩效。因此，只有当个体所从事的职业符合其职业性向类型，才能使其投入更多以发挥自我潜能，提高绩效。在个体进行职业选择时，职业性向测试可以帮助个体对自己的职业性向类型或职业选择中的主观倾向有更明确的认识，使其在众多的就业选择中，剔除不适合自己的职业机会，避免盲目择业，并最终选择与自己性向最匹配的职业。霍兰德的职业性向理论针对大学生和缺乏职业经验的人来说尤其有用，为学生的职业选择、职业设计及职业调整提供协助，使其在充分了解自我职业性向的基础上不断提升，最终获得职业成功。

2.1.3 择业动机理论

美国心理学家弗鲁姆（V. H. Vrom）（1964）提出了解释员工行为激发程度的期望理论的基本公式：$M=V\times E$。其中 M 为动机强度，指积极性的激发程度，表明个体为了一定目标而努力的程度；V 为效价，指个体对一定目标重要性的主观评价；E 为期望值，指个体实现目标可能性的大小，也就是目标实现的概率。员工个体行为动机的强度取决于效价大小和期望值的高低。[①] 弗洛姆认为，这一理论也可以用来解释个人的职业选择行为，具体化为择业动机理论，该理论的应用分为两个步骤。

1. 确定择业动机

用公式表示：择业动机＝职业效价×职业概率，职业效价指择业者对某项职业价值的评价，职业概率是指择业者获得某项职业可能性的大小。职业效价取决于两方面：一方面是择业者的择业价值观；另一方面是择业者对某项具体职业要素，如兴趣、工资、发展空间、工作条件等的评价。职业概率大小通常取决于四个因素。①某项职业的社会需求量。在其他条件一定的情况下，职业概率同职业需求量呈正相关。②择业者的竞争能力。择业者的竞争能力即择业者自身工作能力和求职就业能力越强，获得职业的可能性越大。③竞争系数。竞争系数指谋求同一职业的劳动者人数的多少。在其他条件一定的情况下，竞争系数越大，职业概率越小。④其他随机因素。择业动机公式表明，对于择业者来说，某项职业的效价越高，获取该项职业的可能性越大，那么择业者选择该项职业的动机越强；反之，某项职业对择业者而言其效价越低，获取该项职业的可能性越小，那么择业者选择该职业的动机越弱。

2. 选择目标职业

择业者对其视野内的几种目标职业，分别进行价值评估和获取该项职业可能性的评价，然后进行综合比较来选择某项职业。

2.1.4 社会学习理论

1. 理论起源

社会学习理论是由克鲁姆伯尔茨（Krumboltz）以班杜拉社会学习论为基础创立的[②]。20 世纪 60～80 年代，班杜拉提出，人们的个性特征更多的是从不断学习中获得的，而不是基因遗传获得。班杜拉认为，人类行为受该行为结果影响，通过认知因果

① Vroom V H. Work and motivation，1964. NY：John Wiley &sons，1964：47-51.

② Krumboltz J D，Mitchell A M，Jones G B. Social learning and career decision making. Carroll Press，1979.

关系控制行为；人类学习发生于社会环境中对他人行为的观察；认知是人类学习他人的工具，社会是学习的情景。

2. 影响因素

克鲁姆伯尔茨认为，以下四类因素会对个人职业选择产生影响。

第一，基因遗传和特殊能力。遗传因素是指人们先天所获得的各种因素，包括各种生理特征，如身高、外形、肤色、残疾等，这些因素可以拓展或限制你的职业偏好和能力。另外，有些人天生就在艺术、音乐、书法和体育等方面有天赋。一般来说，人们在某方面越是有天赋，他们就越是在那些方面或领域中有“可塑性”。在个人对职业或学校教育进行选择时，个人遗传特质在某些程度上会限制其选择的自由。其中可能包括种族、性别、仪表和特征等因素，以及个人特殊能力，包括智力、音乐能力、美术能力、动作协调能力等，这些都会对个人所在环境中的学习经验产生影响，都与个人未来职业等直接相关。

第二，环境条件和社会现象。克鲁姆伯尔茨认为，大量的环境因素会影响到个体的职业选择。这些因素一般来说是超出个体能力控制范围之外的，包括社会、文化、政治及经济的因素。另外，像气候和地理环境这样的因素在很多方面也会影响到个体。生活在一种受污染的环境中或是生活在一种经常发生地震或气候非常寒冷的环境中，对于人们进行职业选择有着重要影响。克鲁姆伯尔茨和他的同事们把这些影响因素归纳为社会因素、教育因素及职业因素。

首先，社会因素。社会中的很多变化也对个人的职业选择有着重要影响。比如说，技术进步极大地改善了交通运输工具，使汽车和飞机的速度更快，而这些变化又为人们创造出很多新的就业机会。在很多领域中，人们已经将计算机作为加工和储存信息的手段，而这种变化又对劳动力市场产生了巨大影响。除此之外，社会上的很多社团和福利事业团体也会创造出很多就业机会。在某种程度上，不同地区在需求人员的结构上也会有所不同，平原地区需要很多牧场主和农场主，而城市则需要大量的商人和生意人。社会条件还会影响教育资源的供给和需求。

其次，教育因素。教育的可获得性同时受到社会和个人因素的影响。比如说，一个人所受的教育程度既受到家庭对教育所持态度的影响，同时也跟家庭的经济条件或状况有很大关系。另外，学校的教育体制和制度，以及老师和学校资源对学生的兴趣和能力所产生的影响也是非常重要的。

最后，职业因素。工作及劳动力市场上有很多因素是个体无法控制的，但是对于人们作出职业决策却有很大影响。其中最重要的是工作机会的数量和工作性质，工作可能是季节性的，可能会受到地理环境的影响，或者也可能受到不断变化的经济条件的影响。对教育的需要也是各种各样的，一些工作需要毕业证、学位证等证书或是其他任职条件。工作的薪水和声誉依供给、需求和文化价值观的不同而不同。此外安全感和其他要求也可能会影响到某个工作的可获得性。

第三，学习经验。一个人的职业偏好是其先前各种学习经历共同作用的结果。克鲁姆伯尔茨指出了两种学习经验，个体作用于环境的和环境作用于个体的。一个人可能会有许多学习经历，而这些经历最终会影响到他（她）的职业选择。整天在学校里边的学生会接触到很多信息，需要他（她）作出反应，或是喜欢或是迷惑，也有可能是感到气馁。由于经历的种类繁多，每个人的学习经历就会跟其他人的学习经历有所不同。每个人独特的学习经验在决定和规划其职业生涯路径时扮演着重要的角色。学习经验包括工具式学习经验和联结式学习经验。

工具式学习经验包括前因、行为和后果三要素，前因包括前面提到的各种环境状况和事件，以及个人在生活中遇到的刺激；行为包括内在的认知和情绪反应，以及外在行动的内隐与外显的行为；后果包含直接由行动所造成的影响，以及当个体体验到这些后果时的认知与情感反应。克鲁姆伯尔茨的社会学习理论认为，凡是成功的生涯规划、生涯发展和职业教育的表现所需的技能，均能够通过连续的工具式学习经验而获得。

联结式学习经验，指某些环境的刺激会引起个人情绪上积极或消极的反应。如果原来属于中性的刺激与社会上使个体产生积极或消极情绪反应的刺激同时出现，这种伴随在一起的联结关系，会使中性的刺激也具有积极或消极的情绪作用。克鲁姆伯尔茨指出，我们对于职业的刻板化印象，诸如"医生都是有钱人"、"军人和教师都是清苦的"等，都通过这种联结学习的经验而习得。在个体成长过程中，这种联结学习的经验也许一生都难以改变，对其职业的选择也有着深远的影响。

第四，完成任务的技能。完成任务的技能包括目标设定、价值观归类、想法的产生，以及获取职业信息、找出备选职业并选定职业的技能。遗传因素、特殊能力、社会环境及学习经验等会对个人特有职业性向技能的形成产生一种交互式影响，这些职业性向的技能包括工作习惯、情绪反应、规划技巧、工作的标准与价值、解决问题的能力、知觉和认知的历程等。

3. 理论应用

个体职业生涯规划方向是由一组复杂的因素交织互动而决定的。这些因素包括个人的遗传因素、环境的各种事物与状况及各种学习经验。职业选择是一种相互的历程，这种选择不仅反映个人自主的选择结果，也反映社会所提供的就业机会与要求。职业选择是终生的历程，它不只是发生在一生中的某一时刻，而是由从出生到退休连续不断的各种事件与抉择所决定的。职业选择不是偶发事件，是由许多的前因所造成的结果。职业决策不仅仅是将个人特质与工作相匹配的过程，还应该扩展新的学习经验，多参加各种和职业有关的探索活动。职业选择犹豫主要是由于个人缺乏有关职业生涯的学习经验，或者是由于个体尚未学到系统而有步骤的方法。因此，对职业方向的把握不定是缺乏某种学习经验的结果，个体没有必要为此而愧疚或抑郁。

2.1.5 职业锚理论

1. 理论演变

职业锚理论是美国麻省理工大学斯隆商学院埃德加·H. 施恩（Edgar. H. Schein）

教授领导的专门研究小组对在该学院毕业生的职业生涯研究中演绎而成的。斯隆管理学院的 44 名 MBA 毕业生，自愿形成一个小组接受施恩教授长达 12 年的职业生涯研究，包括面谈、跟踪调查、公司调查、人才测评、问卷等多种方式，最终分析总结出了职业锚理论。锚，是使船只停泊定位用的铁制器具。所谓职业锚，是指当一个人在其必须面临职业选择的时候，所坚守而不放弃的职业中那些至关重要的东西或价值观①。个人的实际工作经验是职业锚的决定因素，这种经验主要在进入早期工作情境后所习得，同时职业锚是与在经验中自省的动机、价值观和才干的一种吻合，是一种稳定的职业定位，以达到个体的自我满足和补偿。职业锚在个人同工作环境互动的过程中产生，并在实际的工作中不断调整。个人能力、动机和价值观三方面的相互作用与整合是职业锚所强调的。

了解职业锚的概念，要从以下方面入手。①员工习得的工作经验是职业锚的基础。员工个人在接触到不同的实际工作生活情境之前，对自己的能力、动机和价值观不可能有真正的了解，在很大程度上对职业的选择可能不会合理可行。所以企业的新员工只有在工作若干年，获得相关的工作经验后，才能对自己稳定的长期工作岗位进行确定，所以职业锚一般发生于早期职业阶段，职业锚的产生、演变和发展由员工的工作经验决定。②职业锚是根据员工能力、才干或者动机、价值观而进行的现实职业定位，这里的才干、动机、需要和价值观并不是通过各种测试得出的，而是在工作实践中通过自省来获得的。③职业锚是员工自我发展过程中的动机、需要、价值观、能力相互作用和逐步整合的结果。④员工个人及其职业并非一成不变。职业锚虽然是个人稳定的职业贡献区和成长区，但这里的稳定并不能表明员工个人将不再变化和发展。员工可以在职业锚作为其稳定源的基础上，进一步发展其职业工作。此外，职业锚本身也可能产生变化，由于个人生物、社会及家庭生命周期的变化，员工在其职业生涯的中后期，可能会根据不同的变化情况，来对自己的职业锚进行重新选择。

2. 职业锚类型

施恩教授的职业锚理论把职业锚分为五种类型：自主型、创业型、管理型、技术型和安全型。在 20 世纪 90 年代，他又补充了挑战型、生活型和服务型职业锚，从而将职业锚增加到八种类型，并推出了职业锚测试量表，具体类型如下。

(1) 自主/独立型。这种类型的人在工作方式、工作习惯和生活方式方面要求能够自主安排和选择，不愿意被组织限制和制约，追求选择工作环境时能施展个人能力。对于他们来说，自由与独立比提升或工作扩展机会更重要。

(2) 管理型。对于管理型的人而言，工作晋升才是他们的追求，具体的技术/功能工作仅仅是通向更高更全管理层的途径。他们对全面管理比较热衷，喜欢独自负责一个部分，并对其他人的劳动成果进行跨部门的整合，他们愿意承担整体责任，并以组织的成功与否来检验自己的工作成效。

(3) 技术型。技术/职能型的人，追求技术/职能领域的成长、技能的不断提高，

① Schein E H. How career anchors hold executives to their career paths. Personnel，1975，52 (3)：11-24.

以及对这种技术/职能加以应用的机会。这种类型的人乐于挑战专业领域的问题，对其专业水平的认可就是对他们自身的认可。由于一般的管理工作使他们不得不放弃在技术/职能领域的成就，所以他们一般不喜欢从事简单的管理工作。

(4) 安全/稳定型。工作中的安全与稳定感是安全/稳定型人的追求。稳定感主要是指诚信、忠诚及完成老板交代的工作。他们对诸如退休金和退休计划等的财务安全比较关心。他们因为可以预测到将来的成功而感到放松，他们对具体的职位及其工作内容并不关心，即使他们有时可以晋升到高职位。

(5) 创业型。这种类型的人追求属于自己的公司或完全属于自己的产品（或服务），有冒险精神，并愿意用自己的能力去克服可能面临的障碍。他们可能在别人的公司工作，但同时他们在不断地学习，并对未来的机会进行评估。时机一旦成熟，他们就会离职去创建自己的事业。

(6) 生活型：生活型的人对工作环境有特殊的要求，希望在这种环境下个人需要、家庭需要和职业需要能够达到一种平衡。同时，这种职业环境要能够提供足够的弹性，使他们将生活的各个主要方面整合为一个整体。基于这个目的，他们甚至可以放弃一些职业的利益，比如晋升所带来的职业转换。对于他们而言，成功的定义不仅仅包括职业的成功。

(7) 挑战型。挑战型的人喜欢挑战一些貌似无法解决的问题，通过战胜强硬的对手和克服无法克服的困难障碍等获得自我满足感。他们之所以参加工作或职业，是因为工作能给他们提供战胜各种挑战的机会。对于简单容易的事情，他们感到厌烦，他们的终极目标是新奇、变化和困难。

(8) 服务型。服务型的人都有他们所笃定追求的核心价值，他们一直追寻机会去给他人提供帮助，或者是通过新产品消除他人疾病，或者是改善人们的安全。这种价值观使他们即使变换公司，如果工作变换或工作提升不允许他们实现这种价值，那么他们就不会接受。

3. 职业锚的作用

职业锚在员工的职业生涯和组织的成长与发展过程中，都有着重要的功能和作用。①使组织获得正确的反馈。职业锚是员工根据自己的需要、动机和价值观，经过搜索所确定的长期职业定位，是员工的职业追求与抱负的明确反映，组织利用职业锚获得员工正确的信息反馈。②为员工设置有效的职业通道。在员工职业需要、价值观、抱负及其所追求的职业工作环境等方面，职业锚可以准确地反映出来。组织在设置职业通道时，可以特别针对员工的职业发展，使职业通道更加可行和有效。③使员工职业发展所需的工作经验得到增长。作为员工职业工作的定位，职业锚能使员工因为长期从事某项职业，工作经验得到增长，同时职业技能不断增强，这种增长通过提高工作效率或劳动生产率，给组织带来很明显的效益。④是员工中后期工作的基础。因为职业锚是员工在通过工作经验的积累后产生的，当员工抛锚于某一种职业工作的过程，既是员工自我认知的过程，同时也是把职业工作与自我认知相结合的过程，它反映了员工的价值观和被发现的才干，能够决定成年期的主要生活和职业选择。

4. 理论应用

职业锚是个人能力、动机、需要、价值观和态度等相互作用和逐步整合的结果。职业锚理论的贡献在于，告诉我们如何获取正确信息，如何设计职业通道，如何相互深入了解，如何相互认同接纳。在实际工作中，通过不断审视自我，逐步明确个人的需要与价值观，明确自己擅长所在及今后发展的重点，最终在潜意识里找到自己长期稳定的职业定位。个人要进行职业规划和定位，首先要思考自己所具备的能力，并确定自己的发展方向，通过职业锚来审视当前的工作与自己的价值观是否相匹配。要想在工作中发挥自己的优势和长处，实现自己的全部价值，就一定要使个人的定位与要从事的职业达到匹配。

尽管职业锚理论是成熟的经典理论，但随着社会文化的变迁，经济结构的演化，职业生涯理论也需要不断自我更新，才能适应外界环境的变化，满足组织和个人长期发展的需要。

2.1.6　人职匹配理论

人职匹配理论认为，个人对职业和组织的选择与其个性特征之间相互影响：个人特点影响对职业和组织的选择，不同的个人会加入不同的组织，个人的特点可以预测其对职业和组织的选择。另外，对职业和组织的选择会影响个人个性发展，组织环境会影响个人的特点。人的个性必然受到生活的特定环境和个人独特生活经历的深刻影响。

早期研究认为，人职匹配的核心是员工的个人特点必须与员工从事的岗位相一致，即员工的个人特质与组织岗位之间有着极强的相关性（Holland，1985），[①] 并提出了员工与岗位匹配的程度决定于员工个人的动机、需求和岗位要求（Hackman and Oldham，1980）[②]。但是随着研究的深入，员工-岗位匹配模式的不足开始显现，特别是未考虑到员工和岗位以外的其他组织因素的相互关系，使得在其指导下的实践和研究并不能有效实现员工—组织匹配的目标。因此许多学者对个人与组织匹配提出了新的看法。Schneider（1987）的吸引-选择-磨合模型（attraction-selection-attrition，ASA）认为，人在组织中不是偶然的随机分布，组织中的员工都是被组织吸引、选择和留用的人[③]。他们会评估组织的目标、结构和文化等因素与自己的态度、价值观等是否符合。人们总是倾向于选择在组织发展目标上与个人特点相适合的组织，以有利于自身的职业发展。

西方学者关于人与组织匹配的研究表明，员工价值观与组织价值观的一致性匹配是人与组织匹配的重要方面，也是最基础与核心的方面。

---

① Holland J L. Making vocational choices: A theory of vocational personalities and work environments. 2nd. Englewood Cliffs，NJ：Prentice-Hall，1985.

② Hackman J R，Oldham G R. Work redesign. Massachusetts：Addison-Wesley Publishing Company，1980.

③ Schneider B. The people make the place. Personnel Psychology，1987，40：437-454.

一般来讲，个体会选择与其目标相似或能帮助其实现个人目标的组织；反过来，组织也会选择与其目标相似的个体。所以，研究个人与组织之间的匹配应该评估个体与组织的目标兼容性。当然，无论研究个人与组织的价值观兼容性还是目标兼容性，反映的都是人职匹配的观点。

2.2 职业生涯发展理论

职业发展理论以心理学为基础，综合差异心理学、职业社会学及人格理论的有关原理，从发展角度研究个体职业行为。

每个人的职业都要经过几个阶段。因此，你必须了解这种职业发展周期的重要性。职业发展周期之所以重要，是因为你所处的职业阶段将会影响你的知识水平及你对各种职业的偏好程度。

2.2.1 舒伯的职业发展理论

1. 舒伯职业生涯发展观

著名职业生涯规划大师舒伯（Donald E. Super）1953 年依照年龄将每个人生阶段与职业发展配合，将生涯发展阶段划分为成长、试探、建立、保持和衰退五个阶段[①]。之后，1957～1990 年，为了完整地阐述生涯发展阶段与角色彼此间的相互影响，舒伯富有创造性地描绘出一个多重角色生涯发展的生涯彩虹图（图 2-2），在生涯彩虹图中，纵向层面代表的是纵观上下的生活空间，由一系列职位和角色所组成，六个角色包括子女、学生、休闲者、公民、工作者和持家者，他们之间的交互影响交织出个人独特的生涯类型。舒伯认为，在个人发展历程中，每个人会随年龄的增长而扮演不同的角色，图的外圈为主要发展阶段，内圈阴影部分的范围，长短不一，表示该年龄阶段各种角色的分量；在同一年龄阶段每个人可能同时扮演着多种角色，因此彼此会有所重叠，但其比重则有所不同。在舒伯看来，一个人一生中扮演的各种各样的角色就像彩虹的色带。他将“显著角色”的概念引入了生涯彩虹图，并认为角色除与年龄及社会期望有关外，还会受到个人的时间及情绪程度的影响，因此每一阶段都有显著角色。

在生涯彩虹图中，最外的层面代表横跨一生的“生活广度”，又称为“大周期”，包括成长期、探索期、建立期、维持期和衰退期。里面的各层面代表纵观上下的“生活空间”，由主要角色和职位组成，包括子女、学生、休闲者、公民、工作者和持家者等。期间，各种角色之间是相互作用的，其中某个角色的成功，特别是早期角色的成功，将会为其他角色奠定良好的基础；相反，某一个角色的失败，也可能进一步导致另一个角色的失败。同时舒伯指出，个人如果为了某一角色的成功付出太大的代价，也有可能导致其他角色的失败。

彩虹图中的阴影部分表示角色的相互替换、盛衰消长。它除了受到年龄增长和社

---

① Super D E. A theory of vocational development. American psychologist，1953，8（5）：185.

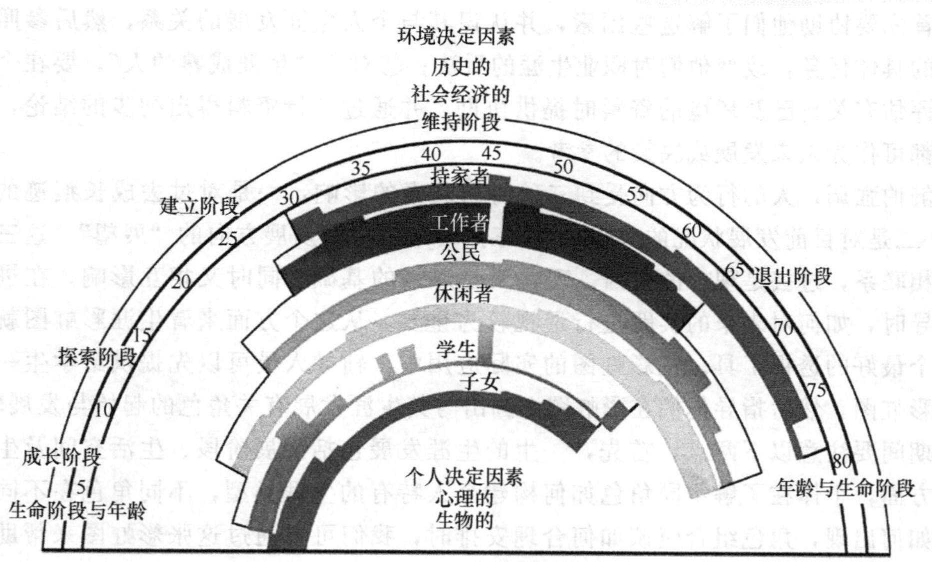

图 2-2　生涯彩虹图

资料来源：魏潾，李广才．大学生职业生涯指导、规划、发展、未来．北京：科学出版社，2010

会对个人发展、任务期待的影响外，个人在各个角色上所花时间和感情投入的程度也会对它产生作用。从这个彩虹图的阴影比例中可以看出，成长阶段（0～14 岁）最显著的角色是子女；探索阶段（15～20 岁）是学生；建立阶段（30 岁左右）是家长和工作者；维持阶段（45 岁左右）工作者的角色突然中断，又恢复了学生角色，同时公民与休闲者的角色逐渐增加，这正如一般所说的“中年危机”的出现，同时暗示个人在这个阶段必须再学习、再调适才有可能正确地处理好职业与家庭生活中所面临的问题。

2. 舒伯的职业生涯辅导策略

根据舒伯的基本观念，做好生涯辅导工作首先要对个体的发展状况有个充分的了解，通过生涯评估的方式，对个人的潜能与问题，进行综合而全面的分析。舒伯提出的评估模式包括以下方面：①前期了解，包括收集资料、初步接触及初步评估；②深度探究，探究工作的重要性、各种角色的分量及对各种角色的价值观，并对自我观念、能力与潜能的发展水平、兴趣爱好的范围与活动等进行深入评估；③整体评估，通过共同讨论检查核对全部资料，修正评估结果，探索具体范围，为达到专精化而深入探索、训练或培训、职业准备、追求自我实现的途径等，并进行评估与预测；④对行动计划进行探讨，将工作中的计划、执行、追踪和评价等各个环节加以整合，对具体的实施步骤进行深入讨论。

通过以上对职业辅导措施的评估，职业辅导人员在采取辅导措施时更有针对性，具体的措施包括：①对于“选择不确定的人”，对他们的情绪反应应给予足够的重视，同时由于各种文化、社会、生理因素的复杂和难以确定，必须要详细地进行了解，并在个体统整自我的各个方面时提供协助，使他们作出的抉择更恰当；②对于“生涯成熟度不够者”，由于与教育及职业选择有关的因素包括个人、社会及其他，针对这类人，首先要协助他们了解这些因素，并认识其与个人生涯发展的关系，然后参照生涯发展的具体任务，改变他们对职业生涯的看法；③对于“生涯成熟的人”，要在个体汇集、评估有关自己及环境的资料时提供协助，并通过分析资料得出初步的结论，这些结论都可作为未来发展或决策的参考。

舒伯强调，人的行为方向受到三种时间因素的影响：一是对过去成长痕迹的“审视”；二是对目前发展状况的“审视”；三是对未来可能发展方向的“展望”。这三种因素互相联系，过去是现在的成因，现在又是未来的基础，同时又相互影响。在进行生涯辅导时，如何对未来的实践进行透视较为重要，从这个方面来看生涯彩虹图就提供了一个最好的透视工具。在彩虹图的实际应用中，辅导人员可以先提供给学生一份空白的彩虹图，然后指导他们在彩虹图上画出与其生涯发展有关角色的起始与发展轨迹。在此期间要注意以下两点：首先，一生的生涯发展包括发展阶段、生活空间及生活方式等方面，个体在了解不同角色如何构建个人特有的生涯类型，不同角色在不同发展阶段如何出现，角色组合应该如何合理安排时，我们可以通过这张彩虹图来帮助其有更具体而清晰的认识；其次，要对辅导对象显著的角色与时机给予重视，因为这些资料往往能作为进一步了解与咨询的依据，或者能提供很好的线索。辅导人员可协助辅导对象对自己下一步的生涯发展任务进行预先设定，然后设计如何研究具体的实施步骤，使其在未来能充分发挥该显著的角色。

3. 舒伯职业生涯发展观的优缺点及应用

舒伯职业生涯发展观的优点体现在以下方面。①建构了一套完整的生涯发展理论。舒伯的生涯发展论是对发展心理学、差异心理学、自我心理学及有关职业行为发展方向的长期研究结果的综合，在汲取这四大学术领域中有关生涯发展的精华的同时，构建出一套完整的生涯发展理论，该理论也成为现今生涯辅导的重要理论基础，指导目前生涯辅导的具体实施。②不断地自我发展与完善的理论。过去的理论仅仅局限于发展阶段和职业自我观念上，这些理论可以对个体一生的生涯发展进行解释，虽然其涵盖范围很广，但深度稍有欠缺。生涯彩虹图的提出正好弥补了原有的不足，对职业辅导时个体的自我了解、自我实现，有很大的促进作用。

舒伯职业生涯发展观的局限性体现在以下方面。①随着社会的飞速发展和人类寿命的延长，很多学者提出终身学习的观念，生涯发展理论中关于中年期、老年期的角色与任务的内容有所欠缺，有待进一步探讨。②生涯发展论中关于学习的因素与职业发展历程的关系有待深入研究，同时在生涯发展方向的影响因素中忽略了经济、社会因素。

舒伯职业生涯发展观的应用价值表现在以下方面。①舒伯职业生涯发展观是对各个角色变化的很好展示，不同角色之间是互相联系和影响的，一方面，如果一个角色成功了，可能带动另一角色的成功；另一方面，某个角色上的失败可能导致其他角色的失败。②角色是随着人的社会任务或职业生活的不断变化而发生变化，从一个角色转向另一个角色。社会权利和义务的变化是角色转换变化的根本。③不同个体的生涯彩虹图之间各有差异，所以从彩虹图中我们可以看到不同的生涯规划。

2.2.2 金斯伯格的职业发展理论

美国著名的职业指导专家金斯伯格把研究重点放在从童年到青少年阶段的职业心理发展过程上。他将职业生涯的发展分为幻想期、尝试期和现实期三个阶段①。

(1) 幻想期。11 岁前的儿童期，对于他们而言，外面的世界充满了新奇，在日常生活中可能经常看到或接触到各类职业工作者，但对其也仅仅是一种新鲜和好玩的感觉。在这个时期，个体对职业完全是单纯凭自己的主观印象、兴趣爱好来想象，根本没有考虑自身的实际条件、能力水平和社会需要。

(2) 尝试期。11～17 岁是少儿向青年过渡期，是个体心理和生理迅速发育和成长的时期，此时的人开始形成自己的价值观念，有了独立的意识，知识不断增长的同时能力也得到显著增强，对社会生产和生活的经验开始有了初步的了解。在该阶段，个体开始有职业性向，在审视自身条件和能力时更加客观；对职业角色的社会地位、社会意义及社会需要开始加以关注。

(3) 现实期。17 岁后属青年期，此时的个体面临着步入社会和参与劳动，能够通过分析自己的职业愿望和要求，并对自己的主观条件和能力进行客观的评价，同时紧密联系社会现实的职业需要，使三者之间相协调。此时已有具体现实的职业目标，其最大特点是职业选择更为客观，更加现实，讲求实际。

金斯伯格的职业生涯阶段理论，实际上揭示了初次就业前人们职业意识或职业追求的发展变化过程。

2.2.3 格林豪斯的职业发展理论

格林豪斯针对人生不同年龄段职业发展的主要任务展开研究，并以此将职业生涯划分为五个阶段②。

(1) 职业准备阶段（0～18 岁）：接受必需的职业教育阶段，目的是发展职业想象力，并对职业进行评估和选择。

(2) 组织查看阶段（18～25 岁）：以在某个理想组织中谋求一个职位为主要任务的阶段。确保可以根据已经获取的信息，来选择适合自己的职业。

(3) 职业生涯初期（25～40 岁）：为未来的职业成功作好准备的阶段。这些准备工作包括：深入了解和认真学习组织的纪律和规范，提高职业技术，增强工作能力，逐步与职业工作相适应，并与组织相融合。

(4) 职业生涯中期（40～55 岁）。这个时期的主要任务是选定一份职业，并在工作岗位上不断努力以有所成就。但完成任务的前提是必须重新评估早期的职业生涯，使自己的职业理想得到进一步的强化或改变。

---

① Ginzberg E. Toward a theory of occupational choice. Occupations: The Vocational Guidance Journal, 1952, 30 (7): 491-494.

② Greenhaus JH. A factorial investigation of career salience. Journal of Vocational Behavior, 1973, 3 (1): 95-98.

（5）职业生涯后期（从 55 岁直至退休）。这一阶段是以继续维持已有的职业成就，维护尊严，以及准备引退为主要任务。

格林豪斯的职业生涯发展阶段理论从工作角度看通俗易懂，逻辑清晰，可以概括人的整个职业生涯，也可让读者清楚自己所处的大致阶段，同时为研究职业生涯阶段发展理论提供了参考。但理论过于简单，不能细分职业生涯的具体阶段和问题①。

2.2.4 施恩的职业发展理论

美国的施恩教授以人生不同年龄段面临的问题和任务为立足点，将职业生涯分为以下 9 个阶段。

（1）成长、幻想、探索阶段（0～21 岁）。在该阶段，个体的主要任务包括：①发现需要、兴趣、能力和才干，为职业选择打基础；②学习职业知识，获取丰富信息，作出教育决策，幻想变为现实；③接受教育培训，开发工作所需技能。学生、职业工作的申请者和候选人是这一阶段的主要角色。

（2）进入工作世界（16～25 岁）。在该阶段，个体进入劳动力市场谋取工作和雇主达成正式可行契约，成为组织成员。充当的角色是应聘者、新学员。

（3）基础培训（16～25 岁）。在该阶段，个体已经开始职业生涯或迈入组织的大门，了解并熟悉组织的结构，快速融入组织群体，认同组织的文化，并尽快获取成为一名有效组织成员的资格是这一阶段的主要任务；另外是要对组织日常的操作程序熟悉和适应，对工作能很好地应对。此时，担当实习生和新手的角色。

（4）早期职业正式成员资格（17～30 岁）。在该阶段，个体的主要任务包括：①承担责任，履行任务；②发展技能和专长，为职业成长打基础；③对当初追求的职业开展重新评估，以组织中的机会和约束为依据，对在现组织或职业中的去留作出正确的决策，或者处理好自我需要与组织约束、机会之间的关系，以谋求二者之间更好的配合。

（5）职业中期（25～40 岁）。这个时期的任务是：①继续努力学习，争取在自己所选择的专业或管理领域内成为一名专家或职业能手；②需要承担的责任更大，需要对自己在组织中的地位进行准确评估，并依此对个人的长期职业计划进行开发。

（6）职业危险期（35～40 岁）。在该阶段，个体的主要任务包括：①对个人的成长、职业理想及个人发展空间进行现实的估价；②坦然面对现状并明确选择对可预见的前途作出努力；③与他人建立良好的关系。

（7）职业后期（40 岁～退休）。成为一名良师是这个时期的职业任务或角色。这个阶段需要对别人承担责任，学习如何发挥自身的影响去指导和指挥他人，不断追求技能的增强和深化，以及个人才干的提高，目的是在面对更大范围和更大责任时能应对自如；假如想维持稳定，则必须坦然面对自己影响力和挑战能力的弱化。

（8）衰退和离职阶段。一般来说，主要是指 40 岁之后到退休期间。在这期间，随着权力的下放、地位的下降，以及个人竞争力和进取心的减弱，学会接受和发展新的

---

① 陈琼娜．A 供电企业员工职业生涯规划研究．广州：华南理工大学，2009.

角色成为主要的职业任务。此外，还要对自己的职业生涯进行合理评估，着手准备退休。

（9）离开组织或职业——退休。这个时期代表着已失去职业工作或组织角色，面临的问题或任务主要有两种：首先是自我认同感的保持，面临角色、生活方式以及标准的急剧改变，要学会适应和接受这种变化；其次是自我价值观的保持，合理利用自己职业生涯中所积累的智慧和经验，为他人提供指导和帮助。

施恩虽然是以年龄作为划分职业发展阶段的基本依据，但并没有仅仅局限于年龄因素，而是更多地以职业状态、职业任务及职业行为的重要性来作为其阶段划分的根据。

2.2.5　德斯勒的职业发展理论

德斯勒将职业生涯分为以下五个阶段：

（1）成长阶段（出生～14 岁）：通过家庭社会关系及早期教育形成自我概念、个人兴趣和个人能力。在这一阶段，角色扮演是极其重要的，儿童会在这一时期尝试各种不同的行为方式，并对人们如何对不同行为作出反应产生印象，通过这样的尝试不仅能促使这种印象的形成，而且能帮助他们建立起一个独特的个性或自我概念。不断成长的青少年在这一阶段结束的时候，就会形成对他们兴趣和能力的某些基本看法，开始比较现实地思考各种可选择的职业。

（2）探索阶段（15～24 岁）：认真探索可能的职业选择。在这个阶段，个人将对各种可能的职业选择进行深入的探索，他们会认真分析自我对职业的了解，并通过与家人朋友沟通、学校教育、媒体影响等途径来获得自己的兴趣与能力，并试图将自己的职业选择与其兴趣和能力相匹配。

（3）确立阶段（25～44 岁）：选择合适的职业努力奋斗，该阶段又分为三个阶段。①尝试阶段（25～30 岁），对个人当前所选择的职业进行评估，以确定该职业真的适合自己，在发现该职业并不合适时，可能会进行一些改变行为。例如，珍妮原本已经决定在零售行业里开始自己的职业生涯，选定了某商店的助理采购员这一身份作为自己的新职业，但是在经过了几个月的连续工作后，经常出差这种情况使她发现这个职业并不适合她，于是她希望转变为市场调研这种出差更少的职业。②稳定阶段（30～40 岁），这一阶段的人们职业目标往往已经比较坚定，会对自己未来晋升的潜力进行分析，由此来制订明确的职业计划，并对是否需要进行工作调换作出详细调查，积极参与一些培训活动，加速自己职业目标的实现等。③危机阶段（30～44 岁的某阶段），人们往往会在这一时期对自己的职业发展情况进行重新评价，评价是以个人最初的理想和目标为依据，确定自己是否已经完成自己所追求的目标，很多人可能发现，自己并没有达成最初的目标，或者是在达成梦想之后，发现其实自己所想要的并不是这些。在这个阶段，人们还会考虑在自己的全部生活中，工作和职业所占有的比重究竟有多大。一般来说，这时的人们必须面对一个艰难的决策过程，对自己真正的需要、可以实现的目标及实现这一目标所需要付出的代价进行准确的判定。

（4）维持阶段（45～65 岁）：维持自己的职位。在这一阶段，人们一般都已经处在自己职业发展的顶峰，财富、权力、地位和资源等已经处于人生的黄金阶段，公司培养和锻炼的新人逐步成熟，开始竞争和冲击自己的岗位，因而该阶段一方面通过自身完善和资源配置来维持既有的地位和权力，另一方面要培养自己的接班人。

(5) 下降阶段（65～）：转变角色，学会放手。在这一阶段，随着权力的下放和责任的减少，许多人可能有一定的失落感，但却又不得不接受这样的现实，这就需要对原有角色进行转变，学会成为新人的传帮带。然后就可以为退休作准备，这时人们面临的问题就是要怎样去更好地安排原本用于工作的时间。

2.2.6 廖泉文的职业发展理论

1. 职业生涯阶段划分

如图 2-3 所示，“三三三”理论是将人的职业生涯分为三大阶段：输入阶段、输出阶段和淡出阶段。每一阶段又分为三个子阶段：适应阶段、创新阶段和再适应阶段。每一子阶段又可分为三种状况：顺利晋升、原地踏步、降到波谷。输入是指输入知识、信息和经验等，输出是指服务、知识、智慧和其他产品的输出，这是和美国金斯伯格、格林豪斯等那种按年龄将职业生涯阶段硬性地进行划分所不同的一种划分方式，施恩的九阶段理论虽然在年龄划分基础上增加了重叠的部分，但并没有对重叠的背景、特点、原因和处理对策进行深入探索，“三三三”理论则不同。

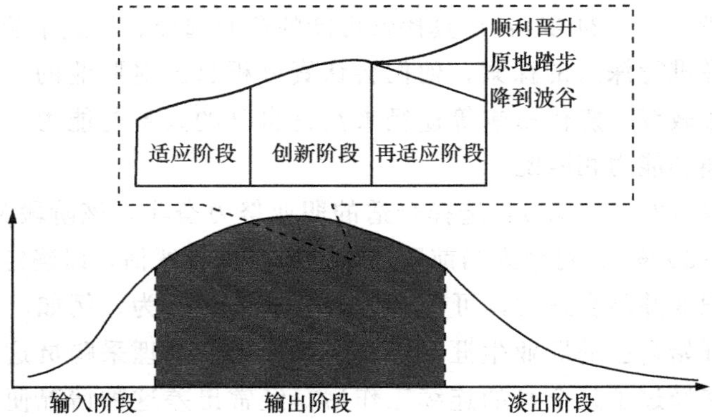

图 2-3　职业发展的“三三三”理论

“三三三”理论将人生三大阶段作为一个弹性边界，认为个人受到身体状况、性格特质、所在行业、职业高度、教育程度和成就欲望等因素的影响，导致这种弹性的产生，如表 2-1 所示。如果将这种弹性的划分方法与美国几位著名学者的职业生涯阶段划分方法作比较，可以看出这是一个更加具有个性化（因人而异）、弹性化（因教育背景不同而异）和开放化（因工作性质不同而异）的方法。①

① 刘大维．知识型员工职业生涯不同阶段的精神激励研究．长春：东北师范大学，2006.

表 2-1　输入阶段与输出阶段的弹性焦点

输入阶段	输出阶段
大专教育（18 岁左右）	从业于高级技工、医护师、农村初等教育工作等
本科教育（20 岁左右）	从业于中学教师、医生、政府公务员和企业中基层管理者
硕士教育（24 岁左右）	从业于大专教师、企业中高层管理人员、政府公务员等
博士教育（27 岁左右）	从业于大学教师、研究院研究员、政府高级公务员、企业中高层管理者

2. 职业生涯输入阶段

如表 2-2 所示，职业生涯发展的“第一个三阶段”主要是指输入阶段。这一阶段的主要任务是为个人就业作准备，输入信息、知识、经验、技能；了解环境和认识社会，并针对自己的各种能力进行历练等。

表 2-2　“三三三”理论职业生涯三阶段

阶段	输入阶段（从出生到就业）	输出阶段（从就业到退休）	淡出阶段（退休前后）
主要任务	输入信息、知识、经验、技能，为个人就业作准备；了解环境和认识社会，针对自己的各种能力进行历练	个人智慧、知识、服务、才干的输出；进行知识的再输入、经验的再积累、能力的再锻造	精力渐衰，但阅历渐丰、经验渐多，逐步退出职业，适应角色的转换

3. 职业生涯输出阶段

职业生涯发展的“第二个三阶段”主要是指输出阶段中职业发展的阶段。与第一个人生三大阶段相同，弹性、开放、动态仍然是这个阶段的发展特点，同时个性化特征也比较显著，其结果同样受多维环境因素和个体因素的影响，主要分为适应、创新和再适应阶段，如表 2-3 所示。

表 2-3　输出阶段的三个子阶段

输出阶段类别	个人的工作状态	职业环境状态
适应阶段	三个契约的制定；要服从上级的领导；要与同事协同工作；要使自己的表现更加出色	适应工作软硬环境，个体与环境、个体与同事相互接受，进入职业角色
创新阶段	独立承担工作任务；努力作出创造性贡献；提出合理化建议	受到领导和群众认可，进入事业辉煌时期
再适应阶段	工作出色获得晋升 发展空间小而原地踏步 自身骄傲或工作差错受到批评	个体要调整心态，适应变化了的环境；此时属于职业状态分化时期，领导和同事看法不一

在开始职业生涯后，人们首先是对环境和职业角色的适应阶段；其次是创新阶段，

独立承担工作责任、以不断创新来展示自己的能力，当然不可能直到人生的淡出阶段，即退休阶段；再次，再适应阶段在此阶段，个体的发展不可能一帆风顺，一般会遇到顺利晋升、停滞不前和下降波谷这三种情况，如表 2-4 所示。这三个阶段在个人的人生中十分关键，需要智慧和勇气、虚心和学习，以及帮助和支持。

表 2-4　再适应阶段的三种状况

再适应阶段	职业状态
顺利晋升	面临新工作环境的重新适应、原同级同事的嫉妒、新工作技能的挑战、领导提出的新任务，表面的风光隐藏着一定的职业风险
停滞不前	“倚老卖老”出现不求上进的状态，挂在口头边的话是“我早就干（想）过”，对同事容易冷嘲热讽，此时比较适合作职业平移或变更
降到波谷	出于个体或客观原因，遭受领导批评，或被降级处分，工作状态进入波谷，如此时能重振旗鼓，有进入第二次“三三三”发展状态的希望

输出阶段，职业成败的关键影响因素如图 2-4 所示。

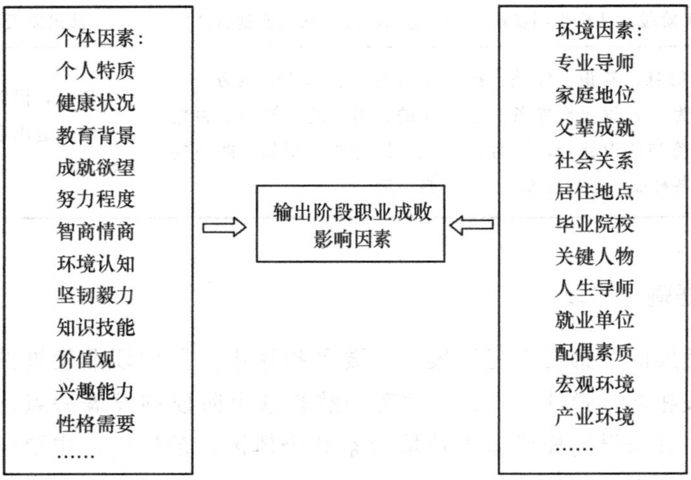

图 2-4　输出阶段的影响量分析

再适应阶段中职业生涯输出阶段的第三个子阶段，从现实角度看，每一个人都要经历“再适应阶段”，很少有人从事第一份职业就能获得成功，因而“再适应阶段”必不可少。处于这个阶段的人，职业生涯并不是最辉煌的，但其人生要想到达辉煌则必须要经历这个阶段。如何顺利渡过再适应阶段，在不同的职业状态，其对策也不同，如表 2-5 所示。再适应阶段是对自己的工作现状进行重新调整，使其与自己的工作环境以及个人的职业状况相适应。在遇到各种不同际遇时，都能峰回路转，在迂回前进中去攀登职业的高峰。个人的智慧和导师的帮助在这一阶段显得尤为重要，同时也更需要容忍和让步、毅力和沉着，以及素质和内涵的支撑。

表 2-5　再适应阶段的三种对策

再适应阶段	职业状态的对策
顺利晋升	谨慎、谦虚、更加努力，坚持对成功的追求
原地踏步	寻找新的切入点，寻求各种支持，调整个体的心态，大胆地尝试新的工作方法
降到波谷	不躁不馁，重新振奋，适当平移和变更职业，再学习并重新构建人力资本，寻求机会重新开始

4. 职业生涯淡出阶段

在职业发展的淡出阶段，由于生理因素影响，精力逐渐衰弱，但阅历和经验更加丰富，逐步退出职业。由于职业角色由工作步入生活，适应角色的转换非常重要，如果不能很好转换，也会面临很多危机①。

2.2.7　Woodward 的角色冲突理论

角色冲突就是当一个人扮演一种角色或同时扮演几种不同角色时，因不胜任或不能很好地转换而造成不合时宜，从而引发矛盾和冲突。角色冲突理论认为，每个人在社会里不仅仅只扮演一种角色，而是需要根据情境及互动对象的不同而扮演多种不同的角色。例如，一个人在家庭中可以是和蔼的父亲、温柔的丈夫及孝顺的儿子；在工作单位中则是有威望的领导、办事得力的下属；同朋友在一起的时候又是一个可以值得信赖的老友。这些角色彼此之间不能混淆，否则就会增添发展的困扰。如果用领导的角色和自己的家人打交道，时时要求家人听从自己的要求，对家人的一切指手画脚，无疑会引起家人反感，最终引发矛盾或冲突。如果一个人无法掌握在何种情境下该扮演何种角色，或者碰到特定的对象应该用何种角色回应的时候，紧张、压力乃至问题就会应运产生。

角色冲突大体可以分为两类：角色间冲突和角色内冲突。

（1）角色间冲突。角色间冲突是指一个人所担任的不同角色之间发生的冲突。主要表现为两种情形。一是空间和时间上的冲突。一个学生，他肩负着学习任务；作为父母的儿子，他承担着孝敬长辈的义务；作为哥哥，他承担着爱护妹妹或弟弟的任务。这样就不可避免地在时间和空间上产生矛盾。二是行为模式内容上的冲突。比如，一个人改变了旧角色，担任了新角色，并且新角色与旧角色有性质区别时，就会产生新旧角色的冲突。大一新生对于升入高等学府，面对新生活的不适应就是这方面例证。

（2）角色内冲突。角色内冲突是指同一个角色，由于社会上人们对他的期望与要求的不一致，或者角色承担者对这个角色的理解不一致，而在角色承担者内心产生矛盾与冲突。角色内冲突往往是由角色自身所包含的矛盾造成的。它的突出表现是，当一个人处在犯罪的边缘，思想斗争激烈，这时两种对立性质的规范和要求通过行为者内心的冲突较量，来决定选择哪一种行为模式或扮演哪一种角色。此外，角色间冲突

① 廖泉文．职业生涯发展的三、三、三理论．中国人力资源开发，2004，(9)，22-23.

往往也会转化为角色内冲突，通过角色内冲突的形式来表现。

2.2.8 克拉克的工作/家庭边界理论

1. 理论提出

对于所有人来说，职业生涯成功都是其追求的目标，但是职业生涯成功与家庭生活成功之间的关系密切，其中企业和员工的价值观对二者的关系起到了决定性作用。家庭因素在职业生涯的每一阶段中都是一个关键因素，家庭的协调性或冲突性都可能对个体的职业生涯产生影响。家庭对于员工本人来说很重要，尤其是配偶和父母等可能对其施加压力，而这种压力比工作或职业上的压力要大得多。特别是对于女性员工，职业生涯与家庭责任之间的平衡尤为重要。工作与家庭二者之间的潜在冲突会给职业生活带来严重影响，这种影响有时甚至可能超过个体发展目标对职业的影响。家庭成员的意见对员工的工作成效有重大影响，虽然在社会生活中，个人的选择比较多样化，有时甚至可以逆向选择，但作为子女、父母的角色却是不可逆转的。职业对于我们来说是可以放弃的，但这些家庭角色却是不可放弃的，甚至还要设法去承担这些角色的责任①。

现代社会，事业、金钱和享乐成为很多人的追求，家庭却被其抛诸脑后，但事业上的成功、金钱上的满足换来的却可能是家庭的包袱，很多人的家庭内部出现了矛盾甚至导致离婚。因此，在人力资源管理与职业生涯管理工作中，工作-家庭关系平衡已成为一项重要的内容②。

2. 理论演变

在工业文明之前，工作与家庭生活是紧密相连的。但在市场经济发展和工业化进程的影响下，工作环境和家庭环境也开始多样化，家庭作坊逐渐被家庭之外的工作形式替代，尤其是随着工业革命的深化，客观并暂时地分离了家庭与工作，家庭活动和工作开始在不同的地点进行，活动时间也不同。早期研究者将工作和家庭系统分别看待，认为男主外女主内，两个系统各自运转③。20 世纪 70 年代，Katz 和 Kahn 认为，工作和家庭行为相互影响，两个系统之间充溢着个人情感，在其中一个系统中，如果经受了失望，那在另一个系统中，就会促进个人权力的行为④。工作与家庭之间的关系存在着一定的相反性，如果个人在一个系统中有所丧失，他就会在另一系统中投入更多来加以弥补。这就好比家庭生活不如意的人，反过来会在工作中投入更多来获得满足，反之亦然⑤。因此，工作和家庭生活相互影响。在此基础上，美国学者克拉克的工

---

① Schein E H. The role of the CEO in the management of change: The case of information technology. Oxford: Oxford University Press, 1992.

② 张再生．工作-家庭关系理论与工作家庭平衡计划．南开管理评论，2002，5（4）：55-59.

③ Parsons T, Bales R F, Family, socialization and interaction process. Glencoe, IL: Free Press, 1955.

④ Katz D, Kahn R L. The social psychology of organizations. HR Folks International, 1978.

⑤ Pleck J H, Staines G L, Lang L. Conflicts between work and family life. Monthly Lab. Rev, 1980, 103: 29.

作/家庭边界理论认为，人们每天在工作和家庭的两个范围内转移，或是在两个的边界中徘徊。而将工作与家庭二者系统联系起来的是人而不是感情。两个范围和他们之间的边界被人们塑造，则是为了对边界跨越者或对与这个范围及与其中的成员之间的关系施加影响①。

3. 理论应用

一般来说，在职业生涯早期，寻找配偶和决定是否结婚是员工面临的主要问题。在职业生涯中期，首要任务则是担负起抚养和教育子女的责任。职业生涯后期，子女分别都长大成人，各自去建立自己的家庭，空巢家庭生活不可避免，这时要学会适应这种转变。从管理的角度而言，工作-家庭平衡是由组织开展的一项计划和活动。目的是为了帮助员工在家庭与工作间的关系问题上正确认识并处理，同时在职业和家庭之间出现矛盾时能够加以调和，当工作-家庭关系失衡时，员工可能因此产生压力，该计划则能有效缓解员工的压力。

从个人的角度，个人的工作-家庭平衡措施主要如下。①对于多数人来说，弄清家庭与工作之间的重点，确定优先次序，分清主次，学会在说“不”时态度坚决。②要更新观念，调整心态，打消由此而产生的内疚感，才能更好地平衡家庭和事业这两件重大事情。③家庭实用对策。夫妇至少可以通过以下方式来减少家庭对工作的影响：在孩子的生育问题上，采取延期政策，或者选择去请保姆来分担家庭事务；夫妇选择同一个单位或从事同样的职业，相互促进；工作和家庭任务采取分工的形式，夫妇二人轮流完成。

从组织的角度，员工职业生涯周期及家庭生命周期的变化是组织的工作-家庭平衡措施所必须考虑的方面。因此，组织必须针对具体状况，制定出有效的工作-家庭平衡措施，包括：①针对员工在家庭和工作中可能产生的精神压力和问题，向员工提供咨询服务或心理辅导，以帮助员工缓解压力，并寻找解决问题的对策和方案；②针对员工的家庭压力，可以考虑将组织的部分福利范围进行扩展，并在组织晋升或工作转换的制约条件中，充分考虑员工的家庭因素，对其职业进行合理的安排；③制造机会让员工的家庭成员参观公司或开展联谊活动，以此使工作范围内的成员与其家庭成员之间能够更好地相互理解，对员工或家庭成员在另一个系统中所要承担的责任能更明确；④在设计工作制度时，考虑员工的实际情况，让他们可以选择更适合家庭需要的弹性工作制。目前最易行、最普遍的措施是非全日制工作制或家庭办公。

关键术语

职业选择　特质-因素　职业性向　择业动机　社会性向　职业锚　人职匹配
职业发展　角色冲突　工作-家庭边界

① Clark S C. Work/family border theory: A new theory of work/family balance. Human relations, 2000, 53 (6): 747-770.

本章小结

本章首先阐述了职业选择相关理论，包括特质-因素理论、职业性向理论、择业动机理论、社会学习理论、职业锚理论及人职匹配理论；其次，分析了职业发展理论，包括舒伯、金斯伯格、格林豪斯、施恩、德斯勒等的职业发展阶段理论，以及“三三三”理论、角色冲突理论和工作-家庭边界等理论。

复习思考题

1. 职业选择理论包括哪些？
2. 不同的职业选择理论对个体的职业选择和发展的指导意义何在？
3. 职业发展理论包括哪些？
4. 根据职业发展理论，在不同的职业生涯发展阶段，你如何规划和管理自己的职业生涯？

案例分析

草根明星——李玉刚

李玉刚，男，生于1978年，中国歌剧舞剧院独唱演员，国家一级演员，中国当红男旦，国内最具人气的娱乐明星之一。2006年CCTV-3《星光大道》年度季军，无数次被全国各地电视台独家专访，2008年曾被联合国授予“世界和谐大使”称号，2009年中国歌剧舞剧院以特殊人才报文化部特批引进的国家独唱一级演员，7月赴世界级歌剧院——澳大利亚悉尼歌剧院演出，并唱醉悉尼，成为继宋祖英后，中国第二位登上悉尼歌剧院舞台的演员。中国驻澳大利亚悉尼总领事胡山和主办单位澳华文联负责人给李玉刚颁发了“南十字多元文化贡献金奖”，以奖励他在海外为传播中国文化而作出的贡献。

李玉刚何以取得如此骄人的成绩呢？

李玉刚出生在吉林省公主岭市一个偏僻的农村，从小就喜欢表演，他妈妈喜欢唱二人转。1996年，高中毕业后的李玉刚考取了吉林省艺术学院，但由于家庭经济原因放弃学业。1997年，李玉刚拎着一个小包和妈妈给他的200元钱，怀揣梦想离开家乡开始漂泊。当过服务员，干过小贩，做过家政，做过流浪艺人，也做过乞丐，曾经自杀。1998年，李玉刚在西安一家歌舞厅做兼职歌手时，他为了给一名女演员救场，采用男女混唱的方式演绎了一曲《为了谁》，从而走红。但他随后第一次女装出场表演时，却被观众砸回后台。此后，经过长期的思考，他决定：将男扮女装进行到底。

李玉刚跑遍全国学习表演形式及舞台经验，从西安著名男旦表演艺术家胡文阁老师到著名声乐教授邹文琴老师，以及舞蹈家沈培艺老师，都是他拜师学艺的对象。在8年多的时间里他拜访过上百位老师，在借鉴和吸取中国古老艺术的同时，将自己对艺术的感悟和看法融合进去。李玉刚不光要学唱功、学表演、学舞蹈（包括学习芭蕾，那时他已经23岁），甚至还要钻研化妆、服装、造型等各种艺术门类的绝技。他为自己的每一次演出亲自选布料、染色彩、设计服装，甚至亲手描绘衣服上的每一朵花，每一片叶，还特地拜著名化妆师毛戈平为师，学习化妆技巧，自己的每一次演出都亲自化妆。除了戏曲界的老师，他还向服装界、化妆界、舞蹈界的老师学习，凡是能与塑造艺术形象有关的老师他都拜过。这造就了李玉刚个性鲜明、唯美时尚的演出风格，将民歌、舞蹈、京剧有机地融为一体，唱腔高亢嘹亮、甜美悠扬，给观众以强烈的视觉和听觉冲击力。这与他的苦心钻研，努力探索是分不开的。2006 年，李玉刚一登上《星光大道》的舞台便技惊四座。可在成名之后，他仍未忘记自己的理想，在刻苦练习同时，寻找各种机会遍访名师，四处求学。

舞台上的他芳华绝代，舞台下的他纯朴善良。很多人赞誉他为继梅兰芳等中国四大名旦之后，中国京剧旦角的后起之秀。出名后的李玉刚保持了身上朴实、谦虚、随和的性格特点。从农村出来的他一直关心农村疾苦。从 1999 年资助山区 6 个面临失学的孤儿和一个孤寡老人开始，他一直秉承着“能力越大、责任越大”的观点。他还一直用原名李刚资助几位贫困大学生，其中包括一位清华大学八年硕博连读的大学生。他希望在将来有能力的时候，在农村建立一所名为“钢丝小学”的希望小学。在 2008 年的汶川大地震中，李玉刚慷慨解囊，以个人名义捐出 11 万元，还代表“粉丝”及工作人员捐出 16.2 万。随后前往四川看望灾区儿童，为灾区重建贡献出自己的一份力量。此外，他曾多次参加各类义演活动。2008 年 8 月 21 日的马来西亚义演中，马媒体对他颇为赞赏，赞其“惊为天人”。他的代表作《新贵妃醉酒》更是在 2008 年被选为第十七届中国金鸡百花电影节的背景音乐。

思考题：

1. 李玉刚取得职业成功的关键因素是什么？
2. 从该案例获得职业生涯管理的启示是什么？

第3章　职业生涯管理的测评工具

引导案例

不经意间的差异

小李和小王是同班同学，论成绩二人不相上下，但小李平时沉稳寡言，而小王则是班上的活跃分子。在一次毕业生供需见面会上，他俩同时被两家公司看中。其中A单位是一家规模大、地处市内、福利待遇相对较好的公司，B单位是一家规模较小、地处市郊、待遇一般但具发展活力的公司。小李认为，A公司名气大，地理环境好，工资有保障，于是毫不犹豫地选择了A公司；而小王认为，人在哪里工作不太重要，关键是要有施展才华和实现人生价值的空间和环境，于是小王选择了B公司。

后来在工作中，由于小李所在的公司人才济济，他只能干一些与专业毫无关系的杂活，重要的工作基本上插不上手。再加上小李不善言辞，缺乏与人沟通与交流的能力，因此工作时总是闷闷不乐，给领导和同事留下了很不好的印象。而小王所在的公司人手少，领导又放手让他干，虽然紧张辛苦，但心情愉快，收获颇丰。不久，因为公司的业务不断扩大，通过公开竞聘，小王顺利地进入了公司的管理岗位。为什么能力差不多的小李和小王职业发展如此不同呢？

（资料来源：中国管理传播网）

思考题：

1. 小李和小王的职业价值观是什么？
2. 小李和小王的职业发展的差异是什么？
3. 小李和小王的职业差异是如何造成的？

职业测评是职业生涯管理的重要手段。职业测评是心理测验的一个分支，科学的职业测评主要通过客观化、标准化的问卷实现，它的科学性、客观性、可比性是其他自我测评的工具所不具备的。

职业测评始于20世纪初，在美国军事和工业领域获得了广泛应用，大大提高了职业招聘和培训部门的经济效益。1926年，美国飞行学校的学员中，有87％因飞行不佳而被淘汰，其原因是空中飞行的心理素质不佳。第二次世界大战期间及以后，客观的要求使心理选拔技术不断发展和普及，因飞行不佳而被淘汰的人数才开始下降，美国空军中淘汰率由70％降至36％，在法国则由61％降至36％，不仅大大减少了培训资源的浪费，而且也有利于个人的职业生涯发展。

心理测验经过近百年的稳步发展，现已成为客观有效的职业测评手段。全球约有四分之三以上的大公司在人员甄选、安置和培训方面使用职业测评，而且越来越多的中小公司也逐步加入这一行列中来。科学的职业测评以特定的理论为基础，经过问卷设计、抽样调查、统计分析、建立常模等程序编制，同时满足三个条件：①效度，测验结果的准确性；②信度，测验结果的稳定性；③常模，每一位被试的心理测验都有一个原始分数，通常情况下这个分数没有实际意义，除非这个分数能与别人比较。

3.1 职业价值观及其测量

3.1.1 职业价值观的含义

如果把你一生中所有的存在想象成一个巨大的超市，但只给你一个小小的购物筐，在这个超市里只允许你购买五样东西，请问你的选择是什么？然后一样一样地选择放弃，看看你最后留下的是什么？相信每个人留下的会五花八门，它反映出人的价值观的不同。罗克奇认为，价值观是人的基本信念，它具有动机功能，而且不仅是评价性的，还是规范性的和禁止性的，是行动和态度的指导。杨德广认为，价值观是一定社会所共同具有的对于区分好与坏的根本看法，对于某类事务是否具有价值及具有何种价值的根本看法，是人所特有的应该希望什么和应该避免什么的规范化见解，表示主体对客体的一种态度。84 岁的慈善家余彭年公开表示，他的 30 亿元财产不留给儿子。余彭年常说的一句话是："儿子强于我，留钱做什么？儿子弱于我，留钱做什么？他们有房子住，有工作做，有这些就足够了。"余老先生生活俭朴，却慷慨捐助社会。这是一位亿万富翁对金钱的态度，也表现出其价值取向。

因此，价值观是人们关于事物重要性的观念，是依据客体对主体的重要性，对客体进行价值判断和选择的标准，代表了一个人对是非、好坏及自我喜好的意见，是人们内心深处最不愿意放弃的东西。不同的求职者由于其所受教育程度的不同和所处环境的差异，职业取向的目标和要求也不相同。在许多场合，我们往往要在一些得失对错中作出选择，而影响我们作出选择的，往往就是我们的职业价值观。

职业价值观也叫工作价值观，是价值观在所从事职业上的体现，或者说是价值取向在个人职业生涯中的一种反映，是人们看待与职业相关问题时的一种信念和态度，或者态度倾向，以此来判断某项职业的价值，并选择是否从事该职业，即个人对某项职业的希望和向往。每个人的工作追求是不同的，其中包括财富、地位或其他因素，而职业价值观则能够很好地表明个人的工作理想。在人们对各种职业进行主观评价时，由于受到各自家庭背景、身心状况、年龄阅历、教育程度、环境氛围及兴趣爱好等的影响，评价结果可能存在差异，从而对具体职业和岗位的选择产生影响，因而不同价值观的人选择可能不同，如有人喜欢与人沟通的工作，有人喜欢与物交流的工作，有人喜欢安全稳定的工作，有人喜欢充满挑战的工作等。因此，认真分析和了解个人的职业价值观，对正确开展职业生涯规划具有重要意义。

3.1.2 职业价值观的特点

职业价值观是因人而异的。不同的人，其职业价值观的形成可能会受到先天条件和后天经历的影响。因此，价值观和价值观体系因人而异。即使是在客观条件相同的情况下，价值观和价值观体系也有可能是不同的，其动机模式和产生的行为也相应地存在差异。

(1) 职业价值观具有相对稳定性。在人们世界观和人生观的形成过程中，价值观是前提，是指导人们思想认识的深层基础。随着人们认知能力的发展，价值观在环境、教育的影响下经过培养后慢慢形成。人的价值观一旦形成，便会呈现相对稳定的状态。但当自身状况和外界环境发生较大变化时，职业价值观也会随之变化。

(2) 职业价值观具有阶段性。根据马斯洛的需要层次理论，当人低层次的需要得到满足以后，他就会产生更高层次的需要。当代大学生一方面期望未来的工作符合自己的特长爱好，在工作中能够施展自己的才华；另一方面，他们也注重金钱物质方面的因素，期望将来的工作能够给自己和家人带来丰厚的物质生活。大学生对收入、福利、保险的要求是为了满足生理和安全的需要，而对成就、自我发展的要求则是更高层的社会性需求和自我实现需要。就职业生涯而言，大多数人在职业生涯中的职业价值观是具有阶段性的，这体现在如果某一个阶段的自身需要得到满足，那么他马上就会产生新的职业价值观。

(3) 职业价值观并不唯一。人的职业价值观不是唯一的，个人由于所处的生涯发展阶段和社会环境不同，他们的需要也会各不相同，这就使得其价值观也相应变化；随着当前社会的多元化发展，价值观呈现出多样化的特点，不同价值观互相冲击，原有价值观体系可能会出现混乱或者改变。因此，价值观需要不断地审视和澄清。在择业时，对人们的选择起到支配作用的会有好几个动机，我们往往会由于要进行选择而感到苦恼，其原因就是个人的职业价值观不唯一，但是要在某一个职业中全部得到满足又难以实现，因此患得患失。

3.1.3 职业价值观的分类

职业价值观的分类方法有很多，主要分类有如下几种。

1. 奥尔波特的价值观分类

根据人们的偏好，奥尔波特把价值观分为六类。①经济型：强调有效和实用。②理论型：重视以理论和批判的方法寻求真理。③审美型：重视外形与和谐匀称的价值。④社会型：强调对人的热爱。⑤政治型：重视拥有权力和影响力。⑥宗教型：关心对宇宙整体的理解和体验的融合。

2. 罗克奇的价值观分类

根据目标实现的手段和目的，罗克奇把个体的价值观分为两类，即终极性价值观与工具性价值观，如表 3-1 所示。终极性价值观是指欲实现的最终存在状态或目标，如和平的世界、舒适的生活等；工具性价值观是指为实现上述目标所采用的行为方式或手段，如负责任的和自我控制的等。

表 3-1　罗克奇的价值观分类

终极性价值观	工具性价值观
舒适自在的生活	有抱负
令人兴奋的生活	心胸开阔
有成就感	有能力
和平的世界	欢愉
美丽的世界	干净
平等	勇敢
家庭安全	宽容
自由	乐意助人
幸福	诚实
内心和谐	富有想象
成人的爱	独立
国家安全	智识
快感	有逻辑
救世的	有爱心
自我尊重	服从
社会认可	礼貌
真正的友谊	负责
智慧	自制

3. 洛特克价值观分类

根据人们的心理需要，美国心理学家洛特克将价值观归纳为 13 种。①成就感：社会地位的提升，来自社会的认同，希望工作能受到他人的认可，对工作的完成和挑战成功感到满足。②对美感的追求：能有更多机会去全面欣赏周围的人、事、物，或者其他所有自己觉得有意义的事物。③挑战：能有运用智慧来解决问题的机会。④健康：包括身体和心理，在工作中能够避免紧张、焦虑和恐惧，在处理事物时希望能够做到心平气和。⑤收入与财富：对自己的财务状况而言，工作有明显或有效的提高，并希望凡是金钱所能买到的东西都能够得到。⑥独立性：工作时间富有弹性，在工作的时间和行为上，可以自主安排和充分掌握。⑦爱、家庭、人际关系：乐于和他人分享，关心并帮助他人，友善、贴心。⑧道德感：与组织愿景、组织文化、价值观和企业使命能够达成一致，结合紧密。⑨欢乐：结识新的朋友，对人生尽情享受，并能够与他人分享各自的美好时光。⑩权力：希望影响或控制他人，依据自己的意愿去指导他人的行动。⑪安全感：能够满足基本的需求，追求安全和稳定，讨厌发生突变。⑫自我成长：能够追求知识上的挑战，向往更圆满的人生，希望不断提升个人智慧、知识与人生的体会。⑬社会交往：认识到在团体中自己的付出是有益的，你的行为给别人带来了很多好处。

3.1.4 价值观对职业的作用

价值观对人的自我认知具有决定性作用，同时能够指导人们对自身行为进行定向和调节。在个人的理想、信念、生活目标和追求方向的性质方面，价值观能够直接对这些方面产生影响，甚至起到决定性作用。价值观是一个人职业的原动力，是影响职业发展的核心。价值观对职业的作用主要体现在以下三个方面。

（1）价值观影响个体的职业选择。价值观是支配和制约人们行为的动因，个体的动机模式受价值观的直接影响。价值观不同的人，即使所处的客观环境相同，其动机模式也会不同，那么由此产生的行为也会有差异，价值观直接支配着人们的动机、目的和方向，个人首先会对动机进行价值判断，评断结果如果是可取的，才会被转换为实际的行为，并由此动机来引导人们的行为。

（2）价值观影响个体的职业发展。价值观不仅会对个人的行为产生影响，对群体行为和整个组织的行为也有着一定影响。将同一个事物置于同一客观环境中，人们对此产生的行为可能不同，造成这种情况的原因即是价值观的不同。同一个企业中的不同人追求的目标各不相同，或是工作上的成就或是金钱收入或是地位和权力，这也源于他们价值观的差异。同一个组织，两个价值观相反的人，在面对同一组织制度时，可能采取完全相反的行为，因而在实现组织目标上所起到的作用也完全不同。适应组织价值观的员工，职业发展会一帆风顺；而不适应组织价值观的员工，职业发展会屡受挫折。

（3）价值观影响个体的职业满意度。人们对各种职业的主观评价受到个人的家庭背景、年龄阅历、身心状况、教育程度、环境条件及兴趣爱好的影响。价值观同样会对具体职业和岗位的选择产生影响，不同价值观的人选择可能不同。比如有人喜欢与人沟通的工作，有人喜欢与物交流的工作，有人喜欢安全稳定的工作，有人喜欢充满挑战的工作等。

因此，对个人的职业价值观进行认真分析和了解，是正确开展职业生涯规划的重要前提。

3.1.5 职业价值观的测量

1. 职业锚理论

职业锚是人们选择和发展自己的职业时所围绕的中心，即指当一个人不得不作出选择的时候，他无论如何都不会放弃的职业，以及职业中的那种至关重要的东西或价值观。职业锚在员工的职业生命周期中，在组织的事业发展过程中，有着重要的意义。首先，它使组织获得正确的反馈。职业锚是员工依据自己的需要、动机和价值观，经过搜索所确定的长期职业贡献区或职业定位。所以，职业锚清楚地反映员工的职业追求与抱负。其次，它为员工设置可行有效的职业通道。职业锚准确反映员工职业需要及其所追求的职业环境，反映员工的价值观和抱负。透过职业锚，组织获得员工正确的信息反馈，这样组织才可能有针对性地对员工职业发展设置可行的、有效的、顺畅的职业通道。

职业锚实际上是内心中个人能力、动机、需要、价值观和态度等相互作用和逐步整合的结果。在实际工作中，通过不断审视自我，逐步明确个人需要与价值观，明确自己擅长所在及今后发展的重点，最终在潜意识里找到自己长期稳定的职业定位即职业锚。对于有工作经验的人而言，明确自己的职业锚是职业选择的最佳参考。而对于没有工作经验的人而言，因为不了解各个职位的内涵，所以其职业锚还没有清晰形成。

职业锚理论的贡献在于，告诉我们如何获取正确信息，如何设计职业通道，如何相互深入了解，如何相互认同接纳。尽管职业锚理论是成熟的经典理论，但随着社会文化的变迁，经济结构的演化，职业锚理论也必须不断自我更新，才能适应外界环境的变化，满足组织和个人对于长期发展的期望。

因此，职业锚问卷是一种职业生涯规划咨询、自我了解的工具，在组织或个人进行更理想的职业发展规划时能够提供帮助。

2. 职业价值观测量问卷

职业价值观测量可以通过职业锚问卷或价值观问卷来测量。目前职业锚问卷是国外职业测评中运用最广泛、最有效的工具之一，见附录 1。职业价值观测量问卷见附录 2。

3.2　职业兴趣及其测量

3.2.1　职业兴趣的含义

兴趣是指人们喜爱或不喜爱某项特定活动或对象的态度。因此，兴趣是人们喜爱做某事的表现。兴趣源自价值观、家庭生活、社会阶层、文化和物质环境等因素，兴趣是价值观的表现，但是兴趣总是与特定的任务或活动相联系的。比如，两个都重视工作中创造性的人，其中一个对科学创造有强烈的兴趣，而另一个偏爱文学创作，这两种兴趣对他们有同样的作用，即有助于他们拓展自己的创造性价值观。这样就可以理解，为什么那些工作与兴趣相一致的人，会比那些工作与兴趣不一致的人更加满意自己的工作。事实上，兴趣与职业生涯选择之间一致与否，与此后他对工作的满意度及持久性紧密相连①。

职业兴趣的实质是一种意识倾向，能够指导人们认识某种事物和从事某项活动，即人们在面对某件事物或某项活动时，可能出现选择性的态度或积极的情绪反应，这些都是职业兴趣的反映。兴趣以需要为基础，需要有精神需要和物质需要，兴趣基于精神需要（如对科学、文化知识等）。人们若对某件事物或某项活动感到需要，他就会热衷于接触、观察这件事物，积极从事这项活动，并注意探索其奥秘。兴趣又与认识和情感相联系。若对某件事物或某项活动没有认识，也就不会对它有情感，因而也就

---

① 李彩虹．大学生职业生涯迷茫感及其对策研究．西安：西安科技大学，2011.

不会对它有兴趣。反之，认识越深刻，情感越炽烈，兴趣也就越浓厚。

当人的认识对象指向某种职业时，就形成了职业兴趣。职业兴趣是指人们对某种职业活动具有的比较稳定而持久的心理倾向。它是一个人探究某种职业或从事某种职业活动所表现出来的特殊个性倾向，它使个人对某种职业给予优先的注意，并具有向往的情感。由于兴趣爱好不同，人的职业兴趣也有很大的差异。有人喜欢具体工作，如室内装饰、园林、美容和机械维修等；有人喜欢抽象和创造性的工作，如经济分析、新产品开发、社会调查和科学研究等。职业兴趣对职业选择和职业发展都有举足轻重的影响。

3.2.2 职业兴趣的特点

兴趣的发展一般经历有趣、乐趣、志趣三阶段。有趣是兴趣的初级形式。一般说来，人们从儿童开始都带有一些“研究”精神，若是看到一只小狗，他们便用手拍拍它的头，摸摸它的尾巴。从儿童的眼光看来，宇宙中的万物，没有一种不是新鲜有趣、值得玩弄和研究的。可见，有趣往往是人为客观世界所吸引而产生的。兴趣往往也称爱好，沿着爱好深入下去，就会使专一的兴趣变成乐趣。兴趣是一种高尚的情操，具有专一性和持久性的特点。志趣是兴趣的高级形式，具有个性特征的兴趣，与高尚的理想相结和，兴趣就发生质的飞跃成为志趣，因而志趣又是兴趣的归宿。因此，志趣可以决定一个人的进取方向，为他的终身事业奠定基础。

对于职业活动，往往从有趣的选择，逐渐产生工作乐趣，进而与奋斗目标和工作志向相结合，发展成为志趣，表现出方向性和意志性的特点，使人们坚定地追求某种职业，并为之尽心尽力。

人们在观察、分析人的心理特点时，常常要谈到他的兴趣特点，人的兴趣特点可以从以下方面来分析。

（1）兴趣的广度。这是指兴趣范围的大小。有些人对新鲜事物十分敏感，对什么事都发生兴趣；有些人则把自己局限在一个小天地里，兴趣的范围极为狭窄。个体心理的充分发展是常常与兴趣的广度相联系的。历史上许多卓越人物具有令人惊讶的渊博知识，就是因为他们具有广泛的兴趣，马克思就是这样的卓越人物，当马克思的女儿请求他说出他所爱好的格言时，他就把古代的一句谚语写了出来：“人类的一切东西，对我都不是陌生的。”

（2）兴趣的中心。这是指在广泛兴趣的基础上要有一个中心的兴趣。多方面的兴趣只有在与某个中心兴趣相结合的情况下，才是一个珍贵的品质。例如，有一位数学教师，他是一位文艺爱好者，对于历史书籍，他读得也很多，特别醉心于传记文学，他对于艺术理论与哲学也感兴趣，而且还研究心理学。但他对数学有一种特别的、任何东西都比不上的兴趣。他说：“这门科学经常给我以创造性的愉快，并且这种愉快逐年在增长。”这是一位既有广泛兴趣又有中心兴趣的教师。

（3）兴趣的稳定性。一个人必须有持久稳定的兴趣，才能经过长期钻研，获得系统而深奥的知识。有些人有多种多样的兴趣，但都不能持久，一种兴趣迅速地被另一种兴趣代替。这种见异思迁的人，难以有多大的成就。

（4）兴趣的效能。这是指兴趣对活动能够产生效果的大小。有的人的兴趣只停留在期望和等待的状态中，不能使人积极努力去满足这种兴趣。这种兴趣缺乏推动的力量，不能产生实际的效果。有的人的兴趣则不然，它能推动一个人去积极活动，它能产生实际的效果。

3.2.3 职业兴趣的分类

根据不同的职业特点和个性特征，美国著名的职业指导专家霍兰德将职业性向或兴趣分为六类：实际型、研究型、艺术型、社会型、企业型、常规型，这六种类型的人具有不同的典型特征。每种类型的人都有与其兴趣相对应的职业类型，当择业的时候，职业满意度、成就感形成的基础，即兴趣与职业环境的匹配，就变得非常重要。

（1）实际型（R）。共同特点：愿意使用工具从事操作性工作，动手能力强，做事灵活利索，动作协调；对具体任务比较偏好，不善言辞，做事保守，较为谦虚；社交能力缺乏，一般喜欢独立做事。典型职业：喜欢使用工具、机器，需要基本操作技能的工作，对要求具备机械方面才能、体力或从事与物件、机器、工具、运动器材、植物、动物相关的职业有兴趣，并具备相应能力，如技术性职业（计算机硬件人员、摄影师、制图员、机械装配工）和技能性职业（木匠、厨师、技工、修理工、农民、一般劳动者）。

（2）调研型（I）。共同特点：思想家而非实干家，抽象思维能力强，求知欲强，肯动脑，善思考，不愿动手；喜欢独立的和富有创造性的工作。知识渊博，有学识才能，不善于领导他人；考虑问题理性，做事喜欢精确，喜欢逻辑分析和推理，不断探讨未知的领域。典型职业：喜欢智力的、抽象的、分析的、独立的定向任务，要求具备智力或分析才能，并将其用于观察、估测、衡量、形成理论、最终解决问题的工作，并具备相应的能力，如科学研究人员、教师、工程师、电脑编程人员、医生、系统分析员。

（3）艺术型（A）。共同特点：创造力较强，喜欢创造新颖、与众不同的成果，渴望表现自己的个性，实现自身的价值；做事理想化，追求完美，不重实际；具有一定的艺术才能和个性；善于表达、怀旧、心态较为复杂。典型职业：喜欢的工作要求具备艺术修养、创造力、表达能力和直觉，并将其用于语言、行为、声音、颜色和形式的审美、思索和感受，具备相应的能力，不善于事务性工作，喜欢艺术方面（演员、导演、艺术设计师、雕刻家、建筑师、摄影家、广告制作人）、音乐方面（歌唱家、作曲家、乐队指挥）、文学方面（小说家、诗人、剧作家）的工作。

（4）社会型（S）。共同特征：热衷于交际、认识并结交新朋友、善于沟通、愿意帮助他人；对社会问题比较关注、渴望发挥自己的社会作用；人际关系广泛，重视社会义务的承担和社会道德的遵循。典型职业：喜欢需要与人沟通的工作，可以提供机会结交新朋友，从事提供信息、启迪、帮助、培训、开发或治疗等事务，并具备相应能力如社会工作者（咨询人员、公关人员）和教育工作者（教师、教育行政人员）。

（5）企业型（E）。共同特征：对权力、地位和物质财富有追求，具有领导才能；喜欢竞争、敢冒风险、有野心、抱负；比较务实，在衡量行为的价值时，习惯以利益得失，权利、地位、金钱等为标准，做事的目的性较强。典型职业：喜欢的工作，是在实现机构、政治、社会及经济目标时，要求任职者具备经营、领导、劝服、监督和管理才能的工作，同时其也具备相应的能力，如销售人员、营销管理人员、项目经理、企业领导、政府官员、法官、律师。

（6）常规型（C）。共同特点：对权威和规章制度很尊重，办事细心、有条理，喜欢按计划执行，对他人的指挥和领导比较习惯并愿意接受，并不谋求领导职务；对实际和细节情况很关注，往往比较谨慎和保守，不喜欢冒险和竞争，创造性有所欠缺，但富有自我牺牲精神。典型职业：喜欢要求注意细节、精确度、有系统有条理，具有记录、归档、据特定要求或程序组织数据和文字信息的职业，并具备相应能力，如会计、秘书、办公室人员、出纳员、记事员、行政助理、图书馆管理员、打字员、投资分析员。

3.2.4 职业兴趣的影响因素

在职业生涯实践中，职业兴趣是以一定的素质为前提，逐渐发生和发展起来的。个人的个性、实践经历、自身能力、客观环境和所处的历史条件与它的形成密切相关，所以在探讨职业兴趣时，应充分考虑个人因素、家庭因素、社会因素等，通过对这些因素的了解，帮助自己深入认识自我，并进行有效的职业规划。

（1）个人需要和个性。尽管人的兴趣各不相同，但兴趣的前提和基础都是个人的需要，人们感兴趣的东西往往就是自己所需要的东西。根据人们的需要可以分为生理需要和社会需要或物质需要和精神需要，我们可以认为人的兴趣也同样体现在这两个方面。其中人的生理需要或物质需要通常比较容易满足，是暂时性的需要，就像人对某种食品或衣物所表现出的兴趣，只要得到食品和衣物就能得到满足；而社会需要或精神需要对于个人来说却表现出持久性、稳定性和增长性，比如人际沟通、文学和艺术追求、参与社会生活等都是长期的、终生的，并且不断追求的需要。需要是兴趣的基础，兴趣是需要的进一步发展。由于个人的个性特征存在优劣，其兴趣和爱好也因此受到影响，不同的人在兴趣和爱好的品位方面出现高低之分。例如，如果一个人的个性品质比较高雅，其感兴趣的可能是某些公益活动，或是高雅的音乐、美术等艺术，并以助人为乐；相反，如果一个人的个性品质低级，那他感兴趣的可能是如何占小便宜，或其他低级、庸俗的文艺作品。

（2）个人认识和情感。个人的认识和情感与其兴趣是密切相关的。个人兴趣的产生必须建立在对某项事物有充分的认识并对其产生情感的基础之上。职业兴趣也是一样，如果一个人对某种职业根本不了解，或者缺乏这种职业知识，那么他对这种职业就不可能产生兴趣，可能在职业规划时根本就想不到这个职业。相反，认识越深刻，情感越丰富，兴趣也就越深厚。例如，有人很喜欢国画，认为国画作品既可以收藏，又可以欣赏，它既能修身养性，又能陶冶情操，而且随着境界的提升，就越投入其中，情感就越专注，兴趣就越浓厚，于是就会发展成为一种爱好，最终有可能发展成为他的职业。

（3）家庭环境。在每个人的成长过程中，家庭对个人的心理发展都有着重要的影响。由于家庭是最基本的社会单元，从而使个人的职业心理发展也具有很强的家庭特征，在个人职业兴趣的形成过程中，家庭环境熏陶的导向性显而易见。在家庭环境中，很多人在幼年时期就对其父母的职业活动产生了初步了解，对职业价值的认识也随着年龄的增长而逐步形成，这导致了个人在选择职业时，都受到来自家庭教育方面的影响。家庭环境因素对职业选择的影响，主要表现在择业趋同性与协商性等方面。由于个人对其家庭成员尤其是长辈的职业通常是比较熟悉的，所以在进行职业规划和职业选择时，会产生一定的趋同性，同时受家庭群体职业活动的影响，个人职业生涯的部分决策可能都是经过家庭成员共同协商而产生的。遗传因素有时也会对兴趣产生影响，对于孩子来说，父母的兴趣会对其产生直接影响。

(4) 受教育程度。在影响个人职业兴趣的因素中，个人自身接受教育的程度也是很重要的。从客观上来说，任何一种社会职业对从业人员都有一定的要求，包括知识与技能等方面，而个人受教育的程度很可能直接决定了本人的知识与技能水平的高低。一个人的学历层次如果比较高，通常他所接受的职业培训范围就比较广，这使其可供选择的职业领域也比较宽。

(5) 社会因素。个人职业兴趣一方面受到社会舆论的影响，这种影响主要包括政策导向、社会时尚和传统文化等。其中起主导作用的影响因素是政府就业政策，对于个人尤其是年轻人来说，社会时尚职业则始终是其追求的职业目标，目前信息技术和旅游行业发展迅速，也导致了很多人开始对这两个职业感兴趣。另外个人的职业选择也常常被传统的就业观念和就业模式制约。另一方面是社会环境的制约，每个人的兴趣和爱好因环境、职业和文化层次的不同而不同。

(6) 职业需求。职业需求是指用人单位在一定时期内可提供的不同职业岗位从业人员的总需求量，它是影响个人职业兴趣的客观因素。企业的职业需求量越大、类别越广，可供个人选择的职业就越多。个人的职业兴趣会受到职业需求的引导，个人的职业选择在一定条件下可能被强化，而那些不切实际的职业取向会被抑制，职业需求甚至可以引导个人产生新的职业取向。

3.2.5　兴趣对职业的作用

研究职业兴趣的一位心理学家曾对从事社会工作者和心理咨询师这两类职业的人作访谈，发现他们的职业兴趣有很强的相似性。并且，人的职业兴趣具有一定的稳定性和持久性。

当人的兴趣对象转到职业活动方向时，人的职业兴趣就此形成，职业兴趣是对“我喜欢做什么？”这个问题的回答。在人的职业活动中，职业兴趣是一个重要的影响因素。人们在选择自己的职业时，常常会考虑到自己对此职业是否有兴趣这个问题。只有选择自己感兴趣的职业，才能在工作中感到愉快和满足。人的兴趣发展是一个过程，从最开始的有趣，到稳定持久乐趣的逐渐形成，然后再结合自己的奋斗目标，形成一种更加明确的志趣，并具有方向性和意志性，这才是职业兴趣的完整发展。当个人所从事的职业活动满足其职业兴趣时，他对职业环境变化的适应性会更强，同时在追求职业目标时所表现出的意志力也更加坚定。另外，从事自己感兴趣的职业活动，可以激发出个人强烈的探索精神和创造热情，工作时的体能、智能、情绪状态也能保持良好的状态，并心甘情愿地全身心投入工作。可见在个人进行职业设计时，职业兴趣是必须考虑的重要因素。

因此，员工应该努力培养自己多方面的兴趣爱好，并且注意培养自己的中心兴趣，努力发展自己的专长，从而使自己的兴趣爱好有明确的方向性，在进行职业选择时可以既有一个较广的适应范围，又有一个确定的指向，同时将能力和兴趣结合起来考虑，才更有可能取得职业的适应和成功。

总之，对于个人来说，如果从事的工作是符合自己兴趣的，那么就会激发人的工作热情，而只要努力就会有成绩。兴趣在某种意义上甚至可以被认为比能力更重要。总的来看，兴趣对个人职业活动的影响主要体现在以下三个方面。

(1) 兴趣是人们职业选择的重要依据。在职业选择过程中，如果个人是有稳定兴趣类型的，那么他对与此有关的职业就有一定的倾向性，这和人们在日常生活中喜欢参加自己感兴趣的活动一样。尤其是当外界环境限制条件较少时，人们在选择工作时都会以自己的兴趣为导向。因此，正确地评估个人的兴趣类型，就有可能在人们进行职业选择时进行预测或提供帮助。

(2) 兴趣可以增强人的职业适应性。研究发现，当一个人所从事的职业是自己的兴趣时，他全部才能的 80%～90%就会得以发挥，而且能够长时间保持高效率；而如果一个人从事自己不感兴趣的工作，他的全部才能只能发挥出 20%～30%。由此可见，将兴趣和能力有效结合起来，能使工作效率得到很大的提高；同时兴趣还可以通过工作动机来促进个体能力的发挥。

(3) 兴趣在某些情况下具有决定性作用。兴趣会对个体工作中的满意度和稳定性产生影响，尤其是在不考虑经济因素等的情况下，兴趣是影响工作满意度和稳定性的决定性因素之一。从事自己不感兴趣的职业通常会降低人的满意度，并会由此导致工作的不稳定和自我价值感的降低。

3.2.6 职业兴趣的测量

1. 霍兰德职业兴趣理论

约翰·霍兰德 (John Holland) 是美国约翰·霍普金斯大学心理学教授，美国著名的职业指导专家。职业兴趣理论就是由他于 1959 年提出，并产生了广泛的社会影响。他认为，人的人格类型、兴趣与职业有着密切的关系，兴趣是人们活动的巨大动力，凡是具有职业兴趣的职业，都可以提高人们的积极性，促使人们积极地、愉快地从事该职业，且职业兴趣与人格之间存在很高的相关性①。

2. 霍兰德职业兴趣测评量表

霍兰德职业兴趣测评量表将职业兴趣与其相应的职业一一对应，见附录 2。

---

① Holland J L. A theory of vocational choice. Journal of counseling psychology，1959，6 (1)：35.

R（实际型）：木匠、农民、工程师、飞机机械师、野生动物专家、自动化技师、机械工（车工、钳工等）、电工、无线电报务员、火车司机、长途公共汽车司机、机械制图员、机器修理师和电器师。

I（研究型）：气象学者、生物学者、天文学家、药剂师、动物学者、化学家、科学报刊编辑、地质学者、植物学者、物理学者、数学家、实验员、科研人员和科技作者。

A（艺术型）：室内装饰专家、摄影师、音乐教师、作家、演员、记者、诗人、作曲家、编剧、雕刻家和漫画家。

S（社会型）：社会学者、导游、福利机构工作者、咨询人员、社会工作者、社会科学教师、学校领导、精神病工作者和公共保健护士。

E（企业型）：推销员、进货员、商品批发员、旅馆经理、饭店经理、广告宣传员、调度员、律师、政治家和零售商。

C（常规型）：记账员、会计、银行出纳、法庭速记员、成本估算员、税务员、核算员、打字员、办公室职员、统计员、计算机操作员和秘书。

3. 霍兰德职业兴趣的理论价值

霍兰德职业兴趣理论对职业选择和职业成功价值进行分析。在职业选择中，职业兴趣是最重要的因素，代表着一种强大的精神力量。职业兴趣测验可以在个体明确自己主观性向时提供帮助，从而能得到最适宜的活动情境并给予最大的能力投入。根据霍兰德职业兴趣理论，个体的职业满意程度受到其职业兴趣的影响，个体的潜能在其所从事的职业符合他的职业兴趣类型的情况下，可以得到最彻底的发挥，此时其工作业绩也更加显著。个人有自己独特的职业兴趣类型，并在职业选择中具有一定的主观倾向性，利用职业兴趣测试，可以帮助个体更清晰地了解这种类型和倾向，从而对一些盲目行为进行规避，使自己所选择的职业在众多的职业机会中是最适合自己的。霍兰德的职业兴趣理论对于大学生和缺乏职业经验的人来说尤其重要，它可以为职业选择和职业设计提供帮助，使个人能够成功地进行职业调整，并能系统地认识和发展自己的职业能力。

职业咨询专家认为，职业兴趣与从事职业相吻合是最理想的情况，一个人如果能根据自己的爱好去选择职业，他的主动性将会得到充分发挥。最理想的情况是员工的职业兴趣与从事职业相符。当员工选择职业的依据是自己的兴趣爱好时，在工作中他会更加主动。即使十分疲倦和辛劳，也总是兴致勃勃、心情愉快；即使困难重重，也绝不灰心丧气，想尽各种办法，百折不挠地去克服它，甚至废寝忘食，如醉如痴。为什么爱迪生能够每天都在实验室里辛苦工作十几小时，在那里吃饭、睡觉，却不以为苦？因为这是他的兴趣所在，也是他成功的原因之一。

因此，在选择长期稳定的职业生涯时，员工应该在了解自己有能力从事什么工作的同时，明确自己的职业兴趣。只有将自身能力和兴趣相结合，员工才更有可能规划好职业生涯并取得职业成功。

4. 职业兴趣的测量

职业兴趣的测量主要通过职业兴趣问卷来实现，具体见附录 3。

3.3 职业性格及其测量

3.3.1 职业性格的含义

性格是指人们对现实事物的态度和相应的行为方式中较为稳定的、具有核心意义的个性心理特征，是一种与社会最密切相关的人格特征，在性格中包含许多社会道德含义。性格表现了人们对现实和周围世界的态度，主要体现在待人接物的态度和言行举止上。

一个人的职业选择，是其性格在工作世界的延伸。有人在总结自己的一生后，得出结论：性格决定命运。由此可见，性格是影响个人成功的核心因素，影响个人工作的选择，同时，一个人选择什么样的工作也要丰富和满足其性格偏好。

职业性格是人们在长期特定的职业生活中所形成的与职业相联系的、稳定的心理特征。例如，有的人对待工作总是一丝不苟、踏实认真，在待人处事中总是表现出高度的原则性、果断、活泼、负责，在对待自己的态度上总是表现为谦虚、自信、严于律己等，所有这些特征的总和就是他的职业性格。

3.3.2 职业性格的特征

职业性格的特征主要体现在以下方面。

(1) 态度特征。人们对现实的态度体系是性格最重要的组成部分，在人的性格结构中处于核心地位。主要体现在三个方面。①对待社会、集体、他人态度的特征，如有的人爱祖国、爱集体、助人为乐、正直、诚实、宽容、与人为善等，而有的人则自私自利、阴险狡猾等。②对待劳动态度的性格特征，如有的人勤劳、认真、细心、节俭，而有的人则懒惰、马虎、粗心、浪费等。③对待自己态度的性格特征，如有的人谦虚、自信、自尊、自爱，而有的人则骄傲、自馁、自卑、自怜等。

(2) 意志特征。性格的意志特征是指人在意志行动中所表现出来的性格特点，表现在一个人习惯化的行为方式中。主要有如下四个方面的特征。①一个人是否有明确的行为目标方面的性格特征。例如，具有明确的目的还是盲动蛮干，有主见还是易受暗示等。②对行为自觉控制水平方面的性格特征。例如，一个人的行为是积极主动还是消极被动，是有自制力还是易受驱使等。③在紧急或困难条件下表现出来的性格特征。例如，是沉着镇定还是张皇失措，是果断勇敢还是优柔寡断、胆小怯懦等。④在经常和长期的工作中表现出来的性格特征。例如，是耐久有恒、坚韧不拔还是见异思迁、半途而废等。

(3) 情绪特征。性格的情绪特征是指一个人情绪活动的强度、稳定性、持续性及主导心境方面的特征。具体体现在以下三个方面。①情绪强度方面的特征表现在一个人受情绪感染和意志支配的程度。例如，有的人情绪产生快而强，而有的人情绪产生慢而弱。②情绪的稳定性、持续性方面的特征表现在一个人情绪的稳定、持久或起伏波动的程度上。例如，有的人忽冷忽热，几分钟热度；有的人始终保持高昂的情绪、饱满的热情。③主导心境方面的特征是指不同主导心境在一个人身上稳定表现的程度。

例如，有的人多愁善感，经常情绪抑郁；有的人整天笑容满面，是个乐天派、乐观主义者等。

(4) 理智特征。性格的理智特征是指人们在认识过程中所表现出来的性格特征。具体表现在三个方面。①在感知方面有被动感知型（易受环境刺激的影响，易受暗示）、主观观察型（自己有主见且不易被环境刺激所干扰）、详细罗列型（特别注意细节）和概括型（更注重事物的一般特征和轮廓）等。②在想象方面有幻想型和现实型，以及主动想象型（力图用想象打开自己活动的领域）和被动想象型（以想象来掩盖自己的无所作为）等。③在思维方面有独立思考型和盲目模仿型、灵活型与刻板型及创造型与保守型等。

3.3.3 职业性格的分类

职业性格的分类主要包括以下九个方面。

(1) 变化型。能够在新的或意外的工作情境中感到愉快，喜欢工作内容经常有变化，在有压力的情况下工作得很出色，追求并且能够适应多样化的工作环境，善于将注意力从一件事转移到另一件事情上去。

(2) 重复型。适合并喜欢连续不断地从事同一种工作，喜欢按照一个固定的模式或别人安排好的计划工作，爱好重复的、有规则的、有标准的职业。

(3) 服从型。喜欢配合别人或按照别人的指示去办事，愿意让别人对自己的工作负责，不愿意自己担负责任，不愿意自己独立作出决策。

(4) 独立型。喜欢计划自己的活动并指导别人的活动，会从独立的和负有责任的工作中获得快感，喜欢对将要发生的事情作出决定。

(5) 协作型。会对与人协同工作感到愉快，善于引导别人按客观规律办事，希望自己能得到同事的喜欢。

(6) 劝服型。乐于设法使别人同意自己的观点，并能够通过交谈或书面文字达到自己的目的。对别人的反应具有较强的判断能力，并善于影响他人的态度、观点和判断。

(7) 机智型。在紧张或危险的情况下能很好地执行任务，在意外的情况下，能够自我控制、镇定自若，工作出色。在出差错时不会惊慌，应变能力强。

(8) 自我表现型。喜欢表现自己，通过自己的工作和情感来表达自己的思想。

(9) 严谨型。注重细节的精确，愿意在工作过程的各个环节中，按照一套规则、步骤将工作过程做得尽善尽美。工作严格、努力、自觉、认真，保质保量，喜欢看到自己出色完成工作后的效果。

3.3.4 性格对职业的影响

1. 霍兰德的个性-工作适应性理论

霍兰德提出了个性-工作适应性理论。他指出员工对工作的满意度和流向的倾向性，由个体个性与职业环境的匹配程度所决定。他划分了六种基本个性类型，以及与其相适应的工作环境。每个人都是这六种类型的不同组合，只是占有主导地位的类型不同。他认为，每一种职业的工作环境也是由六种不同的工作条件所组成的，其中有一种占有主导地位，占有主导地位的职业个性取向在很大程度上影响工作绩效。一个人的职业是否成功，是否稳定，是否顺心如意，在很大程度上取决于其个性类型和工作条件之间的适应情况。霍兰德职业人格能力测验就是通过对被试者在活动兴趣、职业爱好、职业特长及职业能力等方面的测验，确定被试者六种类型的组合情况，并根据其个性类型寻找适合被试者的职业。一个人的多种职业个性取向越相似，在职业选择时的冲突就越小，见表 3-2。

表 3-2　霍兰德的个性-工作适应匹配一览

类型	偏好	个性特质	职业范例
现实型	需要技能、力量、协调性的体力活动	害羞、真诚、持久、稳定、顺从、实际	机械师、钻井操作工、装配线工人、农场主
研究型	需要思考、组织和理解的活动	分析、创造、好奇、独立	生物学家、经济学家、数学家、新闻记者
艺术型	需要创造性表达的模糊且无规则可寻的活动	富有想象力、无序、杂乱、理想、情绪化、不实际	画家、音乐家、作家、室内装饰师
社会型	能够帮助别人或提高他人福祉的活动	社会、友好、服务、理解	社会工作者、教师、议员、临床心理学家
企业型	能够影响他人和获得权利的言语活动	自信、进取、精力充沛、盛气凌人	法官、房地产经纪人、公共关系专家、小企业主
常规性	规范、有序、清楚、明确的活动	顺从、高效、实际、缺乏想象力、缺乏灵活性	会计、业务经理、银行出纳员、档案管理员

2. 荣格的人格类型理论

荣格把人分成两类：外倾型和内倾型。荣格还把人的心理活动分成感觉、思维、情感、直觉四种基本功能。内外倾型和四种机能的组合构成了人格的八种类型。

（1）外倾思维型。外倾，偏重思维，思维特点是一定要以客观资料为依据，以外界信息激发自己的思维过程。这种类型的人情感压抑，甚至表现为冷漠或傲慢等人格特点。偏向的职业类型是经济学家、科学家等。

（2）外倾情感型。外倾，偏重情感，他们的情感符合客观的情境和一般价值。易动感情，尊重权威和传统，爱交际，寻求与外界的和谐，不重思维。适合的职业如节目主持人等。

（3）外倾感觉型。外倾，偏重感觉功能，他们头脑清醒，倾向于积累外部世界的经验，但对事务并不过分地刨根问底。寻求享乐，追求刺激，情感肤浅，直觉压抑。适合的职业如商人、建筑师等。

（4）外倾直觉型。外倾，偏重直觉，他们力图从客观世界中发现多种多样的可能性，并不断追求新的可能性。做事首重预感，好改变主意，富有创造性，对自己许多潜意识的东西了解很多，不重视细腻的分辨。适合的职业如公关人员、冒险家等。

（5）内倾思维型。内倾、偏重思维，他们本身对思想观念本身感兴趣，收集外部世界的事实来验证自己的思想。感情压抑、冷漠、沉溺于幻想、固执、刚愎和骄傲。适合的职业如哲学家等。

（6）内倾情感型。安静、富有情思、略带情感，对别人的意见和感受较少注意，不轻易流露情感，不重思维。适合的职业如音乐家、宗教人士等。

（7）内倾感觉型。被动、安静，具艺术色彩，在乎周遭的事与物，不喜欢高谈阔论，对人生的大道理不感兴趣，不重直觉。适合的职业如美术鉴定家、审美家、品酒师等。

（8）内倾直觉型。他们力图从精神现象中发现各种各样的可能性。偏执，喜欢做白日梦，观点新颖但稀奇古怪，苦思冥想，很少为人所理解，但不为此感到苦恼，以心理体验指导生活，不重操作。适合的职业如神秘主义者、诗人。

3.3.5　职业性格的测量

1. MBTI 理论

MBTI（myers-briggs type indicator）由美国的心理学家 Katherine Cook Briggs（1875～1968）和她的女儿心理学家 Isabel Briggs Myers 根据瑞士著名的心理分析学家 Carl G. Jung（荣格）的心理类型理论和她们对人类性格差异的长期观察和研究而成的。经过了长达 50 多年的研究和发展，MBTI 已经成为当今全球最为著名和权威的性格测试。

MBTI 是一种自我报告式的性格评估测试，用以衡量和描述人们在获取信息、作出决策、对待生活等方面的心理活动规律和性格类型。主要应用于职业发展、职业咨询、团队建议、婚姻教育等方面，是目前国际上应用较广的人才甄别工具。

心理学认为，“性格”是一种个体内部的行为倾向，它具有整体性、结构性、持久稳定性等特点，是每个人特有的，可以对个人外显的行为、态度提供统一的、内在的解释。

MBTI 由四个维度上的不同偏好构成。①怎样与外界互动（注意力聚焦方向）：外向（E）-内向（I）。②接受信息的倾向（信息搜集的方式）：感觉（S）-直觉（N）。③主要作出决策（判断事物）：思维（T）-情感（F）；④怎样安排自己的时间和生活（生活态度）：判断（J）—知觉（P），如图 3-1 所示。

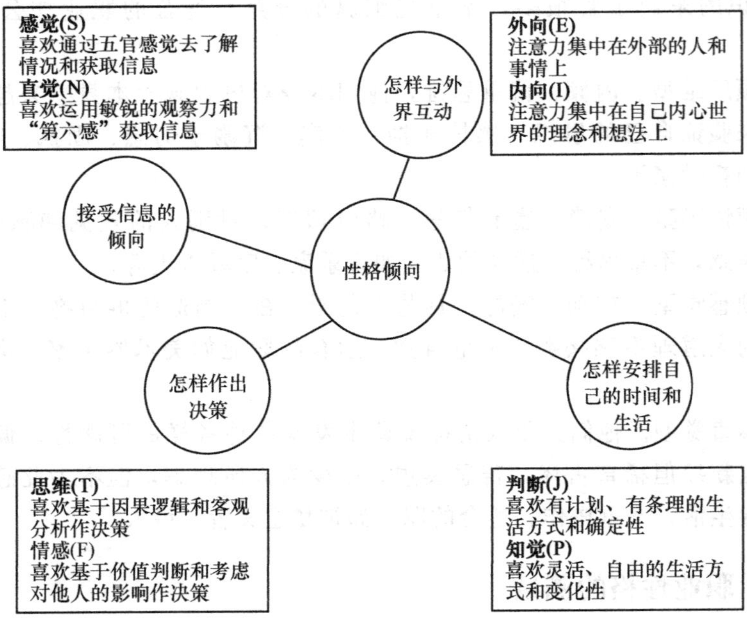

图 3-1　MBTI 的四个维度偏好

根据以上四个维度偏好，可把西游记的师徒四人分析，如图 3-2 所示。

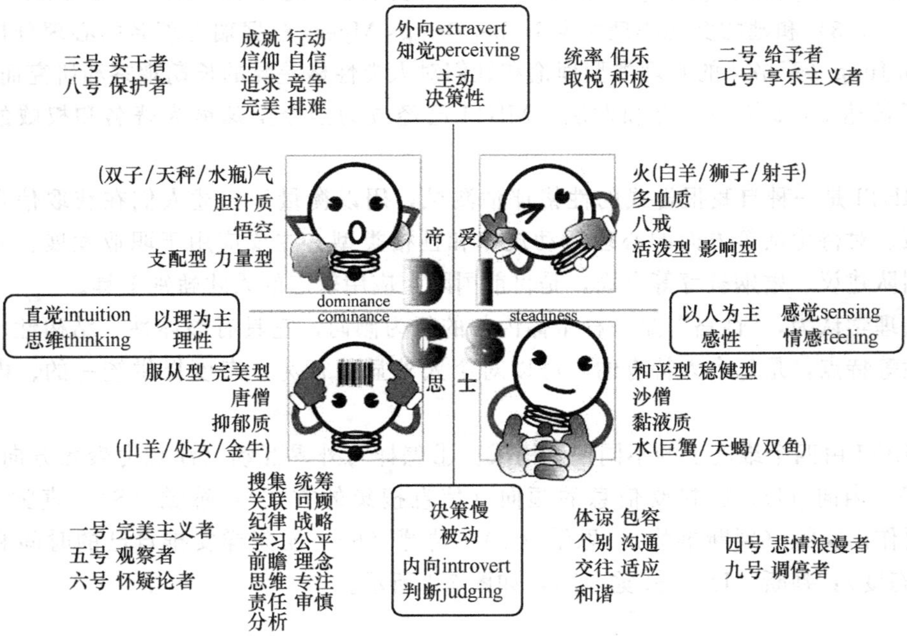

图 3-2　西游记师徒的 MBTI 分析

根据四个维度上的不同偏好把人的性格分为十六种类型及其适合职业，如表 3-3 所示。

表 3-3 MBTI 的性格类型及适合职业

ISTJ	ISFJ	INFJ	INTJ
首席信息系统执行官、天文学家、数据库管理者、会计、房地产经纪人、侦探、行政管理者、信用分析师	内科医生、营养师、图书/档案管理员、室内装潢设计师、客户服务专员、记账员、特殊教育教师、酒店管理者	特殊教育教师、建筑设计师、培训经理/培训师、职业策划咨询顾问、心理咨询师、网站编辑、作家、仲裁人	首席财政执行官、知识产权律师、设计工程师、精神分析师、心脏病专家、媒体策划、网络管理员、建筑师
ISTP	ISFP	INFP	INTP
信息服务业经理、计算机程序员、警官、软件开发员、律师助理、消防员、私人侦探、药剂师	室内装潢设计师、按摩师、客户服务专员、服装设计师、厨师、护士、牙医、旅游管理者	心理学家、人力资源管理、翻译、大学教师、社会工作者、图书管理员、服装设计师、编辑/设计师	软件设计师、风险投资家、法律仲裁人、金融分析师、大学教师、音乐家、律师、网站设计师
ESTP	ESFP	ENFP	ENTP
企业家、股票经纪人、保险经纪人、土木工程师、旅游管理、职业运动员/教练、游戏开发员、房产开发商	幼教老师、公关专员、职业策划咨询师、旅游管理/导游、促销员、演员、海洋生物学家、销售员	广告客户管理、管理咨询顾问、演员、平面设计师、艺术指导、培训师、心理学家、人力资源管理者	企业家、投资银行家、广告创意总监、市场管理咨询顾问、文案、广播/电视主持人、演员、大学校长
ESTJ	ESFJ	ENFJ	ENTJ
首席执行官、军官、预算分析师、药剂师、经纪人、保险经纪人、教师（贸易/工商类）、物业管理者	房地产经纪人、零售商、护士、理货员/采购、按摩师、运动教练、饮食业管理、旅游管理者	广告客户管理、杂志编辑、培训师、电视制片人、市场专员、作家、社会工作者、人力资源管理者	首席执行官、管理咨询顾问、政治家、房产开发商、教育咨询顾问、投资顾问、法官

2. 艾森克人格问卷

艾森克人格理论（Eysenck's personality theory）是一种以人格结构层级说和三维人格类型说为主要内容的人格理论，由英国心理学家艾森克提出。艾森克认为，人格是一种层级结构，个人行为和行为群是这个结构的有机组成部分。人们可直接被观察到的具体行为处于人格层级的最底层，无数个具体反应形成了最底层。人们的具体反应在经过重复后，会形成一种较为稳定的行为倾向，这种倾向属于人格层次的较高层，它是一种习惯性反应。再高一层则是特质，由焦虑、紧张、固执等习惯性反应有机组合而成。最高一层是类型，是一组相关特质的有机组合，它的特征是具有高度概括性，对人的行为所产生的影响很广泛。他通过分析并研究人格问卷资料的各种因素，将人格类型划分出了三个基本维度：一是外倾性维度，以此把人格分为外倾型和内倾型；二是情绪稳定性维度，可以把人格分为情绪型和稳定型；三是心理变态倾向维度，可以把人格分为精神失调型和精神整合性。

由于EPQ具有较高的信度和效度，其所测得的结果可同时得到多种实验心理学研究的印证，所以它也是验证人格维度理论的根据。

3. 卡特尔16种人格因素问卷

16种人格因素问卷是美国伊利诺伊州立大学人格及能力测验研究所卡特尔教授编制的用于人格检测的一种问卷，简称16PF。根据一项研究，1971～1978年，被研究文献引用最多的测验中，16PF仅次于MMPI排第二。在一项关于心理测验在临床上应用的调查中，16PF排第五。卡特尔是人格特质理论的主要代表人物，对人格理论的发展作出了很大的贡献。要介绍16PF，不能不提到特质理论，因为16PF是伴随着卡特尔的人格特质理论而发展的，二者可谓“相辅相成”。

16PF适用于16岁以上的青年和成年人，现有5种版本：A、B本为全版本，各有187个项目；C、D本为缩减本，各有106个项目；E本适用于文化水平较低的被试，有128个项目。我国现在通用的是美籍华人刘永和博士在卡特尔的赞助下，与伊利诺伊州立大学人格及能力研究所的研究员梅瑞狄斯博士合作，于1970年发表的中文修订本，其常模是通过2000多名香港和台湾地区的学生得到的。

3.4 职业气质及其测量

人的气质分为四种类型：胆汁质、多血质、黏液质、抑郁质。对人的气质的测验有助于帮助被试选择较适合的工作，有助于管理人员更好地了解被试。

3.4.1 职业气质的含义

气质通常是指人们心理活动的速度、强度、稳定性和灵活性等方面，以及心理特征。一个人的气质类型和气质特征是相当稳定的，气质又不是一成不变的，它具有稳定性和可塑性。

职业气质是指人们典型的、稳定的心理特征，突出表现为人在心理活动方面的动力过程，它能反映出一个人心理活动过程进行的速度、强度，以及稳定性和指向性。它是个性的生理基础，直接影响着一个人的性格、兴趣、能力和活动效果。不同气质类型的人，对待同一件事情的态度和处理方法，可能会迥然不同。

3.4.2 气质的类型

古希腊医生希波克利特和罗马医生盖仑把人的气质分为多血质、胆汁质、黏液质和抑郁质四种类型。

(1) 多血质（活泼型）。敏捷好动是多血质的心理特征。在环境发生改变时，由于能够平衡自己的神经过程且具有很好的灵活性，这种人对新环境的适应性更强。在群体交际中，因为多血质的人性情外向，喜欢与人分享，所以在与人交往的过程中精神愉快，相处自然，在遇到困境时往往能够运用智慧来解决；同时喜欢思考，特别是在工作和学习上勤学多思，在自身工作能力和办事效率方面，一般都有很好的表现；自信、充满幻想，兴趣广泛，性情善变，不习惯循规蹈矩的工作，经常会出现轻诺寡信、三心二意的行为，性格容易浮躁，在忍耐力和毅力上有所欠缺。多血质气质类型的人，适合于需要与人交际、灵活多变、刺激性和挑战性较强的工作，如记者、外交官、驾驶员、管理者、律师、运动员等。需要细致耐心并且单调的机械性工作对于他们来说是不太适合的。

(2) 胆汁质（兴奋型）。兴奋和热烈是胆汁质的心理特征。他们一般都有旺盛的精力，行为果敢，行动敏捷；有自己的理想和抱负，对很多问题都有比较独立的见解，为人处世表里如一；胆汁质的人在认准自己的目标后，即使遇到困难也会继续努力并尽快实现自己的目标，在处理事情时有魄力，敢于承担责任，但他们一般都不够细心，处事不够理性，性情急躁，缺乏自制力，有时看待问题容易主观臆断，任性而为。在工作中的体现则是，虽然事业热情较高，但带有明显的周期性，且情绪容易受到影响，当感到筋疲力尽时就会情绪低落。不愿被指挥而愿意指挥他人。胆汁质的人喜欢从事需要人际沟通、工作内容多变、环境不断转换的职业，如推销员、导游、公共关系人员、节目主持人等。

(3) 黏液质（安静型）。缄默和安静是黏液质的心理特征。这种气质类型的人外表柔弱内心坚强，沉静多思，内心的真情实感一般被隐藏起来。神经过程平衡但缺乏灵活性，对事物的反应不够敏捷，为人沉稳，处事妥当，凡事只有在经过深思熟虑确定有把握后，才会付之行动，自我控制能力很强。即使外界环境发生变化，也能基本保持心理平衡。在与人交往的过程中，态度一般不卑不亢，讨厌泛泛而谈和抛头露面，坚持持重适度的原则。心境平和，沉默少语，行为沉稳而不急躁，按部就班，对既定的生活秩序和工作制度必定严格遵守。因此，对于那些要求有坚韧不拔、埋头苦干的品质和长时间集中注意力、有条不紊的工作，都能够高质量地完成。但他们的缺陷在于往往因为墨守成规而故步自封；或者过于拘谨，而不能随机应变。

总之，黏液质人大多数协调都很好，在表现自己的才能时能做到冷静出色，因为他们都善于利用积极性、社会性及情感稳定性，并由此发挥其卓越的能力，这就是其过人之处。他们不仅能从事技术、学术、研究、教育、医生等内向职业，而且在外向型职业领域，如商人、外交官、政治家、律师等也都可以成为他们的职业。这些人在其所在的行业中，虽然地位高低不同，但往往能占有重要位置。黏液质人在现实工作岗位上，多数都表现精明强干，如有才气的作家、头脑精明的银行家、出色的公务员。

(4) 抑郁质（抑郁型）。呆板和羞涩是抑郁质的心理特征，性格沉静而含蓄，对待感情很专一，对外界反应较敏感，情绪控制力和心理承受能力较缺乏，一件微不足道的小事都可能引起其情绪的波动。在情绪体验方面，方式单一，通过外表很难看出其情感变化，但实际上在内心却有深刻的体验。与人交往时较拘束，性情孤僻、喜欢独处，在和谐友爱的环境中，表现出容易相处的一面。遇事一般要经过深思熟虑才行动，在工作中，追求质量而非速度，行为略显迟缓刻板，但对力所能及的任务都能认真完成。容易感到疲倦，面对困难时表现怯懦、信心不足，多疑多思，常常缺乏果断。抑郁质人的喜欢从事不需要人际交往，只需要个人努力和慎重、细致、周密思考品质的职业，比如他们往往在学术、研究、医学、教育等职业领域有较好发展。检验员、化验员、校对、打字、排版、登记员、保管员等工作对他们也比较合适。

3.4.3 气质对职业的影响

气质是个体稳定的心理特征，影响着个体的所有行为。个体的气质不仅影响他所从事的活动的能力，而且也影响活动的效率。因此，了解个体的气质特征和类型对于职业生涯管理工作有着重要意义，尤其在职业选择、职业培训和职业淘汰方面具有重要作用。

（1）气质特性决定个体是否适合某种职业。一些特殊的职业，如飞机驾驶员、宇航员、高空作业人员、运动员、雷达观察员、消防队员等，由于紧张的工作和重大的责任，要求反应灵敏、沉着冷静、大胆心细等心理素质，要求具备强大而平衡且灵活型的气质。因此在这种情况下，气质特性就决定了一个人是否适合从事该种活动。即使一般的职业，从原则上讲，也需要人们具有相应的气质特点，如公关、采购、推销等工作，多血质的人会做得非常好，而会计、出纳等精细的工作，黏液质和抑郁质的人会做得很好[①]。

（2）气质特性影响个体工作的满意度。在一般职业中，当个体所具有的气质特点符合工作要求时，该个体就比较适应工作，完成工作比较轻松；当一个人所具有的气质特点不符合工作要求时，这个人就难以适应工作，完成工作比较困难。因此，作为管理者，在人员选拔、安置时应使个人的气质特点与工作要求或职业要求相匹配，既能使个人获得较大的成功，又可以使组织受益。

（3）不同气质特点之间具有补偿作用。由于不同气质特点之间的补偿作用，对于一般职业或者工作而言，一个人即使不具备所需要的气质特点也可以做好。如注意力转移迅速和灵活可以补偿注意力不集中的弱点。这种补偿作用使气质类型对工作效率的影响并不显著。

（4）气质类型影响工作效率但不决定工作价值。任何气质类型都有其积极的一面，也有其消极的一面。例如，多血质的人情感丰富、工作能力强、灵活亲切、易于相处，但缺乏一贯性，有时感情用事；胆汁质的人生气勃勃、动作迅速、积极能干，但也可能任性暴躁、感情用事；黏液质的人稳重、踏实、冷静坚毅、自律自制，但也可能孤僻死板、冷漠固执；抑郁质的人敏感细致、稳重、情绪体验深，但可能缺乏热情、易多疑。气质特征只能影响智力活动的形式，不决定人的社会价值，气质不能决定一个人的行为方式和水平。一个人做什么、怎么做，是由个人的动机、信念价值观念等决定的。但是，不同气质对职业的匹配程度不同，适应性和满意度也不同，因而气质与职业匹配有着重要的作用和意义。

不同气质与相应职业的匹配如表 3-4 所示。

---

① 高珊珊．基于 e-learning 的大学生就业指导课的教学设计．宁波：宁波大学，2009.

表 3-4　气质与职业的匹配

气质类别	多血质	胆汁质	黏液质	抑郁质
气质特点	活泼、好动、敏感	热情直率、外露急躁	稳重、自制、内向	安静、情绪不易外露、办事认真
适合的职业	政府及企事业管理者、外事人员、公关人员、驾驶员、医生、律师、运动员、公安、服务员等	导游、推销员、勘探工作者、节目主持人、外事接待人员、演员等	外科医生、法官、财会人员、统计员、播音员等	机要员、秘书、人事、编辑、档案管理员、化验员、保管员等
不适合的职业	单调或过于细致的职业	长期安坐的细致工作		热闹、繁杂环境下的职业

3.5　职业能力及其测量

3.5.1　能力与职业能力

1. 职业能力的定义

心理学把能力定义为一个人顺利完成某种活动所必须具备的心理特征或主观条件，是对活动效率产生直接影响并保证活动顺利完成的个性心理特征。能力对于职业活动的作用十分重要，是对活动效果产生影响的基本因素。人们从事任何一种活动，具备一定的能力是必要的前提。职业活动也一样，要使职业活动顺利进行，从业者必须要具备该活动所需要的能力，在个人择业过程中，能力是首要的和基本的制约因素①。

相关研究表明，根据职业活动的性质、内容和环境的不同，可以将职业划分为不同的类型，并且不同类型的职业对能力要求也各不相同。从事一项职业，必须具备该职业所需要的能力。职业能力是指职业作为一种重要而又复杂的社会活动，要求从业者具备必要的生理和心理条件。人们从事某种职业往往需要多种能力，而职业能力就是指职业所需各种能力的综合。比如对于教师这种职业而言，主要任务是教学，但语言表达能力并不是唯一所需的能力，还涉及如何对教学进行组织和管理，怎样更好地理解和使用教材，遇到教学问题时如何分析，以及怎样对教学效果进行评估等方面，这些都需要教师具备相关的其他能力。职业能力是一个人可否进入职业的先决条件，无论从事什么职业总要有一定的能力作保证。没有职业能力，就无从进入职业工作，也就无从谈起职业生涯发展。职业能力的形成是一个长期的过程，通常需要经过相当长时间的学习及一定的实践活动才能完成。职业能力的形成，需要具备先天素质、后天的教育训练，以及职业活动实践等条件。

如果说职业兴趣对一个人职业选择的方向有决定性的作用，并直接影响个人在职

① 罗双平．青年选择职业时的“五个吻合”．中国青年研究，2003 (8)：15-21.

业工作上的敬业和奉献程度，那么职业能力则是一个人能否满足已选择的职业要求并胜任工作岗位的要求，也是个人在职业生涯中能够取得成功的前提。

2. 能力的特点

首先，能力和工作、生活、学习等具体活动相联系。音乐代表着节奏、乐感；绘画代表着空间。能力的主要特点首先在于它在一个人的活动中表现出来，又在从事活动的过程中得到发展。没有一定的机会和舞台，任何人的能力都无法表现出来。人们在获得机会表现自己能力的同时，其能力也会得到发展和完善。

其次，能力是指一个人的个性心理特征。任何人的能力与其他人都是不同的，都表现出自己的特点。例如，有的人演讲能力很强，有的人记忆力极佳，有的人创造力很强，有的人操作能力很好等。正因为如此，我们的社会才会如此丰富多彩，拥有各种类型的人才，促进全人类的不断进步。

再次，能力是顺利完成某种活动所必须具备的心理特征，但在活动中表现出来的心理特征并不都是能力。只有直接影响人的活动效率，使活动顺利完成的个性心理特征才是能力，如在活动中表现出的情绪、态度、意志等都不属于能力范畴。顺利完成某种复杂活动，通常需要几种心理特征的综合运用。

最后，能力是保证取得成功的基本条件和必要条件，但不是唯一条件。任何活动能否成功，从个人角度来说，除能力外，还要取决于意志、态度、人际关系、工作环境等因素。

能力与知识技能不同。知识是人类社会实践经验的总结概括；技能是在理论或实践活动中经过联系获得并巩固的某种基本操作或活动方式；能力是掌握知识、技能的一种主观条件。个人能力在掌握知识和技能过程中提高；知识技能以能力为前提，能力制约知识、技能的深度、广度、难度和速度。

3. 能力结构理论

人们要成功完成任何一种活动，仅靠一种能力是不够的，它需要多种能力的组合。心理学家从不同角度对能力进行了分类，按照不同标准可以分为不同类别。

第一，一般能力和特殊能力。按能力的内容可分为一般能力和特殊能力。斯皮尔曼的双因素论认为，能力包括一般能力和特殊能力。一般能力是个体完成一切活动都必须具备的共同能力。通常指在不同类别的活动中表现出来的共同能力，又称为智力。它是人们有效掌握知识和顺利完成活动必不可少的心理条件，主要包括记忆力、观察力、想象力、注意力、语言能力、思维能力及操作能力等，其中思维能力起着核心作用。这些能力是我们认识理解客观事物并解决问题的基本能力，是完成任何日常活动都不可或缺的。一般能力稳定有机的综合即智力，智力的核心是抽象概括能力，创造能力是智力的高级表现。特殊能力是个体从事某种专业活动所应具备的能力，如数学、管理、音乐、教学。这些能力与特殊的专业活动联系在一起。任何一种专门活动都要求与该专业内容相符合的几种能力的集合。例如，音乐家需要有乐感、把握旋律曲调的特殊能力；画家需要有良好的空间知觉能力及色彩辨别能力；科学家需要有很强的创造性思维能力；管理者则需要有较强的组织管理能力、系统思维能力、创新能力和人际沟通能力等。这些都是一些与特殊专业内容相联系的特殊能力。

一般能力和特殊能力的有机结合是有效完成某种活动的必要保证。一个人要顺利完成某种活动既要依靠一般能力的参与，也要有特殊能力的参与，特殊能力就是在一般能力的活动中的具体化。两种能力之间的关系是一般与特殊的辩证统一。一般能力与特殊能力在发展中相互作用，特殊能力建立在一般能力基础之上，任何特殊能力都是在一般能力的专业培训基础上发展而来的。一般能力又包含在特殊能力之中。一般能力越发展，就越能为特殊能力的发展创造有利条件，而特殊能力的发展也会促进一般能力的发展。

一方面，个体从事某种职业或专业活动时，一般能力在某些特殊方面的特殊发展成为特殊能力；另一方面，随着特殊能力的发展和提高，一般能力也进一步得到提高。个体能力通常以一两种为主，兼备几种能力。特殊能力越精，一般能力越多，个人表现出的才能越大。①

第二，模仿能力和创造能力。能力按照创造性大小，可分为模仿能力和创造能力。模仿能力是指人们通过对他人的行为、活动进行观察，使自己了解相关的各种知识，然后以同样的方式作出相同反应的能力。模仿不但表现在观察别人的行为后作出的相同反应中，而且表现在某些延缓的行为反应中。模仿是动物和人类的一种重要的学习能力。创造能力是指人们在活动中能产生出具有社会价值的、独特的、新颖的思想和事物的能力。一个具有创造力的人往往能超越具体的知觉情境和思维定式的束缚，在习以为常的事物和现象中发现新的联系，提出新的思想，创造新的事物。作家在头脑中构思新的人物形象、创作新的作品，科学家提出新的理论模型并用实验证实这些模型，这些都是创造力的具体表现。心理学家认为，创造能力的基本特征是独特性和价值性。人们正是由于有了创造能力，才能在模仿的基础上有所突破，有所发展，社会才可能得以发展。

模仿力和创造力是两种不同的能力。动物能模仿，但不会创造。模仿只能按现成的方式解决问题，而创造力能提供解决问题的新方式与新途径。人的模仿力和创造力有明显的个体差异。有的人擅长模仿，而创造力较差；有的人既善于模仿又富有创造力。了解这一点对选拔和使用人才具有现实意义。模仿能力和创造能力又是相互联系的，模仿能力一般都含有创造因素，而创造能力的发展又需要模仿能力。人们常常是先模仿，然后再进行创造。科研工作者先通过观察、模仿别人的实验，然后才有可能提出有独创性的实验设计；学习书法的人先临摹前人的字帖，然后才可能创作出具有个人独特风格的作品。在这个意义上，模仿也可以说是创造的前提和基础。

第三，优势能力与非优势能力。能力按照地位的不同可以分为优势能力和非优势能力。每个人的能力是由多种能力要素构成的体系，所有这些能力在整个能力体系中有着不同的地位和作用。其中占主导地位、规定能力体系倾向性的能力要素，就是优势能力；其他能力处于附属地位，为非优势能力。每个个体都应该对自己的能力结构

---

① 吕永卫．浅谈大学生能力的培养和提高．山西高等学校社会科学学报，1997（3）：83-84.

体系进行分析，明确自己的优势能力，并尽可能在自己的职业生涯发展中发挥好优势能力。

第四，认识能力、元认知能力、操作能力与社交能力。从认知对象的维度考虑，能力还可分为认识能力、元认知能力、操作能力与社交能力。认识能力是指个体接受信息、加工信息和运用信息的能力，即获取和保存知识的能力。它包括观察能力、思维能力等，是完成各种活动所必备的最基本、最主要的心理条件。元认知能力，是个体对自己的认识过程进行认知和调控的能力，即个体对自己的认知活动的体验、评价和监控能力。操作能力是操纵、制作和运动的能力，是人们适应或改变环境、协调自己动作、掌握和施展技能所必备的心理条件。社交能力是参加社会群体生活，与周围人们相互交往，保持协调所不可缺少的心理条件。

此外，梅耶和沙洛维把情绪智力从人类智慧中分离出来，界定为人的社会智能，包括情绪知觉、评价和表达能力，思维过程中的情绪促进能力，理解情绪知识的能力，对情绪有效调控能力。情绪智力以自我意识为基础，影响和支配着人的决策和行为，对人的成就具有决定性意义。

3.5.2 能力的影响因素

影响一个人能力的因素很多，这里主要分析先天素质、知识技能、教育培训、社会实践、勤奋等对能力的影响。

(1) 先天素质。先天素质是个体天生具有的某些解剖和生理特征，主要包括神经系统、大脑特征，以及感官和运动器官的特征。能力的发展离不开先天素质这个物质基础，在个人能力的发展过程中，先天素质是基本前提条件。天生或早期聋哑的人难以发展音乐能力，双目失明者在绘画方面要得到发展也很困难，严重的早期脑损伤或脑发育不全是智力发展的障碍。但是先天素质对于能力来说并不能起到决定作用。对于刚出生的婴儿来说，其具有一定的解剖生理特点，但没有能力，而只是具有能力发展的一般可能性。这种先天的解剖生理素质，只有经过后天的生活实践活动，才能慢慢显露并得到发展，并最终导致能力这种心理特征的逐步形成。先天素质是能力发展的自然基础，但不是能力本身。

(2) 知识技能。知识是人类社会历史经验的总结，是头脑中的经验系统，以思想的形式为人所掌握；技能是一种操作性技术，是针对具体动作的掌握，并通过行为方式的形式展现出来。能力与知识、技能之间有着密切的联系。知识是能力形成的理论基础；技能是能力形成的实践基础；知识和技能又是能力的重要组成部分，但单纯的知识技能并不是能力。在掌握和运用知识、技能的过程中，能力才慢慢实现发展。同时，对于个人在知识、技能的掌握方面可能达到的高度，能力在一定程度上起着决定性作用。能力和知识、技能既相互联系，又互相制约。它们的关系主要表现在：掌握知识技能以一定的能力为前提，能力制约着掌握知识技能的快慢、深浅和巩固程度；而知识技能的掌握又会带来能力的提高。当然，知识技能的发展与能力的发展不是完全一致的。

(3) 教育培训。学生通过不同的教育培训可以掌握各种不同的知识和技能，而且在知识和技能的传授过程中，其心理能力的发展也可得到进一步促进。针对知识和技能的掌握，教育培训是一种很好的途径和方法。教育培训在儿童和青少年的能力发展中起着主导作用。例如，老师在讲授课程内容时，运用分析概括的方法来引导学生把外部的教学方法逐渐转化为内部概括化的思维操作，这样在未来遇到问题时也可以把这种方法作为思维的手段。儿童、青少年的在校教育，对能力的培养至关重要。但是，当人们走上工作岗位以后，原来掌握的知识和技能就显得不够用。个人的能力提高，不仅需要其在工作中的钻研和探索，更需要有计划、有组织的培训。对于现代人来说，培训是必不可少的内容，他们必须掌握多种知识、多种技能，提高自己的综合能力水平。现代科学认为，先天条件和后天影响，都是制约人的职业能力形成、发展和提高的重要因素。但对于二者影响程度大小的比较，后天因素尤其是教育培训的影响更加重要。因此，做好教育培训，是提高个体能力和素质及推动经济社会发展的重要措施。

(4) 社会实践。能力在改造客观世界的实践活动中形成和发展。劳动实践对各种特殊能力的发展起着重要的作用，“熟能生巧”就是这个道理。不同职业的劳动，制约着能力发展的方向，如教师的语言表达能力比一般人高，这是同这一职业的特殊工作形式分不开的。教师在每一堂课中，可能都需要大量的时间来给学生讲授知识，需要通过自己的语言表达让学生理解、领会课程内容。所以，经过一段时间的锻炼，大部分教师的语言表达能力都有较大提高，远高于一般人。不同的实践向人们提出不同的要求，人们在实践和完成任务的活动中，不断地克服薄弱环节，使有关能力得到相应的发展和提高。

(5) 勤奋。勤奋是成功的必由之路。要使能力获得较快和较大增长，没有主观的勤奋努力是根本不可能的。世界上许多政治家、科学家和发明家，无论他们从事的领域有多么不同，他们的共同点是：长期坚持不懈、刻苦努力、顽强地与困难作斗争。因此，没有刚毅顽强、百折不挠的意志力，任何成就都不可能取得，也无从谈起能力的发展。

此外，一个人的兴趣、营养状况等因素也会影响能力素质的形成。

3.5.3　职业能力的构成

职业能力是衡量一个人能否胜任某项工作的主观条件，是个人综合素质的体现。人在一生中，要从事各种社会活动，必须有相应的职业能力与之适应。职业能力包含体能和智能两大方面，具体由五大能力要素构成。

(1) 体力。体力指人的身体素质，是劳动者从事一定的职业工作必备的生理和心理条件。生理条件包括人体生理结构（如身高、体重）、人体运动机能（如力量、速度、反应）、人体承受劳动强度的能力以及消除疲劳和恢复体力的能力等。这是能否从事职业工作的物质基础条件，一向被人们所重视。但是，近年来，在日益激烈的市场竞争中，随着职业压力的不断增加、职业心理疾病急剧上升，心理条件和心理素质越来越受到人们的重视。因为大部分的个体都会在职业生涯发展中面临较大的就业压力、较强的工作负荷、失业、重新择业、工作困难以及挑战等，所以如果没有对劳动负荷及困难挫折的心理承受力，没有面对纷繁复杂事物的心理适应和调整能力，将很难顺利克服和解决上述困难与问题，职业生涯将难以取得理想的成就。

(2) 智力。智力是人们认识和理解客观事物并运用知识经验等解决问题的能力。它主要通过记忆力、观察力、注意力、思维力、想象力、创造力等方面能力大小体现出来。记忆力是人们对经历过的事物进行识别、保持、承认和回忆的能力，它是总结经验、开拓事业的必要因素。观察力是一种有预定目的、有计划、主动的知觉过程，是人类认识世界和改造世界的前提条件。注意力是人的心理活动对外界事物的集中和指向能力，它是影响职业活动效率和保证劳动安全的重要因素。思维能力是指对事物的判断、分析、综合、抽象、概括的能力，是智力结构的核心。想象力是人对自己头脑中已有的表象进行加工改造、再创造新形象的能力。创造力是人们改造客观世界、创造新事物的能力，是实现职业创新、技术创新和推进社会经济不断发展的关键因素。

(3) 知识。知识是人们通过学习和实践所掌握的有关职业活动的理论和经验。它分为一般知识和专业知识。一般知识指自然科学、社会科学方面的基础理论知识和基本实践经验知识。专业知识，是某一领域或学科的专门化、系统化、深入化、精细化的理论和经验。

(4) 技能。技能是人们经过训练而熟练化、规范化的动作或思维能力，是从事具体职业活动的本领。一般技能是劳动者都具有的，最基本的通用技能。特殊技能是指具有专门化、特殊化的熟练技巧、动作与思维能力。职业技能是劳动者从事某项职业工作所具有的熟练化、规范化的职业技巧、动作或思维能力。

(5) 人际交往能力。在经济全球化、一体化的今天，人际交往是经营管理者与职业工作者必须具备的一项能力。有关专家认为，人际交往能力是个体综合职业能力中最关键能力之一，因为它是求职应聘、组织内上下级、同事之间有效沟通的手段，也是实现组织间合作的必然途径。因此，人际交往能力在很大程度上决定了个体职业能力的强弱，决定了职业生涯的成就水平，已经成为获取信息、掌握科技知识、加强团队协作、传承企业文化、促进合作共赢、营造良好形象，以及实现组织与环境协调发展的重要方式和手段。

随着时间和内外部条件的变化，职业能力也会发生一定的变化，主要包括两个方面：强化和弱化。强化，人们通过长期特定职业的劳动会积累丰富的经验，通过各种形式的学习会掌握广泛、深入的理论知识，从而使职业能力大大增强。弱化，又分为相对弱化和绝对弱化两种类型。相对弱化指人的能力不变的条件下，由客观物质条件的变化，如设备更新、工艺技术难度增加、工作流程信息化等导致的职业能力相对下降；绝对弱化是指人们自身条件的变化所导致的职业能力下降，如生病、衰老、记忆力下降等。

3.5.4 能力对职业的影响

1. 职业能力是个体胜任其职业岗位的基本前提

任何一个企业，都有不同的工作岗位，以及与其岗位职责相对应的任职要求。因此，要胜任某种工作就必须要具备一定的职业能力。在个人择业过程中，如果条件满足，都应该根据自己的学历程度、职业资格、职业实践等，在专业职业指导人员的帮助下，对自己的职业能力进行分析，明确自己的能力、优势是什么，以及自己能否胜任某种工作。当已经对个人的职业能力和发展空间有基本确定的答案后，还可以利用心理测试等其他工具，为个人的职业选择提供更多协助。

2. 不同的能力类型与不同的职业相匹配

每个人都是一个拥有多种不同能力的系统。能力类型差异主要表现在个人的感知、记忆和思维方面。①感知方面，有分析型、综合型和分析综合型三种能力差异。分析型有较强的分析能力，对细节感知清晰，但整体性不够；综合型进行观察时具有较好的概括性和整体性能力，但分析能力较弱；分析综合型具有上述两种类型的特点。②记忆方面，有视觉记忆型、听觉记忆型、运动记忆型和混合型等类型。③思维方面，有形象思维型、逻辑思维型和动作思维型。对职业生涯的研究表明，职业可以根据工作性质、内容和环境划分为不同的类型，并且对人的能力类型有不同的要求。因此，应注意能力类型与职业类型和职业性质的匹配。例如，根据思维能力选择职业的话，属于形象思维型的人比较适合于从事文学艺术方面的职业；逻辑思维型的人比较适合于从事哲学、数学等理论性较强的职业；而动作思维型的人则比较适合从事机械修理或运动员等职业。如果不考虑人的能力类型，让其从事与之不相匹配的职业，效果将会很差。

3. 不同的能力水平与不同职业层次相对应

职业层次是指在同一种职业或职业类型内部，由工作活动及其对人员要求的不同而造成的区别。一般按照工作所要求的技能和责任心的程度分为六种层次：①非技能性工作，工作简单、普通，不要求独立的决策和创造力；②半技能性工作，要求在有限的工作范围里具有一些较低程度的技能知识，或者具备一种较低程度的操作技能；③技能性工作，具备熟练的技能、专门知识和判断能力，能完成所分配的工作；④半专业性和管理性工作，要求一定的专门知识和判断能力的脑力工作，对他人有较低程度的责任；⑤专业性工作，要求大量的知识和判断能力，具有一定的责任和自主权；⑥高度专业性和管理性工作，要求具有高水平的知识、智力和自主性，承担更多的决策和监督他人的责任。因此，决定一个人职业层次的应该是他的能力水平。一般可用一个人的受教育程度或培训水平来代表他所达到的相应能力水平。因而，不同层次的工作要求不同的教育程度或培训水平，一个人的受教育程度在很大程度上决定了其所要从事的职业层次。人的需求特征，决定了几乎所有人都希望登上职业阶梯的最高层次，但实际上是不可能实现的。社会分工要求人们必须在不同的层次上工作。因此，当我们确定了与自己的能力类型相匹配的职业类型后，还需要进一步分析自己的能力水平、兴趣和价值观等，确定当前适合自己的职业层次和未来要实现的职业层次目标。

4. 智力对职业的影响

对于某些职业来说，其对从业者的智力水平有绝对的要求，智力在相当大程度上决定了所要从事的职业类型。人的智力水平有高低之分。西方心理学一般认为智商超过140者为天才，将来大多从事科学、文化方面的职业，并且可以取得相当大的成就。他们大多具有观察敏锐、全面、记忆力强、想象力丰富、思维开阔深刻、注意力集中等特点。对于一般职业而言，智力的制约作用不太明显，但不同职业对人的智力都有一定的要求。某些职业需要作业者具有较高智商，如律师、工程师、大学教师等，智力测验结果表明，其智商一般在130左右，比平均值100高许多；一般管理人员和行政人员在110左右，比平均水平高一点；智商低于平均值以下的人只能从事一些简单的工作。当然，智力不是决定从事职业的唯一因素，因为每种职业除了对智力的一般要求外，还有对特殊能力的要求，智力只是职业决策最初的参考因素。因此，在职业决策时，还应当把智力与特殊能力结合起来考虑。

5. 选择职业时应以优势能力为主导

每个人的能力系统都是由不同能力组成的，具有多个层次。各种不同的能力在这个系统中的发展呈现一种不均衡状态，往往出现某种能力发展良好的同时另一种能力却处于劣势的现象。因此，在个人进行职业选择和职业决策时，应把焦点放在自己的最佳能力或能力群上，选择能使其优势能力得到发挥的工作。在组织人力资源管理工作中，如果能够注重员工个人的优势能力，并将其安排到适合的工作岗位上，将有助于更好地发挥员工的才能。

6. 职业能力的发展以职业实践和教育培训为前提

(1) 职业能力的发展和提高是建立在实践基础之上的，职业实践对职业能力的发展有很大的促进作用。在长期进行某一专业工作活动的过程中，个人能力能够被发展成为高度专业化的能力。比如电脑打字录入人员，由于反复操作，其文字录入的速度也随着业务的逐渐熟练和经验的不断丰富而越来越快，准确度也因此而不断提高。可见只有在实际工作中不断磨炼，个体的职业能力才能不断提高、强化和发展。

(2) 教育能力的提高受到教育培训的影响。要提高个体的职业能力，不仅仅只有实践的磨炼和提高这种途径，接受教育培训也是一种十分有效的方法。众所周知的教育培训模式，包括职业教育、专科教育、大学本科教育、研究生教育等，通过这些教育，学生能够更好地掌握相关的知识和技能，帮助其更好地胜任未来的本职工作。

(3) 职业能力、职业发展与职业创造间的关系密切。如前所述，要成功地完成某种任务或胜任工作，能力是必不可少的基本因素，如果能力不够，要达到职业的要求就很困难，在相应的岗位上也不能胜任。由此可见，个人发展和创造的基础是职业能力。个体的各种职业能力在不断提高的同时，也导致了其他各种能力的综合发展，在职业活动中的创性造也随之得到不断提高，工作绩效和业绩同时也就能达到更高的高度，由此个人的职业成就感也会更强。

3.5.5　职业能力的测量

1. 职业能力倾向测验的内涵

能力倾向是能力的一种，但具有潜在性和特殊性，它实质上是一种潜能，在没有接受教育培训前就已经存在，和那些经过学习训练而获得的才能是不同的。职业能力倾向是能力倾向的一种，即指经过适当学习或训练后或被置于一定条件下时，能完成某种职业活动的可能性或潜力。它是当前社会人们最关心的一种能力倾向，可以细分为一般职业能力与特殊职业能力。一般职业能力是指人们顺利从事任何职业都必不可少的心理条件；特殊职业能力是指与特定职业相联系的专业能力，包括各种具体职业能力倾向，如体育（职业）能力倾向、机械操作（职业）能力倾向、美术（职业）能力倾向、行政（职业）能力倾向等。

职业能力倾向测验是一种测量人们从事某种职业或活动潜在能力的评估工具，它具有诊断与预测功能，可以判断一个人的能力优势与成功发展的可能性，为人员甄选、职业设计与开发提供科学依据。职业能力倾向测评可以有效测量人的某种潜能，对某一职业领域中成功概率极小的个体进行筛除，或者预测个人在一定职业领域中的成功概率。为了对人员进行选择、配备和职业规划，人们编制了许多不同的能力倾向测验，可以在不同的职业领域运用。例如，选拔汽车驾驶员时，考察个体的空间感，机械推理能力，各感官和四肢的协调及配合能力，同时还要考察其在学习、计算、评议等方面是否具有相应能力；在选拔计算机操作员时，重点考察个体的手指灵活性和手眼配合能力，以及个体对数据的计算、加工能力等。总体来说，可分为一般职业能力测评和特殊职业能力测评。

2. 一般职业能力测评（智力测验）

世界上最早的能力测验是从中国开始的。西汉的杨雄以语言反应速度为标准来判断人的智力高低。唐宋时人们用对偶法来评定人的能力。我国民间广为流传、迄今已为世界一些国家所采用的“九连环”、“七巧板”也是测定智力的工具。但正式智力测验量表的编制起源于法国，后来经美国的进一步发展而遍及世界各国。

(1) 比纳智力测验。1905年，法国心理学家比纳以预先编制的一套题目作为测量智力的尺度。这个名为比纳-西蒙量表的智力测验量表很快在欧美等地广泛应用。1916年，美国心理学家、斯坦福大学教授推孟对比纳-西蒙量表进行修订，修订后的量表称斯坦福-比纳量表，该量表是世界上广泛采用的智力测验工具。后来，德国心理学家斯腾和特曼提出智力商数（通称智商或IQ）的概念，即以智力年龄（M. A）与实际年龄（C. A）的比率来表示智力测验结果。

(2) 韦克斯勒智力测验。美国著名医学心理学家韦克斯勒创制了“韦氏智力量表”，它是世界上最具影响力、应用范围最广的智力测验之一。该量表分为三种：韦氏学前儿童智力量表，适用于4～6岁半的儿童；韦氏儿童智力量表，适用于6～16岁儿童；韦氏成人智力量表，适用于16岁以上的成人。这是一套比较完整的、具有各年龄段代表性的智力量表。韦氏成人智力量表共设计了 11 个分测验，其中第 1、3、5、7、9、11 分测验组成言语量表；第 2、4、6、8、10 分测验组成操作量表。每个分测验的具体内容见表 3-5。言语、操作两大部分共 11 项测验题，26 种能力和速度组成韦氏成人智力测验的基本内容，分项测验试题难度由小到大排列。韦氏成人智力量表的言语智商信度为 0.95～0.97，操作智商信度为 0.88～0.94，全部量表智商信度为 0.96～0.98。

表 3-5　韦克斯勒成人智力测验内容

分测验名称		所欲测的内容
言语量表	常识	知识的广度、一般学习能力及对日常事物的认识能力
	背数	注意力和短时记忆能力
	词汇	言语理解能力
	算数	数学推理能力、计算和解决问题能力
	理解	判断能力和理解能力
	类同	逻辑思维和抽象概括能力
操作量表	填图	视觉记忆、辨认能力、视觉理解能力
	图片排列	知觉组织能力和对社会情境的理解能力
	积木图	分析综合能力、知觉组织及视动协调能力
	图形拼凑	概括思维能力与知觉组织能力
	数字符号	知觉辨别速度与灵活性

资料来源：郑安云，宋波．人才测评理论与方法．北京：清华大学出版社，2005：86

为确保测验结果的效度，在使用时应当在专家的指导下，严格按照测验的“使用手册”施测、评分和解释。因此，韦氏智力测验需要单独施测，比较耗时费力，测量成本较高，不适合大范围使用。

(3) 瑞文推理测验（SPM），是由英国心理学家瑞文于 1938 年设计的，后经过多次修订。其最突出的特点是完全采用了图形推理的形式，取消了所有的文字，成功地打破了文化、种族、语言的限制，回避了一般文字测验。因为不同文化背景下，不同个体对文字意义理解上的差异会造成实际上的不公平，因此它也被称为“文化公平测验”，被世界各国广泛接受，成为智力测验家族重要成员。瑞文推理测验一般由《瑞文标准推理测验》和《瑞文高级推理测验》两种在难度上有接续性的部分构成。前者共 60 题，每题由主题图和 6～8 张填充图组成，一般用于对受教育程度较低普通员工的测评；而后者则适用于大学生以上层次较高的从业人群。瑞文推理测验既可个别施测，也可团体施测。

3. 特殊职业能力测评

(1) 文书能力测评，包括一般文书能力测评和明尼苏达办事员能力测验。一般文书能力测评主要包括文书速度和准确性、言语流畅性和数字能力。该测验包括知觉运动任务和智力测验的任务。其中文书速度和准确性测验是用来测量被测者对事物的细微特征进行快速准确识别和判断的能力。明尼苏达办事员能力测验是比较著名的文书能力测验。该测验的两个分测验各有 200 题。第一个分测验是题目校对，第一对数字为 3～12 位不等，其中有些相同，有些不同，要求被测者比较异同，找出不同的来；第二个分测验是人名校对，也是要求把不同的找出来。这种测验并不难，但要求迅速准确，主要测评知觉的广度、速度与正确性。

（2）操作能力测评。对某些工作，尤其是某些装配线或流水线上简单重复的工作，有的人比较适应，有的人则不然。为了更好地选出具有较好适应能力和潜力的员工，可以进行操作能力测评，著名的有珀杜插板测验、克劳福德灵活性测验、奥康纳测验等。这些操作能力测验主要用来测量手指的灵活性，以及眼、手指、手和手臂的协调性，主要用于选拔流水线上需要一定操作技巧的员工。这类测验与实际工作情境较接近，模仿装配线上的工作情况，因而预测效度较高。

（3）机械能力测评。通常所指的机械能力有空间知觉、机械理解、动作敏捷性等，但不同的机械能力，有时存在性别差异。比如，男性在空间能力和机械能力上较好，而女性在动作敏捷性上较强，这与我们一般的感觉和体会相符。

（4）创造力测评。人类的生活正是因为有了创造力才多彩多姿、千变万化。要预测一个人在未来职业生涯中可能取得的成就，对其创造力进行测量是具有重要参考意义的。创造力的重要性在当今时代被提到了一个前所未有的高度，在人才选拔尤其是选拔高层管理人才和技术人才时，创新能力的高低更是一个关键指标。心理学家在 20 世纪 50 年代就对创造力进行了系统科学的研究，编制了一系列测验对创造力进行测评。我们一般选择采用较具代表性的威廉斯创造力倾向测验量表，为大学生自测提供参考。

（5）语言表达能力测评。语言表达能力，是指理解词语含义及与之关联的思想，以及有效运用词语的能力。也就是：理解语言，领悟词与词之间的关系，理解整个句子和段落的含义，能清楚说明情况、表达思想。语言表达能力测评就是对被测者关于言语理解与运用能力的测试。在现代信息社会中，许多职业都需要处理大量信息，其中多数信息都涉及对文字的理解与运用。因此，语言表达能力测评是职业能力倾向测评必需的一个方面。

（6）空间判断能力测评。空间判断能力是指凭借思维想象几何形体和懂得三维物体的二维表现方法的能力，识别由物体的空间运动造成的各种关系的能力。人们经常将这种“想象”二维或三维物体的形状或凭思维想象几何形体的能力称为空间感。

（7）领导能力测评。在组织管理活动中，领导能力是其基本的心理特征，在个人参与领导活动时，领导能力必不可少，它直接影响领导活动的效率。它是一个由技术能力（处理技术问题的能力）、决策能力（判断和形成概念的能力）和人事能力（协调人事关系的能力）有机结合而成的综合体。它和一般能力及某种专门技术能力有着本质的区别，同时在量上也存在差异。作为领导能力的载体，不同的领导者所具备的技术、决策及人事能力强弱不同；而作为领导能力的对象，不同的领导岗位对能力的要求也各有差异，人事能力对中层领导比较重要，高层领导需要的则是决策能力。

4. 综合职业能力测评与职业选择

在职业选择中广泛应用且知名度较高的综合性职业能力测评方法有如下几种。

(1) 普通能力倾向成套测验(general attitude test battery，GATB)。随着企事业单位对人才研究的深入和公务员职位分类制度的建立，能力倾向测试的发展步入了分类测试阶段。分类测试包括单位分类、职业分类、等级分类等，比较复杂，同时针对性大大增强，测试的科学性也远远超过初期水平。1941 年，美国心理学家瑟斯顿发表了基本心理能力测验，后经多次修订，由美国就业服务处编制而成了普通能力倾向成套测验。美国普通能力倾向成套测验是美国劳工部 1934 年研制的，用于对许多职业所必需的 9 种能力倾向进行测试。其中测试项目共有 15 项，A～K 是纸笔测试项目，M～P是操作测验。GATB 测验可以测试的 9 种能力如下：G——学习能力；N——数理能力；R——语言能力；Q——书写知觉；S——空间判断能力；P——形状知觉；F——手指灵巧度；M——手腕灵巧度；K——动作协调。用 2～3 小时进行全套测验，其中纸笔测验可集体进行，动作测验可个别进行。记分后，将各种能力分数换算成标准分数，然后绘制个人能力倾向剖析图，并与职业能力倾向结构分类表相对照，就可以判断被测者最合适的职业领域。根据 GATB 对 9 种能力的测验，可以组合成 15 种职业能力结构。

(2) BEC 职业能力测验。BEC 职业能力测验分Ⅰ型和Ⅱ型两种。Ⅰ型是一般职业能力倾向测试，Ⅱ型是特殊职业能力倾向测试。Ⅰ型包括八个分测验，主要测试被测者的机械推理、空间关系、言语推理、数学能力、言语运用、字词知识、知觉速度和准确性、手指速度和灵活性八个能力倾向因素。各分测验都有时间限制，前六个分测验时限均为 5 分钟，后两个分测验时限均为 3 分钟，共 36 分钟，实际测试时间约需 100 分钟。得到八个分测验的分数后，需要进行数据处理。先按照不同职业、不同的权重，按照一定的公式进行组合，得出在各个职业获得成功的潜力分数，再给出最可能和比较容易获得成功的职业类别。BEC 职业能力测验(Ⅱ型)包括八个分测验，分别是言语推理、运算能力、抽象推理、文书速度与准确性、机械推理、空间关系、词汇测验和言语运用，分测验也有一定的时间限制，主要用于职业定向。

(3) 行政职业能力倾向测验(AAT)。行政职业能力倾向测验最初出现于发达国家，在我国则始于 1988 年。在人事部门的选人过程中，为了避免可能出现的“高分低能”现象，准确地选择和利用合适的人，经常需要利用行政职业能力倾向测验，以此来对考生从事行政工作的潜能与差异进行评价。行政职业能力倾向测验主要用于国家行政机关招考主任科员以下非领导职务公务员，由人事部考录司组织心理学等学科的专家研制而成。与普通的智力测验及行政职业通用基础知识或专业知识技能的测验有所不同，行政职业能力倾向测验是一种专门考试，主要针对与行政职业成功有关的一系列心理潜能的测量。行政职业能力倾向测验包括五大部分内容：知觉速度与准确性、判断推理、言语理解、数量关系及资料分析能力。

(4) 组织管理人才测评系统。“组织管理人才测评系统”是国家人事部为满足我国企业人才资源开发的需要，组织北京大学、北京师范大学、杭州大学等科研机构的心理学和管理学专家研发而成。系统由“管理能力倾向测验”、“管理者行为风格测验”、“社会愿望量表”和“管理者职业兴趣测验”四部分构成。研发时间为 1994 年 12 月～1997 年 5 月，1998 年 1 月正式通过人事部部级鉴定。“组织管理人才测评系统”是国内权威的管理人才测评工具，适用于组织的后备干部选拔、管理人才评估和招聘、团队搭配、职业生涯规划等方面。在多年的使用过程中，已经得到实践的检验和证明。

关键术语

职业价值观　职业兴趣　职业性格　职业气质　职业能力

本章小结

本章首先阐述了职业价值观的内涵、特点、分类及测量；其次，分析了职业兴趣的含义、作用、分类、影响及测量；再次，揭示了性格的含义、特征、分类、作用及测量；又次，分析了气质的内涵、类型、作用及测量；最后，阐明了能力与职业能力的内涵、构成、影响因素、作用及测量。

复习思考题

1. 价值观的内涵及其对职业的作用是什么？
2. 兴趣对职业发展的作用是什么？哪些因素影响人们的兴趣？
3. 性格的特征和类型是什么？它对人们的职业发展有什么作用？
4. 不同气质类型对人们的职业发展意义何在？
5. 能力的构成是什么？它对个体职业发展的意义何在？
6. 价值观、兴趣、性格、气质和能力如何测量？

测评实验

职业能力测定

本测验把人的职业能力倾向分为九种，每种能力由一组 5 个题目反映。测验时，请您仔细阅读每一题，采用“五等评分法”自己进行评定。然后分别计算出自评等级。

	强	较强	一般	较弱	弱
	1	2	3	4	5
（一）一般学习能力倾向					
快而容易地学习新内容					
快而正确地解数学题					
你的学习成绩处于					
对课文的字、词、段落篇章的理解、分析和综合能力					
对学习过的知识的记忆能力					
（二）语言能力倾向					
善于表达自己的观点					
阅读速度和理解能力					

续表

	强	较强	一般	较弱	弱
	1	2	3	4	5
掌握词汇量的程度					
你的语文成绩					
你的文学创作能力					
（三）算数能力倾向					
作出精确的测量					
笔算能力					
口算能力					
打算盘					
你的数学成绩					
（四）空间判断能力倾向					
解决立体几何方面的习题					
画三维度的立体图形					
看几何图形的立体感					
想象盒子展开后的平面图					
想象三维度的物体					
（五）形态知觉能力倾向					
发现相似图形中的细微差别					
识别物体的形状差异					
注意物体的细节部分					
观察物体的图案是否正确					
对物体的细微描述					
（六）书写知觉					
快而准地抄写资料（如姓名、日期、电话号码）					
发现错别字					
发现计算错误					
能很快查找编码卡片					
自我控制能力（如较长时间抄写资料）					
（七）眼手运动协调能力倾向					
玩电子游戏					
打篮球、排球、足球一类活动					
打乒乓球、羽毛球运动					
打算盘能力					
打字能力					

续表

	强	较强	一般	较弱	弱
	1	2	3	4	5
（八）手指灵巧度					
灵巧地使用很小的工具					
穿针眼、编织等使用手指的活动					
用手指做一件小工艺品					
使用计算器的灵巧程度					
弹琴					
（九）手腕灵活度					
用手把东西分类					
在推拉东西时手的灵活度					
很快地削水果					
灵活地使用手工工具					
在绘画、雕刻等手工活动中的灵活性					

统计分数的方法：

1. 对每一类能力倾向计算总计次数

对每一道题目，我们采取“强”、“较强”、“一般”、“较弱”、“弱”等5等级，供您自评。每组5道题和“弱”五等级，供您自评。每组完成后，分别统计各等级选择的次数总和，然后用下面公式计算出该类的总计次数。把“强”定为第一项，依次类推，“弱”定为第五项；第一项之和就是选“强”的次数和。总计次数＝（第一项之和×1）＋（第二项之和×2）＋（第三项之和×3）＋（第四项之和×4）＋（第五项之和×5）。

2. 计算每一类能力倾向的自评等级

自评等级＝总计次数÷5

3. 将自评等级填入下表

职业能力倾向	自评等级	职业能力倾向	自评等级
G		Q	
R		K	
N		F	
S		M	
P			

第二篇 主体篇

第4章 个体如何进行职业环境分析与决策

引导案例

博士的苦恼

小艾是个来自农村的孩子。当时家乡种地需要的暖棚材料价格昂贵，父母觉得会制造暖棚一定能赚大钱，于是便萌生了让小艾报考材料学的想法。一向缺乏主见的他遵从了父母的意愿，考入了交大高分子材料系。

其实，小时候在少科站接触了计算机，计算机一直是他最大的兴趣。于是他在本科期间双管齐下，获得了材料和计算机双学士文凭。到了大四，由于成绩突出，校方给了他材料系硕博连读的机会，看着别人羡慕的眼光，他把兴趣甩在一边，顺理成章地踏上了学校为其铺就的光明大道，后来由于导师推荐改换专业方向，辗转6年才完成了博士学位。期间，兴趣的驱动让他考取了微软的计算机认证，有过网站维护的兼职经历，但后来随着本专业课程的加重，便再也无暇顾及计算机的学习。

毕业后，他不愿意去注重研究型的科研机构，而想去的企业却需要应用型人才，他也想过靠计算机本科文凭求职，但他读博期间就再也没有学习过，早已生疏，相比计算机专业人才，完全没有竞争优势，况且将多年学成的博士专业完全放弃，也未免可惜。他空有名校博士的荣誉，却无路可走，百般后悔。

（自编案例）

思考题：

(1) 为什么学习优秀的小艾职业发展却无路可走呢?

(2) 如果你是小艾，你会作出怎样的决定?

(3) 你能给小艾提供什么样的建议?

4.1 职业发展的外部环境认知

职业环境分析，即在社会环境中，对所选的职业进行认真分析，分析的内容包括行业发展现状、职业技术含量、职业社会地位及未来发展趋势等。要作好职业环境分析，首先要关注到当前的热点职业及其发展前景，然后分析社会发展趋势对所选职业的影响，并在衡量和评估这些因素的基础上作出反应。总之，进行职业环境分析就是通过运用职业环境分析的手段来确定职业环境对职业发展的要求、影响及作用，并对各种影响因素加以衡量、评估后作出反应。职业环境分析的内容主要包括两大方面：社会环境分析和组织环境分析。

4.1.1　社会环境分析

人们所处的社会环境，包括政治环境、经济环境、文化环境、科技环境及法制环境等方面。因而，社会环境分析指的就是对这一系列环境因素的分析。对我们的职业生涯乃至人生发展来说，社会环境有着重要的影响。为了能够更好地寻求各种发展机会，对社会大环境进行分析是非常必要的。

总体来说，我们目前所处的宏观社会环境，政治方面民主稳定、经济发展更加繁荣、文化建设百家争鸣、技术创新突飞猛进、法制建设不断完善，社会发展和谐安定，整个环境是欣欣向荣的。

1. 21 世纪的职业需求

21 世纪处于知识经济在世界领域全面推进和全球经济一体化的时代。在这种形势下，各国的社会经济迅猛发展；不仅发达国家将全面完成新经济的改造，而且发展中国家也将在完成工业化和城市化的同时，从多方面与国际接轨，实现社会经济的现代化。

在未来的经济社会发展形势下，产业结构将呈现以下变化：第一产业的就业比例变小，劳动生产率高，产品呈现绿色化、高科技、深加工等特点，职业岗位则少而精，对从业者——“现代农民”的知识和技能素质要求高。第二产业随着社会需求而不断变化，其产品和技术工艺的种类繁多，岗位数量与层次也很多，总体上可以分为开发人员、管理人员、生产人员、服务人员等。第三产业目前在发达国家发展非常迅速，其就业者比例高，未来第三产业的职业是数量和比例进一步加大，岗位种类与层次进一步丰富，许多老职业脱胎换骨，新职业大量出现，形成第三产业新兴的职业群（例如，金融业、商贸服务业、传播业、智力服务业等），以至人们提出“第四产业”、“第五产业”等概念。

个人在进行职业抉择时，要怎样才能在纷繁复杂的职业中选择适合自己未来发展的工作呢？一般来说，社会急需的专门人才就是今后职业的亮点。然而，首先要分清“热门”职业和“长线”职业。“热门”职业是指当前具有良好就业前景的职业，“长线”职业是指一直都不会过时的职业。当然职业的“冷”与“热”并不是一个绝对的概念，社会的发展变化会对其产生影响，“热”到一定的程度后可能就会慢慢变“冷”，而那些看似“冷门”的职业，其发展空间反而有可能更大。

2. 21 世纪急需的人才

社会的发展与科技的进步，将改变我国未来对专业人才的需求。据权威机构的统计预测，未来有前途的职业主要有以下 10 大类。

（1）高新技术人才。对于一个国家而言，经济的繁荣与其技术领域的发展密切相关，而在高科技领域占主导地位的是拥有相当规模的高科技人才。因此，在发展高新技术产业，如新能源、航天技术、电子技术、生物工程、海洋利用、新材料等，并对其进行研究和开发时，高科技人才必不可少。根据权威调查统计结果，一般人在37岁时在科学领域可能会有重大发现，而25～45岁的人群科学发现的可能性较大。可见高科技人才的竞争逐渐呈现出年轻化的趋势。为了使中青年拔尖人才能够脱颖而出，目前我国已开展实施“长江学者奖励计划”。高等教育中与高新技术相关的专业有海洋科学、海洋技术、材料物理、材料化学、高分子材料、热能与动力工程、核工程与核技术、飞行器设计、动力、制造，以及生命保障工程、电子科技、软件工程等。

(2) 信息技术人才。在人类文明的发展史上，对信息的积累与传播是进步的基础。而在目前这样一个信息时代，信息的作用尤为明显，并逐渐成为人类最大的资源与财富。信息产业的发展和传统产业的信息化改造将是我国新型工业化发展的方向。到2020年，全球最大的信息服务网将在中国建成。高等教育中与信息技术相关的专业有计算机科学与技术、电子信息科学与技术、电子信息工程、通信工程、微电子学、光信息科学与技术等。

(3) 机电一体化专业人才。在当今的机械工业领域中，从世界范围来看，机械技术与产品发展的趋势是机电一体化。我国现有的机械专业人员的知识结构与当今机械工业的发展是极不匹配的。21世纪是科学技术竞争更加激烈的世纪，机电一体化专业人才对我国机械行业40余万家企业而言，就是保证其生存发展的创造力和动力。高等教育中，与机电一体化相关的专业有材料成型及控制工程、机械设计制造及其自动化、电气工程及其自动化、过程装备与控制工程等。

(4) 农业科技人才。即使是在物质丰富的今天，人类赖以生存的基础仍然是农业。尽管我国用世界上7%的耕地，养活了占世界22%的人口，但随着人口的增加和耕地面积的减少，未来的人类要靠什么来维持生存。面对这样的危机，农业科学家们针对我国农业现状提出了发展的新思路，即充分利用现代科学技术，大量培养专业技术人才。21世纪，我国对农业科技人才的需求因此而大幅提高。其中包含的专业门类，除了传统的农、林、畜、牧专业之外，还包括大量的海洋养殖、生物工程等现代化的新型专业。与农业科技相关的专业有农学、林学、园艺、茶学、植物保护、草业科学、森林资源保护与游憩、水产养殖学、海洋渔业科学与技术、蚕学、野生动物与自然保护区管理、动物科学、动物医学等。

(5) 环境保护技术人才。过去我国粗放型经济发展和对GDP的过度看重，造成我国目前严重的环境污染，因而环保产业是我国未来的基础和支撑。我国环保产业的产生与发展，对于整个世界的环境保护来说都具有重要的意义。环保产业当前存在的主要问题是环保技术人才严重缺乏。根据其他机构的不完全统计，我国每年因污染造成的经济损失占国民生产总值的10%，约2000亿元，长江上游每增加一个亿的产值，下游就要损失10个亿。由此可见，现有的环保技术人才难以适应国民经济发展的需要，我国急需大量的环保科技人才。与环境保护技术相关的专业有环境科学、环境工程、生态学、园林、水土保持与荒漠化防治、农业资源与环境等。

(6) 生物工程研究与开发人才。在当今世界，人类面临食物、能源和环境的三大危机，如何解决这些危机是个科学难题。作为一门前沿科学，生物技术对人类社会有着巨大的影响，为人类所面临的各种危机提供美好的前景。在工业、农业、医学、环保领域都具有很大的经济前景。它的应用领域十分广泛，对医药卫生领域尤其重要。随着生物科学的不断发展，遗传基因、基因药物、基因治疗、克隆技术、生物芯片等高科技产物不断涌现，其他领域对生物技术的依赖越来越明显，现代生物学在科学界开始占有极其重要的地位。工业发达国家因此在近几十年里都在大力发展生物技术，培育并招揽生物技术人才。与生物工程研究与开发相关的专业有生物技术、生物科学、生物信息学、生物化学、分子生物学，以及生物信息技术等。

（7）国际经贸人才。随着经济全球化的进一步发展，国际营销对企业的生存发展越来越重要，国际贸易要求从业人员不仅要熟练掌握一门外语的听、说、写、译等能力，还应懂得国际经贸知识、经济法律、谈判规章、营销技术、贸易结算等专业知识。在 21 世纪的今天，不同国家之间的贸易往来会随着信息技术的发展而更加频繁，所涉及的范围也会越来越广泛。但是目前我国国际经贸人才的现状堪忧，总体数量严重不足，专业知识和业务素养严重缺乏。因此，我国人才培育工作的一项重要任务就是大批量培养国际经贸人才。与国际经贸相关的专业有经济学、财政学、金融学、国际经济与贸易等。

（8）律师人才。市场经济社会要求依法治国。法治文明不仅是市场经济的基础条件，也是社会和谐的基本手段。人们的法律意识在社会经济的发展和生活水平的提高中不断增强，个人和企业的维权意识也开始觉醒，社会对律师人才的需求开始持续增加。但是当前我国律师人才的供给严重不足，对于日益增长的社会需求来说，无论是律师的数量还是质量都远远不能与之匹配。法学专门人才可在检察、司法、审判、律师、公安等部门工作，也可从事立法、教育、研究，以及企业法律顾问和行政管理等职业。

（9）保险业精算师。“精算师”是目前世界上最热门的职业之一，这种专业人士所掌握的知识，除了保险业专门知识之外，还包括精算知识和统计知识，同时作为一名精算师还要精通经济学和投资学，并能够对行业未来的发展方向进行准确预测。国外保险公司把精算师作为其所有业务，特别是产品设计的绝对核心，精算师几乎要参与保险公司每个部门的工作。数理基础、经济学基础及外语基础对保险专业精算师来说是十分必要的，精算师必须掌握与其工作相关的基本理论和技能，并对保险行业中的各种精算技术达到精通水平。根据我国保险法的规定，至少拥有一名金融监管部门认可的精算师，保险公司才被允许经营。而中国保险学会的统计数据表明，中国能够严格满足精算师要求的人才目前只有几十名，这显然与我国保险业迅猛发展的需求状况无法匹配。国内很多单位都对精算人才有较大的需求，其中包括各大保险公司、合资保险机构、保险监督委员会、高校、已获准开业的外资保险机构、财政部、银行系统、民政部、社会保障部等。但是在我国保险市场才刚刚起步的背景下，国内与国外消费者在投资理念上存在很大差异，因此熟悉国情的本土精算师在开发适销对路的产品时能发挥更好的作用。

（10）物流专业管理人才。在经济全球化的当今世界，现代物流业的发展十分稳定，它是企业利润的又一源泉。与发达国家进行比较，我国的物流行业在资金及技术上都有着很大的差距，尤其是在物流知识、物流观念和物流人才上存在着很大的不足。人才是物流业发展的关键。物流专门人才包括物流企业经营管理人才和物流系统化管理人才、进出口贸易业务的专业操作人才、商务谈判代表、电子商务物流人才和物流软件开发设计人才等。现代物流人才已被上海首次颁布的“人才开发专业目录”列为急需引进的13类紧缺人才之一。物流专业的中高级人才既要了解商业运作，又要掌握物流管理的相关技术，同时还要具备扎实的外语功底，社会对这种复合型人才的需求近几年持续增长。在未来的3～5年中，对于企业来说，还需要大量引进和培养专业的物流人才，因此物流专门人才的就业前景非常好。

此外，以下两类也是21世纪急需的专业人才。①教育人才。21世纪的竞争是人才的竞争。我国把“科教兴国”作为基本国策，搞好我国的教育工作是我国迅速增强综合国力和发展经济的重要途径，更是我国社会主义现代化建设的重要战略目标。随着社会竞争的日益激烈，信息更替的进一步加强，人们将越来越重视教育的作用。21世纪的教育将发展为终身教育和全社会教育，而科技与经济的发展也必将促进教育朝更加专业化和智能化方向发展。在未来，随着对教师需求数量的不断增长，对教师的质量也提出了更高要求。②医疗保健人才。随着经济的不断发展，人民生活水平的不断提高，医学将不只是维护人们的健康，而是越来越关注如何进一步改善人们的体质、提高人们的智能。21世纪，人类医学已逐步进入保健医学的时代，医学所涉及的领域将越来越宽，营养学、生态学、心理学、生物学和优生学等都会得到进一步的发展，医疗保健人才将越来越走俏。

3.21世纪发展前景看好的专门人才

(1) 心理学专门人才。心理学是研究人的心理和行为规律的学科。在美国，每1500人之中就有1名心理学家，而在我国，每百万人口中，只有不到两名心理学专家。心理学有着深远的发展空间，有着广阔的职业前景。像心理医生、心理咨询师、教师或儿童心理顾问、企业人力资源专家、市场调查和分析专家都将成为未来的热门职业。

(2) 对外汉语专门人才。经济全球化的发展带来世界不同文化之间的融合，作为中国官方语言的汉语在世界各地，也开始呈现出迅猛发展的趋势，国外的大、中、小学也开始将汉语教学引入课堂。目前世界各国学习汉语的人数不断增加，根据最新统计资料显示已超过2000万人。还有部分国家在其大学科目中纳入汉语成绩这一项，如美国、日本、韩国、新西兰、加拿大、泰国、澳大利亚等。对于许多国家而言，汉语教师的数量已经明显无法满足日益增长的汉语学习需求。针对这种情况，对外汉语人才的需求显而易见。他们英语水平突出的同时又具有扎实的汉语言文化功底，未来能在国内外对外汉语教学领域或对外文化交流领域从事相关职业。

(3) 地理科学专门人才。地理科学研究的主要内容是不规律的地质、地貌中所呈现出来的科学规律。该学科是对各种地理特征的多角度深入研究，这些地理特征包括地质、地表形态等，由于地域与人们生活具有密切的联系，该学科同时也对二者之间的关系进行相关研究。在21世纪的中国，地理学的重要性更加明显，西部大开发的开展和青藏铁路的修建，都是对地理学知识的运用，通过了解当地的详细地形及地质特征，才能使得各项工程项目圆满完成。西气东输与西电东送，所涉及的省份达十多个，地域跨度大，在具体实施时，既要考虑修建技术的精简和成本的节约，还要关注生态环境的保护和矿产资源的开发等，地理科学的作用显而易见。

(4) 大气科学专门人才。大气的各种现象及其变化过程都与我们的生产生活密切相关。大气科学发展的目标是，通过对大气现象及其演变规律的研究，对未来的天气及气象进行准确的预测，并通过人工调节等手段来影响天气，从而为人类社会的生活及生产服务。

(5) 小语种专门人才。小语种是相对英语而言，只在少数国家应用的外语语种，包括日语、俄语、韩语、德语、西班牙语、法语、意大利语、波斯语、希腊语、阿拉伯语等。小语种的应用领域范围一般较窄，所以目前只有少数几个学校对这种专业外语人才进行一些小范围的培养，其“小”的概念可谓名副其实。我国加入 WTO 以后，随着同世界贸易往来的不断加强，小语种的外语人才越来越受到社会青睐。

4.1.2　组织环境分析

确定好自己所选择的职业后，我们首先要做的就是进行全面的组织环境分析，对未来的组织或行业环境有更好的了解，这也是在企业招聘时能够得到考官青睐的办法。

组织环境分析包括行业环境分析和企业环境分析。

1. 行业环境分析

行业与职业不同，行业是企业的集合。生产或销售同类产品的企业或提供类似服务的企业数量达到一定规模时才形成一个行业。例如，家具行业包括生产不同类型产品的若干家企业，包括鞋柜、餐桌、沙发、衣柜等多种具体产品的生产企业。在同一行业内，可以从事不同的职业。比如在金融行业，可以做个人理财业务员，也可以做人力资源部经理。

在进行行业环境分析时，不要只是针对个人目前从事行业的环境，也要分析未来可能从事行业的环境。在了解行业发展状况的同时，评估国内外重大事件对该行业的影响，分析行业当前的机会与挑战，以此对行业的发展趋势作出准确的预测等。

随着科学技术的飞速发展，不同行业的发展起伏不定，某些行业衰退消亡的同时，也有很多极具发展前景的行业不断涌现。因此在行业环境分析过程中，社会大环境的发展趋势是必须考虑的因素。另外，国家政策对某一行业的支持、鼓励、引导或限制、控制和制约等都会对行业产生很大影响，所以对国家政策的动向一定要重视。尽可能去选择那些发展空间大、发展前景好的行业。在这种大环境下，如果因为没有对行业环境进行合理分析，而选择那些没有发展前景的行业，那么必定会给自己的职业生涯造成不良后果。

2. 企业环境分析

企业环境分析的内容具体来说包括：企业的形象和信誉、资产规模及盈利能力、发展现状及未来前景、所处行业地位、整个市场环境、所提供的产品和所服务的市场竞争力，以及对相关职业岗位的需求；企业是否符合个人的职业兴趣，领导风格及管理制度是否科学，是否提供培训与开发的机会，企业文化与个人价值观是否吻合，以及薪酬水平是否与个人预期匹配等。概括来说主要有以下三个方面。

(1) 企业实力。企业是否在整个行业处于领先地位，信誉及形象是否良好，是否具备很强的竞争力；企业目前所生产的产品或提供的服务所涵盖的范围是否合理，组织的发展前景是否良好，组织所拥有的技术力量和设施是否先进，企业的战略目标是否科学可实现，企业组织结构是扁平型还是等级制，企业的资产实力及盈利能力是否雄厚，组织对比主要竞争对手的优势所在，组织目前的发展战略是扩张还是紧缩，以及企业是否能维持可持续发展等。

(2) 企业领导人。作为整个组织的掌舵人，企业主要领导者决定着企业的发展壮大，很多成功的大企业都有一位出色的企业家。因此，我们所要了解的主要包括：企业主要领导者有没有战略眼光，能不能抓住机遇，是否有足够的魄力领导整个组织，能否运用科学有效的管理方法，对组织员工是否有足够的尊重和支持，以及在具体的企业运作过程中能否为企业带来实际的利益。

(3) 企业文化和企业制度。组织的企业文化是员工职业发展的关键因素，组织文化与员工的价值观相吻合会提高员工的工作满意度和创造力，并与其他外部工作环境、丰厚的福利待遇及科学的管理制度相辅相成，为员工工作绩效的提高作出贡献。所以，员工在选择职业时，企业文化与个人职业价值观是否吻合是重要的考虑因素。

企业制度包括领导制度、招聘制度、薪酬制度等，所涉及的范围较广。因此要对这些信息进行详细了解，分析企业的组织结构特征及其发展趋势对自己未来职业发展的潜在影响。企业在人力资源管理制度上是否科学、个人在组织中如何获得培训与开发的机会，个人在组织中的发展空间及晋升的可能性，组织所采用的薪酬制度对个人的薪资提升是否有影响，特别是与行业内其他企业对比，其待遇是否具有竞争性，以及企业在工作时间安排上如何等。

通过对组织各个因素的分析，个人应该对企业进行合理的评估，衡量自己在组织中的发展空间，并对自己的职业理想是否能够在该企业中实现作出准确评估，由此理出一条清晰的线索来帮助择业。

4.2 个体职业发展的自我认知

4.2.1 自我认知的含义

每一个对自己的存在认真的人都会不停地问自己，我是谁？我从哪里来，到哪里去？从实际生活经验的反省，我们不难发现，人终其一生都在选择、准备与实践个人生涯形态与生活方式，包括学业、职业、家庭、休闲、社会参与及其他许多必须面对的课题，这些课题进而统合构成个人一生的发展历程。对自己的一生作好各种评估、选择、准备与计划，个人独特的生命意义才得以实现。从一个理想模式来看，所谓的生涯规划是指个人在生涯发展历程中，对个人各种特质，以及职业与教育环境资源进行生涯探索，掌握环境资源，以建立生涯目标并逐渐发展个人的生涯认同，在面对生涯选择的时候，有能力择其所爱，爱其所择，承担自己选择的责任，直至生涯适应和自我实现。

个人自我认知、对职业与教育资源的探索，以及对环境资源的评估是生涯规划的三角，而自我认知是其他两条成立的基础。

自我认知指个人对自己的了解和认识，包括认识自己的长处与缺点，意识并调整自己的情绪、意向、动机、个性和欲望，并对自己的行为进行反省等，人贵有自知之明。人本主义心理学家罗杰斯认为，一个人只有深深地理解和接受自己，才会深深地理解和接受他人和世界。每一个人都有一个主观的想象世界，这个世界构成个人的知觉场，个人对自己的态度、感情和其他内在状态也通过知觉场去感知，形成对自我的经验。自我认识可以用“两面三点”来描述，所谓“两面”，是指自我知觉所反映的对象为两个方面，一是个人各种特点和能力；二是自己与他人及环境的关系。所谓三点，是指对上述两个方面的反映性质，包括知觉、评价和理想。例如，“我是男的”“从高楼上往下看我会心悸”，是对个人特点的知觉；“我还是有魅力的”“我能通过英语考试”，是知觉和评价的混合物；“我喜欢同学”“这个企业适合我”，是对自己与环境关系的评价；“我不满意现状”“要是我能中五百万就好了”，其中含有个人的目标和理想。自我认识的核心是对个人特点及个人环境关系的知觉和评价。

职业规划与发展应从自我认知开始，然后这个人才能建立可实现的目标，并确定怎样实现这些目标。全面准确的自我评价，对个人的特殊能力及目标与合适的工作或职业相匹配有很大帮助。

4.2.2　自我认知的内容

（1）价值观——你想从工作中得到什么。价值观指人们对客观事物在满足主观需要方面的有用性、重要性、有效性的总评价和总看法。职业价值观，反映人们对奖励、报酬、晋升、发展或职业中其他方面的不同偏好，体现了一个人最想从工作中获得什么，在工作中最看重什么。对于工作你看重什么？是待遇高低、升迁机会、进修学习、空余时间，还是兼顾家庭？不同职业可以满足不同的人生价值，你希望在未来的职业中得到什么，也是需要你不断探索的。价值观包含认知、情感和行为成分的信念。价值观的认知方面包括关于希望的终极状态和达到终极所喜欢的途径信息；价值观的情感成分有积极和消极之分，在人与环境相互作用和当人处于适合的环境中时，会自然被激发起来。价值观是超越情境的，受社会化过程的影响，但是比较稳定。当价值观被激发后，要么是需要的驱使，要么是知觉到的机会的吸引，人会产生满足价值观的行为。与价值观相应，职业价值观则是人们在选择职业时，对职业给人的回报偏好。比如有人看重职业的稳定，有人追求经济回报，有人希望得到自由等。价值观体现在人们的工作和生活中，因为人的绝大多数时间是在职业中度过的。因此，职业价值观则是价值观最重要的表现领域。

（2）兴趣——你喜欢干什么。兴趣指一个人是否喜欢从事某项具体活动。无论是求学还是就业，能适合自己的兴趣，则效率较高并且身心愉快。做自己喜欢的事，会感受到生活的意义和自己的价值所在。因此，在专业选择和生涯规划中必须考虑个人对各种事务或活动的喜好。个人的职业兴趣包括：喜欢与工具打交道，如裁缝、木匠、修理工等；喜欢与人打交道，如记者、销售、营业员等；喜欢文字符号工作，如会计、编辑、档案管理员等；喜欢地理地质职业，如勘探工作者、钻井工作者、勘察工作者等；喜欢生化和农业，如饲养员、化验员、农技师等；喜欢社会福利和助人为乐，如医生、律师、咨询师等；喜欢行政管理工作，如行政人员、助理、秘书等；喜欢研究人的行为，如心理学家、社会学家、人类学家等；喜欢科学技术工作，如建筑师、工程师、技术人员等；喜欢创造性的工作，如演员、作家、设计师等；喜欢操纵机器工作，如驾驶员、飞行员、航海员等；喜欢从事具体工作，如厨师、农民、理发师等。

(3) 性格——你适合干什么。性格决定命运，所谓性格，就是个人对人、对己、对事务的行为方面所显示的独特个性。不同的性格适合不同的职业，了解自己这些性格特征，甚至于个人需求，将更有助于清楚且明智地选择职业。例如，善于人际交往的人适合行政、贸易与管理类工作；文思细腻、感情丰富的人适合选择文学、翻译的工作。

(4) 才能——你能够干什么。个体才能反映个人能够做什么或通过适当培训能够做什么：自己目前能做什么、不能做什么，在哪些方面比较突出；过去和目前自己的哪些功课比较强，哪些比较弱。一般而言，社会上多数专门职业的就业能力都需要相当时间的训练。

(5) 需要——我能得到什么。工作是满足人们需要的源泉，是人们生存的基本保障；人们可以继续学习和进修，获得再生资源，可以施展自己的能力和才华；也可以与友善互助的人一起工作，结交能让自己上进的人，从而搭建自我实现的舞台，获得丰厚的报酬和适宜的工作条件等。

兴趣、价值观、性格、才能和需要对个人职业决策都有影响，并且相互关联。需要源于兴趣、性格和价值观，性格和兴趣根源于更深的价值观，并且兴趣与才能密切相关。

4.2.3 自我认识的工具

很多大学生面对自己的世界时，感到非常茫然，很想探询一些答案，也有一些学生因为不能客观地认识自己，而出现过度地自我接纳或自我拒绝；有的学生甚至躲在自己的世界不肯出来，出现以自我为中心的倾向。在职业的选择中，客观的自我认识和积极的自我态度本身就是作出正确选择的资源。寻找到自我认识的方法是找到自己的基础，主要的自我认识工具包括优/缺点平衡表和好恶调查表。

(1) 优/缺点平衡表。优/缺点平衡表是由本杰明·富兰克林开创的帮助人们认识自我优缺点的评价程序，如表 4-1 所示。通过认识自己的缺点，个人可避免其不良的品质或不擅长的技能。编制平衡表首先在一张纸的中间画一条竖线，左边标明“优点”，右边标明“缺点”，接下来花一段时间记录觉察到的所有优点和缺点。

优/缺点平衡表的优点是：通过填表可以对自己有更深刻的认识。其缺点是它不能提供个体的全部优点和缺点，而且填表需要一定的时间。

表 4-1　优/缺点平衡表

优点	缺点
团队意识	只与少数人交流
任务担当	不喜欢别人监督
好管理者	不愿与上级交友
领导表率	极度紧张
公平公正	口无遮拦
精力充沛	喜欢冲动
适应力强	性情保守
思想开放	真朋友少
喜欢沟通	性情急躁
政治手腕	不喜琐事
坚持不懈	不喜单干
性格开朗	嫉妒心强
关心他人	兴趣多变

(2) 好恶调查表。好恶调查表是帮助个人认识自己身上的约束，如表 4-2 所示。例如，某些人不愿住在某些地方，这种感觉应视为一种约束。有些职位要求一个人花相当多的时间去学习。认识到这种自我强加的限制条件，可以减少将来的职业问题。另一种限制是一个人将考虑其工作的公司类型、规模和知名度。公司的规模可能也是重要的，有人喜欢知名度高的大企业，也有人喜欢较小的组织，认为提升的机会可能更多或环境更适合他们。所有可能影响一个人工作业绩的因素都应列在好恶调查表中。

好恶调查表的优点是：首先，它能认识自己的基本动机并且有针对性地满足自己的需要；其次，它能为职业规划与发展提供前进的方向；最后，它能够帮助自己发现自己的职业锚。其缺点是它不能罗列出自己的所有好恶，并且它需要很长的时间。认识自己不是一件简单的事，随着个人在人生中的进步，其优先考虑的事情会产生变化。个人可能在人生的某一阶段认为他们对自己非常了解，后来开始对自己有不同看法。因此，自我评价应被看成一个连续的过程。

表 4-2　好恶调查表

喜好	厌恶
喜欢旅行	不想为小公司工作
喜欢闹市	不想在大城市工作
喜欢做主	不喜欢穿套装制服
喜欢娱乐	不喜工作时间说话
喜欢运动	不喜欢在后台工作

(3) 情景检验。人们在苦苦地寻觅自己的时候，很多人忘记了一个最质朴的方法，那就是在现实情景的释放中去认识自己。金利来公司在招聘员工的时候，总是在等候

大厅里随意地放倒几个拖把，丢弃一些垃圾，甚至有的时候会有突然奔跑的孩子摔倒，在等待面试的人中，有的人聚精会神地背诵着求职的黄金法则；有的人会不断地装饰自己的衣着；有的人在仔细地阅读关于公司的背景资料，有的人会很自然地扶正放倒的拖把，捡起垃圾，扶起摔倒的孩子。最后的结果是扶正拖把、捡起垃圾、扶起孩子的人会被录用。因为他们在没有任何矫饰和防御的情况下，自然地释放着对人、对事和对周围环境的一种态度。

(4) 过去经历。有一次，享誉国际的导演北野武在接受电台的采访时，坦言其实在他的潜意识里，总希望通过暴力引起别人的注意和关怀，他最想引起父母对他的注意和关怀。但是这个情节成就了他的创作基调。每个人的成长都是有积累的，每个人都是背负着成长的经历走到今天，你的过去一定给你的今天抹上一缕特殊的色彩。有一位心理学家形象地说："你现在的人际关系是你过去人际影响的再现。"从这个角度去认识自己也不失为一个好方法。

(5) 心理投射测验。在信息传播如此迅速的今天，有一些学生选择网络上的一些投射测验，或者是短信上的一些投射测验来了解自己，有同学对杂志上的投射测验也非常感兴趣，但是投射测验应该严肃地去选择、应用和解释。中国心理测量委员会正式出版和声明有效的心理测验才可以去运用。再者心理测验的解释很重要，解释不当会给人带来负面的暗示。

(6) 镜像自我。著名的心理学家库里提出别人的存在就像是你的镜子。通过别人对自己的态度和行为方式来了解和判断自己，从而给出一个客观和公正的定位。每个人在社会生活中都会有人告诉你真实的声音，这些声音在你的成长中是宝贵的，如果你有十个朋友，他们就像你的十面镜子，从不同的方向照射你，促进你的自我完善，不要怕刺眼，勇敢地正视镜中的自己。

(7) 内省方法。人能够与自己的内心真实地接触，和自己进行一个对话，来反思和认识自己，是一个很好的方法。《论语》中孔子说"吾日三省吾身"就是这个道理。人在内心深处整理自己的时候，会发现自己以前不曾发现的领域，有时候甚至会产生顿悟，心理打开一扇窗，自己会主动地选择积极、建设性地改变。

4.3 个体职业锚的开发与确定

4.3.1 职业锚的含义

职业锚是个体在进入早期工作情境后，在实际工作的经验积累过程中，自我意向习得的结果。它与在经验中自省的动机、需要、价值观、能力相协同，并由习得的实际工作经验所决定，是一种长期稳定的职业定位，通过这种定位来达到自我满足和补偿。职业锚是个人和工作情境之间早期相互作用的产物，只有经过若干年的实际工作才能被发现，职业锚核心内容的职业自我观由三部分内容组成：①自省的才干和能力，它的基础是各种作业环境中的实际成功；②自省的动机和需要，以实际情境中的自我测试、自我诊断的机会及他人的反馈为基础；③自省的态度和价值观，它的基础是在组织工作环境中，自我对其准则和价值观的实际感知。

职业锚内涵体现在以下四个方面。

(1) 职业锚以员工习得的工作经验为基础。职业锚是新员工在若干年的职业生涯中习得工作经验后，对自己长期工作的选择。一般发生于早期职业阶段，个人要对自我的能力、动机、价值观，以及三者之间的作用机制有准确的了解。通过经历各种实际的工作生活情境，以此来判断自己与可行的职业选择之间是否能够相适应。职业锚的产生、演变和发展可以说是建立在新员工工作经验的基础之上。同时，个人潜在的动机和能力虽然是职业锚的决定因素，但员工在实际工作中的经验在某种意义上也对职业锚起着决定性的作用。

(2) 职业锚是内在的职业定位。职业锚进行预测的依据是个体的工作动机、能力或价值观，目的是使员工的职业选择更现实、职业定位更准确。但是这种预测的依据并不是测试出来的结果，而是新员工在工作实践中，通过自省习得的，或是已经被证明的需要、动机、能力和价值观。

(3) 职业锚是逐步整合的结果。在实际工作中，新员工首先要明确个人的需要和价值观，因此要对自我动机、需要、价值观及能力等进行分析和审视，由于职业锚由员工自我意识中的动机、需要、价值观互相影响并不断整合而成，所以员工可以利用职业锚来选择符合个人兴趣、需要、价值观及性格特征的工作，并逐步明确自己的优势及开发的重点，对个人的能力进行自我完善和提高，达到自我满足和补偿。新员工的职业定位，在经过这种整合后，才能更准确更合理。

(4) 职业锚是变动的。职业锚虽然代表着个人稳定的职业工作和成长区域，但这里的稳定并不能表明员工个人将不再转变。员工可以在将职业锚作为其稳定源的基础上，进一步发展其职业工作。此外，职业锚本身也可能产生变化，由于个人生物生命周期、社会生命周期及家庭生命周期的变化，员工在其职业生涯的中后期，可能会根据不同情况对自己的职业锚进行重新选择。

4.3.2　职业锚的作用

在企业成长与发展过程及员工个人的职业生命周期中，职业锚都发挥着重要的作用。

(1) 反映并识别个人职业追求模式和职业成功标准。在员工工作过程中，职业锚是以个人的需要、动机和价值观为依据，通过持续的寻找而确定的职业定位或长期工作区域。组织透过职业锚可以清楚地了解员工个人的职业追求与抱负。另外，不同的人对职业成功的定义和标准不同，职业锚可以帮助企业对员工职业成功的标准进行判定。对于管理型职业锚的员工来讲，工作晋升是他们的倾力追求，热衷于对组织的全面管理，对管理权力的执着追求；对于职业锚为技术/职能型的员工而言，他们追求的是技术/职能领域的成长和技能的不断提高；而对于安全型职业锚的员工来说，工作中的安全与稳定感是他们的追求，职业成功对于他们而言是工作和收入的稳定，以及职业环境和工作节奏的轻松。总而言之，职业锚的反映识别功能包括对员工经验进行编排，并对其长期稳定的职业贡献区进行识别，针对员工个人发展需求的工作情境的性质提出具体的标准，识别个体的职业追求模式及职业成功标准①。

(2) 促进员工与组织之间的相互适应及其预期心理契约的发展。由于职业锚是员工个人职业需要、价值观与抱负及其所追求的职业工作环境的准确反映，同时在员工选择的职业方向是否适合其发展、职业生涯是否能成功等问题上，职业锚都有决定性作用。因此，组织在进行职业生涯开发与管理工作时，应该重视员工职业锚的确定，以此来达到个人与组织之间的互相适应。一方面，组织通过职业锚的建立，可以了解员工个人职业追求与抱负等准确信息，从而在对员工的职业生涯发展进行规划时，才能更有针对性地设计出更合理有效的员工职业通道，并保证其可行性；另一方面，基于企业对员工职业管理的有效性，个人能够选择满足自己需要的职业，由此来提高员工对企业的认同感与忠诚度。对于组织与个人双方来说，通过这样一个过程，可以促进相互的深度了解和合作，使二者之间的关系更融洽。

(3) 使员工职业发展所需的工作经验、职业技能得到增长。作为员工职业工作的定位，职业锚能使员工因为长期稳定从事某项职业，而使其工作经验得到增长，同时其职业技能也能得到不断增强，并由这种经验积累和技能磨炼带来工作效率的提高，从而给组织带来明显的效益。

(4) 早期职业锚可为员工做好中后期的职业工作提供依据。由于职业锚是员工在通过具体工作经验的积累后在自我意识的指导下习得的，当员工抛锚于某一种职业工作时，就是员工进行自我认知的过程，同时也是把职业工作与自我认知相结合的过程，它反映了员工的价值观和被发现的才干。通过这个过程，员工可以正确确定自我的需求、能力及价值观，并由此开始决定成年期的主要生活和职业选择。因此，早期职业锚决定着员工中后期的职业选择，二者之间有着十分密切的联系②。

4.3.3 职业锚的开发

职业锚是个人早期发展过程中逐渐确立的职业定位。从个人角度来看，如何开发职业锚呢？

(1) 提高职业适应性。职业适应性是职业活动实践中验证和发展了的适合性。针对个人来说，如何提高职业适应性呢？①端正工作态度。刚开始职业生涯的新员工，要尽快进入新的角色，首先要做的是端正工作态度，了解工作岗位要求，自觉遵守组织纪律和规范等，并迅速掌握工作技能。②培养职业兴趣。在工作中，员工的兴趣是最好的行为动力。要提高对工作的适应性，应该不断培养对自己职业的兴趣和工作的积极性，这样才能有动力不断提高自己的知识与技能。③提高知识技能。对新知识、新技能要不断地去动态适应其内容和结构的更新，不断提高自己思维方式和判断能力方面的科学性。④适应动态变化。世界上唯一不变的是变化，在组织中每个人的职业工作也是不断发展和变化的，我们在坚持对自我目标的实现过程中，也应采纳新观点、吸收新技术，而不应以一成不变的眼光来看待新兴事物，并不断提高自己的知识技能

---

① 刘韬韬．为国内中小民营企业引进员工职业规划和企业职业开发管理机制．成都：西南财经大学，2003.

② 马力．职业发展研究——构筑个人和组织双赢模式．厦门：厦门大学，2004.

来适应工作变化所提出的新要求。

(2) 借助组织相关量表。员工在选定职业目标时可以借助各种量表，包括职业规划表和工作说明书等，前者是对工作结构的说明，后者则是工作的剖面式呈现，二者之间相互补充。但要注意一点，不同企业的规划表并不完全相同。但这些量表大都是其企业价值观及企业目标的体现，员工可以此来增进对企业的了解。个人在进行职业规划时，为了能够更客观地选定目标，并实现自己的职业理想，可以将企业的相关量表作为工具，并将其与个人的需要和价值观相结合。

(3) 塑造职业角色形象。职业角色形象是员工个人向其工作群体的自我职业素质的全面展现，是企业或工作群体对个人关于职业素质的一种根本认识。职业角色形象构成主要有两个要素：一是职业道德素质，通过敬业精神、对本职工作热爱与否、事业心、责任心、工作态度、职业纪律、道德等体现；二是职业工作能力素质，主要是员工所具有的智力、知识、技能是否胜任本职工作。员工个人应当从上述两个主要的基本构成要素入手，很好地塑造自己的职业角色形象，为自己确定职业锚创造条件，打好基础。

(4) 提高职业决策能力。职业决策能力是指个人的知识、技能及个性心理品质，是个体在实践中习得的，保证其职业选择活动顺利完成所需要的能力。从员工的整个职业生涯发展来看，个人决策能力的大小及决策的正确性非常重要，甚至可能对其人生产生影响。尤其是在个人职业生涯发展的转折时期，如选定职业锚或重新选择职业等时，则要求员工有较出众的职业决策能力和科学的决策技术。由此可见，职业决策能力在职业锚的选择、开发中有重要的作用，必须着力培养和提高。

如何提高自我职业决策能力呢？①提高个体在组织中的重要性和不可替代性，在维持现有职业的同时，促进个人职业目标的实现。②申请工作调整，承担更多组织责任，并保证工作任务的完成。不断提高自己在组织中所体现的价值；同时，以实际的工作绩效向组织表明和证实自己的能力，不断创造条件来实现个人职业目标，并努力获得职业成功。③在实现个人职业目标时，需要不同的知识和技能，对这些可能的需要进行合理预测，并通过各种不同途径来不断提高这些相关的知识与技能，决定着个人的职业成功。④有效的培训。个人在不断提升其职业发展后，还需要不断地强化自己的职业锚，这时适时而有效的培训是很重要的手段。培训可以不断提高个人的相关知识与技能，从而防止职业生涯的衰退。

4.4　个体职业生涯模式与特点

4.4.1　职业发展模式分类

职业生涯发展，是个人与社会多种因素相互作用的结果，因而一个人的职业生涯发展有着多种不同的发展特点和模式。据美国社会学家米勒和福姆的研究，人的职业生涯发展可以划分为四种基本模式。①标准型，是职业生涯发展过程中的典型类型，这种类型的人依照顺序经过职业生涯的各个时期。②稳定型，即在职业方向的选择和确定上能够快速在职业生涯早期完成，这种类型的人具有较强的职业意识，在结束学业前就已经有目标职业并很快开始工作。③不稳定型，即数次选择职业的类型，这种类型的人经过的职业过程往往不稳定，在第一次职业选择和适应后，可能还要经过职业的再选择和再适应，而不会在某个职业稳定持久地工作。④复杂试用型。这种类型的人喜欢在不同的职业之间转换，长期没有固定的工作，频繁跳槽，所变换的职业间也没有必然联系。

根据男性和女性特点的不同，其职业发展模式也有所不同。

4.4.2 男性职业发展的模式与特点

男性的职业发展模式大体可以分为两种模式：直线形和螺旋形。直线形职业生涯即个体终生从事某一专业领域的工作，在线性等级结构中，从低级走向高级，不断取得更大的权力、承担更多的责任和获得更多的报酬；而螺旋形职业生涯即跨专业的职业生涯方式，围绕职业锚这个核心，从事不同的专业工作，不断找到发展的新起点。

男性职业发展的特点如下：①职业辉煌的顶点通常在中年期；②成功的年龄与其从事的职业关系密切；③职业成功与配偶的教育背景关系小，而与个人的教育背景关系大；④职业成功与个人的家庭背景关系较大。

4.4.3 女性职业发展的模式与特点

女性职业生涯发展模式如图 4-1 所示。

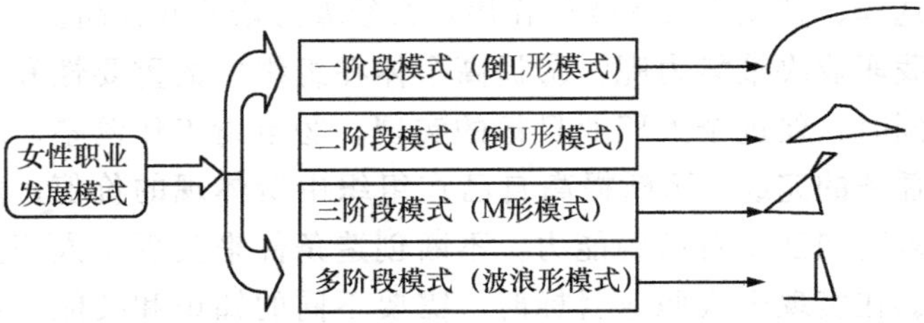

图 4-1 女性职业生涯发展模式

（1）一阶段模式，即倒 L 形模式。特点：女性参加工作后，持续工作到退休，结婚生育后承担工作和家庭双重责任，如中国女性现在的就业模式。

（2）二阶段模式，即倒 U 形模式。特点：女性结婚前劳动力参与率高，结婚特别是生育后参与率迅速下降，反映男性挣钱养家糊口而女性婚后做家庭主妇的传统家庭分工，如新加坡、墨西哥等。

（3）三阶段模式，即 M 形模式。特点：女性婚前或生育前普遍就业，婚后或生育后暂时性地中断工作，待孩子长大后又重新回到劳动力市场，如美国、日本、法国、德国等发达国家。

（4）多阶段就业模式，即波浪形模式。阶段性就业，女性根据自身状况选择进入劳动力市场时间，可多次进出。近十年中出现，如社会福利高的北欧国家。

（5）隐性就业模式。女性就业主要在家庭经济中，结婚后女性只是换个家庭工作。

家庭中就业一般不被官方纳入就业统计范畴，如较落后的发展中国家。

女性职业发展特点主要有两个。①两个高峰和一个低谷。两个高峰，女性就业后的 6～8 年时间，即女性就业后但未生育前；另一是在 36 岁后的十余年间，此时孩子基本长大或可托人代管，自身精力仍充沛、阅历丰富，女性事业辉煌通常在此时期。一个低谷在这两个高峰之间，通常是生育和抚养孩子的 8 年时间；②就业面窄，发展速度缓慢，婚姻状况对女性职业发展有较大的影响。

4.4.4　不同员工职业生涯模式特点

关于职业生涯模式，不同学者的研究都不相同。其中美国社会学家福姆和米勒以人们一生中最后的职业归宿为依据，把人的职业分为专门职业人员、业主与经理人员、白领人员、熟练工人、半熟练工人、非熟练工人、家庭服务与个人服务人员等七种类型，并深入探讨了不同类型的从业者生涯演变规律，绘出了各类人的职业阶层变动过程。

(1) 专门职业人员，主要是指以律师、医生、教授等职业为主的专业技术类职业人员。他们可能最开始的职业是不固定的，分布于各个阶层，但一般在经过试验期后，这种专门职业人员会迅速地向专门职业转移，并在这个专门职业岗位上稳定工作，不再考虑职业的转换，这种流动方式属于上向流动。

(2) 业主与经理人员。这种类型的人一般经济状况较好，职业生涯的早期也是不固定的，且起始阶层也各不相同，他们的职业变动比专门职业人员要复杂得多，很多人都经过相当程度的上向流动，同时也有职业上下向变动的经历，他们都属于能从事一定事业的阶层，但最终都选择业主这个阶层，并在该职业岗位上稳定。

(3) 白领人员。这类人员包括两种类型：一种是由较低阶层向上流动者，另一种是曾在前两类职业就职而后下向流动者。这种类型的人，往往还会频繁多次地变换职业或调换工作，虽然这种变换一般是在本阶层内部，且在职业阶层上，并不涉及任何上向或下向流动的变更。

(4) 熟练工人。熟练工人通常是指技术工人或工匠，处于体力劳动阶层中的高等层次。熟练工人的来源主要包括半熟练工人或非熟练工人提高技术成为熟练工人。还包括起始层次属于较高层次或最低的服务性人员，但这种类型的是少数。这种类型的人员一般都安定于其职业。

(5) 半熟练工人。半熟练工人的职业起点大都为中低阶层，他们通常是指那些技术程度略差的机器操作工人或司机等。还有少数人开始入职时是熟练工人或白领职业，但以后向下流动至此。半熟练工人总的来说试行期比较长，且不太安于现有职业。

(6) 非熟练工人。该类人员一般处于经济状况较差的阶层，所从事的工作通常是没有技术含量的重体力劳动。该类人员的职业起点大都是本类职业或更低阶层的服务性人员。由于在知识技能方面缺乏向上发展的基础，非熟练工人往往不敢尝试向上流动或是在失败后放弃。该类职业从总体上看工作变动较大，但一般不超出同阶层，是极不稳定的，处于不安定状态，但其试行期不长。

(7) 家庭服务人员与个人服务人员。该类人员的职业起点主要是本阶层人员，也有一部分从较高阶层向下流动，固定在此阶层，其试行期较短。该阶层人员也往往处于不安定的状态。

4.5 个体职业生涯的决策选择

4.5.1 职业生涯决策的原则

尽管在职业生涯决策中，不同的人可以从自己的职业价值观出发，采用不同的策略，实现不同的目标。但在职业生涯决策中，有必要遵循如下原则。

（1）可行性原则，即在职业生涯决策中应考虑社会的现实需要，考虑特定的历史条件和时代要求，而不能孤立地一味追求“自我设计”。否则，只能招致“生不逢时”的挫折感和失落感。

（2）胜任原则，即在职业生涯决策中，应考虑工作的实际需要和自己的学识水平、身体素质、个性特点、能力倾向等是否符合职业要求，而不能盲目攀比，就高不就低。对于力所能及的工作，干起来得心应手、驾轻就熟、心情舒畅而且能充分发挥自己的积极性和创造性；对于不能胜任的工作，干起来则力不从心、困难重重和劳累压抑，不仅效率极低，而且可能完不成任务，使单位蒙受损失，个人也承受压力。

（3）兴趣原则，即职业生涯决策时，在考虑社会需要的大前提下，既要强调“考虑国家和组织需要”，也要兼顾自己的兴趣爱好和个人志愿。从心理学的角度看，一个人对某种职业的求知和探索欲望是否强烈与个体对该项职业是否感兴趣密切相关。只有个体对职业感兴趣，才会从内心激发动机，焕发工作热情，才能积极地总结经验、摸索规律而有所突破和创造。

（4）独立原则，即在一个人的成长过程中，总会有许多人提携或指点，这些人中包括父母、长辈、老师和朋友等。他们帮助个体形成一些对工作的信仰、原则和观念，并对我们有所期望。但是，由于生活环境的变化、指导者们自身的局限及个人主观性，他们的意见和建议不一定符合个体成长的路径。例如，有的优秀学生致力于教书育人，但在某些亲朋好友眼中会认为这是没出息、不可思议，甚至横加阻挡。毋庸置疑，那些对我们有所期待的人，从根本上希望我们有所成就，生活得有意义，但有时候，他们的关心和爱护反而成了我们的负担。因此，当我们意识到这种阻抑，并且认清了真正适合于自己的目标和方向时，我们应该独立决断，追求自己选择的人生之路。

（5）特长原则。虽然就总体而言，人和人之间没有多少根本性的差别，但就具体个性特点，人和人之间还是有很大不同的。每个人都各有所长，又各有所短。在进行职业生涯决策时，只有扬长避短，才能最大限度地发挥潜力有所成就。例如，美国当代最有影响力的企业明星亚科卡原来是学工程的，获工程硕士学位后，在福特汽车公司当了一名见习工程师。不久，他发现自己并不善于做工程技术工作，真正的特长是与人打交道。于是，他毅然放弃了原来的职位，在该公司接受了一个职位较低的推销员工作。由于他经营有方，功绩卓越，接连得到提拔晋升，终于在1970年，登上了福特汽车公司总裁的宝座，成为掌握世界汽车工业第二大公司的领导者，后来又出任克莱斯勒汽车公司总裁。

(6) 发展原则。原本作为生存手段的职业，开始逐渐成为一条人们走向自我发展的大道。所以，在选择职业时也应该考虑职业的适合性和对口性，考虑领导是否重视人才，考虑单位的实力和所提供的机会等条件，这都是影响人们职业发展的因素，应该“择其善者而从之”。

4.5.2 职业生涯决策的过程

职业生涯决策是从社会上众多的职业岗位中挑选其一的过程。这既是一种筛掉其他不当职业的过程，也是将自己从无业者转化为某职业从业人员的过程。

在现实生活中，人们面临着诸多职业却往往感到找不到自己理想的职业；有时人们面对一些高等级职业，自己又不具备必要的能力。因此，人们的职业生涯决策也是一个人降低职业意向水平适应社会实际需求的现实化决策过程。社会学把这一现实化过程称为个人职业理想与社会职业实现的“调和”或“调适”过程。

对于个人而言，可能得到某类职业的概率公式为

$$J=QCAO$$

式中，J——职业概率；Q——职业需求量；C——竞争系数；A——职业能力水平；O——其他因素。其中，其他因素 O 包括该类职业机会的工作时间、工作地点、家庭支持、个体努力及社会职业介绍机构的帮助等。

由于各类职业需求量、各类职业求职人数、人们所具备的不同职业能力水平及其他因素等各不相同，所以对于一个人来说，可能得到不同职业的概率也各不相同。我们可以依据不同职业的期望值（即职业概率）大小，将它们顺序排列：作家大约为0.01；大学教师大约为0.05；报社记者大约为0.05；编辑大约为0.10；中小学教师大约为0.30；秘书大约为0.30；银行职员大约为0.50；技术工人大约为0.70；一般工人大约为1.00；服务员大约为1.00。一般说来，期望值最小的职业，往往是人们理想中最好的职业；期望值极大的职业，则往往是现实中较差的职业。因此，人们选择职业时调和程度的大小，就体现为在职业期望序列中，相应期望值对应的职业。

从社会的角度分析，可以将人的职业生涯决策分为三种类型。①标准型，即顺利完成职业准备、职业生涯决策和职业适应期，成功地进入职业稳定期。②确定型，即人们在职业准备期接受方向明确的职业或专业教育，并在准备期确定了自己的职业方向；有时教育培训单位还协助介绍对口的职业。③反复型，当一个人选择职业，走上工作岗位后，不能顺利完成职业适应，或者自己的职业期望又提高，都可能导致二次选择，以至三次、四次选择[①]。

4.5.3 职业生涯决策的准备

如果一个人在他所工作的环境中有良好的职业表现，就能满足自己的需要，并能看到发展的前景。没有踏入社会的青年人，大都向往职业生活，崇拜那些在各行各业

① 姚裕群．关于职业选择．教育与职业，1987，(01)：38-39.

中建功立业的英雄人物，恨不能立刻“驰骋疆场”，大显身手。然而，复杂而艰苦的职业生活，又常使其不是力不从心，就是寸步难行，不但没有尝到从事某种职业的甜头，反倒吃了不少苦头，以致后悔莫及。经验告诉我们，不论选择哪种职业，都需要有心理准备。这种准备大致有两方面。

（1）职业意识的准备。职业意识本质上是一种积极、稳定的心理倾向。这种倾向主要针对个人所选的职业，是人们在对该职业的特点、职责、要求及其社会意义进行详细了解后的综合认识。在职业意识的引导下，个人才能对职业产生兴趣和情感，才能促使其在该工作上承担责任和发挥作用。

（2）职业意志的准备。只有意志坚强的人才能不惧人生中的各种困难和挫折。在个人的职业生涯中也难免会遇到难题，职业意志是个人能否承受住工作的考验和锻炼，并圆满完成工作任务的前提和保证。而那些意志力缺乏的人，常常经不住困难的打击，而无法完成自己的职业目标。由此可见，职业意志对于每位职业生涯决策者来说都很重要，个体应该有意识地去不断磨炼自己的职业意志。

职业心理准备是多方面的，除以上两点外，还有职业兴趣、职业性格、职业情感等方面的准备。没有这些准备，是很难有效地形成职业活动的①。

4.5.4　职业生涯决策的策略

人们在谋求出路、寻找职业和选择职业时，虽然受到多种问题的困扰，但也不应放弃主动选择的机会，或者是坐待“天上掉馅饼”，而是想方设法主动地采取措施来满足自己的需要和愿望。不同的人选择职业的策略有着不同的特点和针对性。有的人考虑名，有的人看重利；有的人考虑职业的刺激性，有的人看重人际关系的融洽性；有的人考虑稳定，有的人强调丰富；有的人考虑施展才能，有的人强调保证地位；有的人作短期计划，而有的人则作长远打算。诸如此类，不一而足。但概括起来，择业策略大致可归为以下四种。

（1）试探性策略。这是一种试验性方法，很多人在自己职业生涯或新工作的初始阶段，往往无法完全把握和适应自己所选择的新环境和生活模式，针对这种情况，可以尝试着改变自己生活的一部分，通过对新生活模式的体验，来评估这种生活模式与自己的习惯是否相适应，只有二者之间达到很好的匹配才开始全面实施。这个过程所用到的方法即试探性策略。通过这个过程，个人可以对职业的工作模式有更深入的了解，对工作有情感的真实体验，由此帮助其作出正确的职业决策；同时在职业适应性方面，能够开阔个人眼界，拓展知识面，积累实践经验，以使个人与职业能够更好地适应和匹配。

（2）以专业为重点的策略。这是一种以职业本身的内容、性质为中心的择业策略。求职者在进行职业生涯决策时，把个人所具有的专业知识、技能及经验与职业是否匹配作为考虑的重点，确定这些因素与所要选择的职业之间是否是相互对应的。采取“以专业为重点”择业策略的人们，大多追求学以致用，他们更看重

---

① 李蔺．大学生职业理想教育基本路径探析．海南师范大学学报（社会科学版），2010，(03)：163-166.

职业本身所给予他们的需要满足程度、专长运用程度及从中获得的满意程度。

(3) 以职业为重点的策略。从事一定的职业，一般都要依托一定的单位。就是相同的职业或在同一性质的不同单位，也有可能出现工作条件、工作环境、工作氛围、人际交往、薪资待遇、发展机会和取得成就各不相同的情况。正是基于这一点认识，有些人将"职业单位"作为择业策略的重点。

(4) 稳定性策略。"求稳拒变"是中国人的传统性格之一。虽然时代发展使"安贫乐道"不再是传统的精神贵族的高洁象征，"安分守己"也越来越因为它的保守、封闭、缺乏活力和创意而不适应社会的需要。但"安居乐业"仍是一些人们追求的生活模式。相应地，在职业生涯决策中，便也产生了"稳定性择业策略"。在职业生活中，人们一般主要追求三方面的稳定性：①职业性质的稳定；②职业内容的相对稳定；③职业地位和待遇等方面的稳定[①]。

当然，为了找到理想的职业，充分实现自己的人生价值，在就业的过程中，一是要明确选择职业的目的；二是要掌握信息，创造机会，如就业政策信息、宏观职业发展信息、横向职业动态信息、人才需求信息、职业咨询信息、职业参考消息；三是要培养主动型人格。顺应时代利于生存的现代人格，应该是具有竞争意识、自立意识、自主意识的主动型人格。

关键术语

自我认知　环境认知　职业锚　优/缺点平衡表　好恶调查表
男性职业发展模式　女性职业发展模式　职业生涯决策

本章小结

本章首先分析了职业发展的外部环境，包括社会环境和组织环境；其次，分析了个体职业发展中自我认知的含义、内容和工具；再次，指出了个体职业锚的作用和开发措施；复次，分析了个体职业发展的模式和特点；最后，提出了职业生涯决策的原则、过程和策略。

复习思考题

1. 外部环境对个体职业发展的影响是什么？
2. 个体职业发展的自我认知包括哪些方面？这些方面如何认知？
3. 个体职业锚开发的措施有哪些？
4. 男性和女性的职业发展模式和特点有何不同？为什么？
5. 职业生涯决策要把握哪些原则？主要策略有哪些？

---

① 苗旭，董新泽．职业选择理论与大学生就业指导．辽宁高职学报，2005 (03)：152-154.

案例分析

擦鞋状元——罗福欢

罗福欢，1972年出生于四川航天工业公司的一个工程师家庭，1995年在四川师范大学教育系市场营销专业毕业，1997年在成都街头摆摊以擦鞋为生，2003年创建第一家罗记擦鞋店，如今已经在全国范围内拥有80多家罗记擦鞋加盟店。

大学毕业后，他走进父母安排的一家国有企业成为一名普通员工。两年后，他离开稳定的国有企业，到了一家信息咨询公司工作。罗福欢当年的工资每个月有1000～3000元，这样的工资水平在1997年的成都，已经是很不错了。然而，在工作方面受上司器重的他，自主创业的心愿却始终未停息。

一、擦鞋初体验

从小到大，罗福欢没有多少爱好，就喜欢欣赏那些做工十分精美的皮鞋。读中学和大学期间，他养成了一个习惯，只要报纸杂志上有介绍皮鞋的文章或印有皮鞋的宣传广告，他一定要买上一份津津有味地阅读。罗福欢在20世纪80年代末父母工资才一两百块钱的时候，攒钱攒了几个月买了一双60多块钱的鞋，当时是他们那条街上最贵的。虽然毕业后工作无忧，但是他总觉得缺少了什么。一次去高档鞋店的经历更让他对鞋子深深着迷，更让他顿生擦鞋的念头。1997年12月初的一天，他经过成都春熙路的时候，看到一位年过六旬的老婆婆在寒风中擦皮鞋。罗福欢动了恻隐之心，坐下来请老人给他擦鞋。虽然一双鞋只收1元，他却拿出10元钱付给老人。明白了他的好意后，老人怎么也不要他的钱，并且告诉他自己每天能挣七八十元，擦鞋很容易挣钱。罗福欢将信将疑地观察起街上擦鞋匠的生意来，结果发现老人所言属实，街上每个擦鞋匠都忙个不停，一个擦鞋匠甚至在一个小时内擦了16双鞋，平均不到4分钟就能挣下1元钱。听了老人的话他心中暗暗感叹这个行业的前景，他想："要是专门擦高档的鞋子和专业地对高档皮鞋进行护理会不会有更宽广的市场呢？"从营销专业毕业的他应用专业知识进行了认真观察和全面分析，发现了擦鞋市场的广阔前景。于是他作出了一个重大决定，辞职当擦鞋匠。说做就做，他向公司递交了辞职报告。1997年12月17日，罗福欢开始了他的擦鞋初体验。为了显示自己的知识含量，也为了树立不同于传统擦鞋匠的品牌，他将自己服务的消费者定位于中高收入者，并花了300多元钱买了一个精致的擦鞋箱，鞋箱里装满了价值2000多元的国内外各种高档鞋油；然后又制作了一本擦鞋菜单，使用中英文对不同类型高档皮鞋的收费价格进行标注，同时在菜单中详细介绍了这些皮鞋的护理、保养、美容等知识。罗福欢扛着一块富有创意的标牌在成都市太升南路电信一条街找了一个摊位，然后将自己的大学毕业文凭摆在摊位上，开始自己擦鞋的原始积累。最初的时候肯定是看热闹的比真正擦鞋的多，因为从来没有人见过一个大学生西装革履地坐在街边擦皮鞋，也没有人体验过高档的擦鞋及护理。罗福欢在质疑中开启了一扇全新的大门。

二、不走寻常路

虽然开始了梦想的征程，但是罗福欢收到的质疑和反对远远超过了他获得的支持。在人们的传统观念里，一个大学生放着大好的前程不要，放着安稳的工作不要，偏偏要去擦鞋，大家都疑惑不解？首先便是父亲的质疑和不解，甚至还有些许失望。父亲质问他为什么要放弃清闲、高工资的工作，从受人羡慕的白领变成被人轻视的擦鞋匠。他却坚持职业无贵贱，而且自己所要开始的擦鞋不仅是一个糊口的生计而是要做出一个品牌，一种高档的前所未有的皮鞋护理品牌。可是父亲仍不能理解，甚至觉得罗福欢不仅浪费了这么多年来他辛苦的培养，也在拿自己的未来和前程开玩笑。他的女朋友知道他放弃稳定工作而选择当一名擦鞋匠之后也离开了他，因为她不能忍受自己的男朋友从前途光明的大学毕业生变成擦鞋匠。那段时期，他的内心饱受煎熬，父亲的话与自己的理想交杂在一起。但在反复思索后，他坚持了自己的选择。他想，虽然现在不被人理解，但是总有一天，当大家看到自己做出成就的那一天，就会改变他们的想法，他认真考虑了自己对这个行业的分析，认为自己选择没有错，天将降大任于斯人，会先行弗乱其所为嘛，所以面对质疑，他仍然坚持。就在他身上所有的钱即将用完的那晚，他在成都的街头徘徊了很久，最终觉得自己这一步路并没有走错，他还是愿意去开创这方面的事业。

三、价值终获认可

创业需要持之以恒的努力。当罗福欢选择破釜沉舟，辞职去摆擦鞋摊时，他告诉自己一定要做到最好。别的擦鞋匠只用 3 种鞋油，而他要用 15 种。同时，在研究摆摊位置后，他决定到成都的太升南路去。太升南路是通信一条街，人流量大，而且来买手机的人经济一般比较宽裕，更有可能接受擦鞋服务。以前在学校里的时候，罗福欢在书里看到这样一件事，一位日本的老人，也是以擦鞋为职业，因为手艺高超，很多顾客还从国外给老人寄去鞋子，顾客当中不乏很多大明星和政要。在老人所居住的地方，附近的市政建设或者房子都面临拆迁的时候，老人的小茅房却没有被拆。这件事给罗福欢的启示是原来擦鞋其实是受人尊重的。也许最初的罗福欢也只是打算暂时以擦鞋来维持生计。那么，真正让他决定以此为事业的则是一次擦鞋的机遇。意大利某名牌皮鞋的中国销售代理李正经常到他的店里找他擦鞋，并询问他各种鞋类鉴赏与维护方面的知识。原来，这位名鞋代理人正在为中国缺失优秀的皮鞋保养和维护美容师来作为合作伙伴而苦恼。在亲身感受了罗福欢的星级服务及一段时间的考察之后，他发现罗福欢的擦鞋工艺科学，操作细致规范，正是自己需要的合作伙伴优秀人选，于是向罗福欢和盘托出了他的打算。李正的话让罗福欢开心不已，他预感这次与意大利知名品牌的合作将是自己事业腾飞的机遇。因为合作以后，品牌皮鞋的销售量越高，他的收入也会随之增加；而且，自己名不见经传的擦鞋店也会因为与世界级品牌鞋捆绑而名声大震。

四、王国的建立

凭着罗福欢的坚持和拼劲，更多的是他高档擦鞋的定位，吸引了很多高档皮鞋的主人前来护理他们的鞋子，因为他是唯一擦高档鞋的，所以罗福欢的客户越来越多。当形成了一定的客户和资金积累后，罗福欢萌生了要开店的念头。1998 年 3 月，他的“罗记星级擦鞋店”开张了，因为是全国第一家上档次的擦鞋店，鞋店的开张一时引起了轰动。久而久之，罗福欢的生意越来越火。1997～2001 年，罗福欢仅靠擦皮鞋就挣了 20 多万元。罗福欢的踏实和善解人意赢得了许多顾客的好评，一些顾客干脆到他那里办理了包月卡。经过一段时间的发展，他设计了自己的“罗记”星级擦鞋店的店徽，又申请注册了“罗记”擦鞋商标。由于这些顾客大多数居住在一些高档住宅小区里，2003年2月28日，第一家“罗记擦鞋”店在成都市高档住宅小区聚集地开业了。罗福欢的擦鞋店开张后，生意十分红火，他雇用了7名有一定擦鞋经验的工人来帮忙。随着“罗记擦鞋”的名声的扩大，一位老板准备用50万元买下罗福欢注册的商标。罗福欢拒绝了，因为这心爱的事业，是他坚持到现在的动力源泉，出再多的钱也不会卖。同年10月罗福欢的第二家罗记擦鞋店开张了，到现在为止罗福欢已经在全国拥有了80多家加盟店。同时，擦鞋店的业务范围也从单一的鞋的清洗和护理，扩大到皮革皮具。甚至有北京、上海等地的客户将自己需要特殊护理的皮具邮寄到成都罗记擦鞋店。罗福欢是第一个给国内擦鞋店铺注册商标的人，他还打算建立擦鞋连锁店，当上“擦鞋大王”。

思考题：

1. 罗福欢为什么放弃原来的工作而走上擦鞋路？
2. 罗福欢的职业决策碰到了哪些困难？他是如何克服的？
3. 罗福欢职业发展成功的关键是什么？

第5章　个体如何进行职业生涯规划

引导案例

小张的苦恼

小张，女，22岁，上海某财经类大学国际会计系应届本科毕业生。她的职业目标是高级财务经理。小张现在面临着一个难题：在收到英国某大学行政管理专业offer的同时，也收到普华永道审计师的offer，小张必须作出选择。

小张原本希望出国进修工商管理，但国外大学对申请工商管理类专业的学生都有工作经验要求，所以最后只收到了行政管理专业的offer。尽管小张学会计，但是喜欢商务工作，而对行政工作兴趣不大。而普华永道是专业的国际性会计师事务所，审计工作与小张大学所学专业基本对口，但是小张虽然具备会计专业学历和专业技能，但缺乏作为高级财务经理所必须具备的专业管理知识。小张该如何选择呢？

（自编案例）

思考题：

1. 试分析小张的职业目标是否合适？
2. 小张的未来之路该如何规划呢？

5.1　职业生涯规划的内涵与意义

5.1.1　职业生涯规划内涵

职业生涯规划指通过对个体能力、兴趣、价值观和性格等的全方位分析，确定未来的工作方向和目标，并为实现这一目标而制订的未来行动计划。职业生涯规划的目的在于最大程度地发挥自身的主观能动性，向着既定的职业目标不断努力，以期能实现自身价值的最大化。

职业生涯规划是确定我们未来做什么工作，什么样的工作目标及如何才能实现这些目标的一系列过程。职业生涯关乎我们的一生，所以在设计的时候必须态度端正全心投入，它的设计不应仅仅根据短暂的工作目标制订，而应该围绕我们的一生。当然，无论你的职业生涯规划多么完美，但是因为这样或那样的不确定性，最终不一定都能实现，因而我们必须要有良好的心态，充分利用自己的智慧去克服它。

5.1.2 职业生涯规划意义

职业规划是一个持续不断的探索过程，在这一过程中，每个人根据自己的天资、能力、动机、需要、态度和价值观等慢慢地形成较为明晰的与职业有关的自我概念。社会的工作岗位有千千万万，你充当的社会角色不同，你获取的社会地位不同，你被人们认知的程度也不同，当然你对社会的贡献也不同。

为了使自身条件适合自己的工作，不断挖掘自己的潜能，在不同的社会工作背景发挥自己的能力，提高自己工作的愉悦程度，就需要根据自己的条件适时修正某个时期的工作目标，在日趋激烈的竞争背景下不断拓展自己的生存空间，就需要职业生涯的规划与调整。

作为独立存在的个体，你如果想自主地生活在这个世界，在人生的舞台上扮演自我的角色，我们的全部活动无外乎三项内容：生存、发展、享受，其中任何一项都离不开职业生涯规划的帮助。相信我们每一位热爱生活的人都会渴望自己的生活色彩斑斓，愉快地享受生活的阳光，品尝生活趣味，体验人生的快乐，领略人生的意义。但遗憾的是，并不是每个人都能够实现这种渴望，假如你从事了一项你并不擅长或不感兴趣的职业，就很难发挥你的聪明才智，即使你尽力而为，也不一定会做出让社会认可的成就，同时还有可能失去本该属于你的乐趣。在市场经济条件下，通过人力开发、人才流动及个人择业，都可以让我们在社会资源的配置中找到适合自己的位置，去尽情发挥自己的能力，实现自己的愿望。我们的职业生涯目标就像植物的种子一样通过不同的方式落在适宜的土壤之后才能获取扎根的能量，继而开花结果，否则就会被埋没一生终无建树。

5.1.3 职业生涯规划依据

每个人的经历不同，成长的家庭背景与社会背景不同，个人性格也有很大差异等，这造就了形形色色个性不同的个体，量体裁衣寻找适合自己条件的社会工作就是职业生涯规划的依据。职业生涯规划强调的是个人特性，弘扬的是个人潜能，重视的是个人目标与社会发展趋势相吻合。职业生涯规划不是突出以自我为中心，而是强调适合社会趋势的发展。职业生涯规划就是有效地了解国家的职业政策和形势，通过对自身条件的深入细致分析，使其能正确认识自己的能力，正确处理个人求职愿望和现实可能之间的关系，进而开发自己的潜能，制订具体的就业计划，找到最适合的职业。作为个体，求职者对市场信息的了解不可能全面，对市场的形势和自己的职业倾向也未必能正确把握，比如个人能力、性格、兴趣如何与职业相匹配，适合职业倾向的长处和不足等。

5.2 职业环境与自我分析

职业生涯必须坚持理想与实际相结合的原则。生涯诊断可以帮助个人真正地了解自己，通过评估内外环境的机遇与挑战，设计出合理且可行的生涯发展方向。只有把自身因素和社会条件作最大程度的契合，才能在现实中趋利避害，使职业生涯规划更具实际意义。

5.2.1 环境分析

(1) 宏观环境分析。对宏观环境的认知与分析内容包括当前社会政治、经济发展趋势，社会热点职业门类分布与需求状况，自己所选择职业在当前与未来社会中的地位情况。

(2) 行业环境分析。行业环境分析指个体对自身所处的行业环境或者未来工作的行业环境进行分析，它包括行业发展前景预测，以及行业目前的优势与问题。

(3) 企业分析。企业分析主要有企业产品在市场上的发展前景，以及企业在本行业或新的发展领域中的地位和发展前景。

企业分析之后，要知道：与自己有关的未来职务的发展预计，企业组织结构发展趋势，自己对企业发展战略、企业文化和管理制度的认同程度。每个人分析之后，都必须权衡自己在本企业实现职业目标的机会有多大。

5.2.2 职位分析

1. 职业评估

面对五花八门的职业种类，我们还需要依据一些方法来评估职业的各个层面和工作性质是否符合我们的需要，或者我们各方面的特质是否符合该职业的需要。PLACE 是一种评估职业的有效方法。P 指职位（position），包括该职业在社会中有哪些具体职位，职位的经常性任务、所需担负的责任、工作层次等。L 指工作地点（location），包括地理位置、环境状况、室内或室外、工作地点的变化性、安全性等。A 指升迁状况（advancement），包括工作的升迁通道、升迁速度、工作稳定性、工作保障等。C 指雇佣状况（condition of employment），包括薪水、福利、进修机会、工作时间、休假情形及特殊雇佣规定等。E 指雇佣条件（entry requirements），包括所需的教育程度、资格证书、训练、能力、人格特质、职业兴趣、价值观等。

2. 职位分析

职位分析就是指对某个特定的工作岗位进行全方位的分析，它的分析内容包括岗位说明书和任职资格说明书，即这个岗位是干什么的，需要什么样的人来干。职位分析是为了让企业能够在最需要的岗位上招到最合适的人，只有作好了职位分析，才能更有效地完成后面的招聘、培训薪酬和绩效管理等工作。

职位分析的具体步骤包括前期准备、实地调查、统计分析、总结撰写、运用与改进等阶段。准备阶段是成立工作小组，并对成员进行专业培训；明确调查的目的和调查对象；收集与调查对象有关的资料；记录要解决的问题；确定各环节的难度等。调查阶段是列举访谈提纲，访谈完毕后，整理访谈记录。统计分析阶段是通过数据分析，确定访谈的可行性，有无必要作进一步访谈等；总结与撰写阶段根据分析的结果撰写总结报告和职位说明书；运用与改进阶段将实际工作与职位说明书相结合，并不断修正职位说明书和职位描述①。

5.2.3 信息收集

获得就业的成功，不仅取决于整个社会的政治、经济状况，以及个人自身的体力和能力，还取决于一系列的操作过程。一般来说，择业的过程应包括以下方面：首先，要尽可能多地获取就业信息，包括当年的就业政策、用人单位需求信息等，然后对搜集到的信息进行筛选，根据自己的客观情况选择适合自己的就业方向；其次，向用人单位发出自荐信或委托别人推荐；最后，参加用人单位组织的笔试、面试，或者主动拜访用人单位。

所以说，会选择职业的人，首先是会收集信息的人。信息竞争对就业竞争起着很重要的作用，掌握的信息越多，就会在竞争中掌握主动权，让自己立于不败之地。掌握用人单位的信息越多，就越容易说服单位聘用你。

（1）就业信息搜集的原则。①准确性和真实性原则。准确性要求信息所反映的情况必须真实、可信。择业人员的判断很大程度上取决于就业信息是否准确。如果信息不准，则会造成判断失误。②适用性和针对性原则。收集信息的时候必须要有针对性地收集那些适用的信息，现在随着人才市场的发展，就业信息越来越多，因此对求职者在收集信息的时候必须作出适当的筛选，以便自己能拿到最准确的信息，这样才能避免自己做无用功，大大增加自己被录用的概率。③系统性和连续性原则。有时候，我们获得的就业信息是零碎的，而我们需要的是整体连续的信息，那么这就需要我们经过加工、提炼所获得的信息，这些信息必须能最准确的反映当前市场的动态，从而为自己的就业提供可靠的依据。④计划性和条理性原则。信息收集者必须先了解自己为什么要收集这些信息，要收集哪些方面的信息，因为只有这样才能让自己有目的地做事，才不会像一个无头苍蝇，到处乱撞。在收集信息的方法上，要选择与就业相一致的信息，有的信息可以通过查阅文献获得，有的信息必须通过自己的调查才能获得，总之要选对方法，这样才能事半功倍。②

（2）就业信息收集的内容。就业信息非常广泛，主要包括以下内容。①反映整个就业市场状况的社会信息。首先，择业有关政策。如果了解国家就业政策，遵循政策，并能利用政策，那么就能使个人得益匪浅；反之，政策不明，或者与之抵触，或违反政策都有害于组织及个人的根本利益。因此，必须收集和研究国家的方针政策。其次，就业法律法规。法律不但赋予组织和个人自由活动的权利，而且也赋予同侵犯自己利益行为作斗争的权利。依法行事是每个公民应尽的职责，而且这样可以减少不必要的损失。最后，社会职业状况。社会职业状况反映了一个国家或地区

① 彭仕平．职位分析—人力资源管理的基础．人才资源开发，2006，(05)：99.

② 季荣臣．大学毕业生搜集就业信息的原则和方法．河南教育学院学报（哲学社会科学版），2001，(02)：94-97.

的产业结构、行业结构、职业结构，以及就业制度与就业政策的基本情况。从整体上了解社会职业状况，无论对个人职业选择还是对职业指导都有着重要作用。②供求信息。我国就业方式由过去的统一计划安排逐步转向供求双方双向选择，在这种情况下，供与求两方面信息的掌握就显得尤为重要。供方信息，即生源情况，主要指当年各高校应届毕业生人数、专业分布情况、地区分布状况、专业设置、教学特色等。各高校均会把自己学校的生源信息向社会公开。对需求单位来讲，了解生源情况有助于他们确定招聘方案。对于广大毕业生来讲，了解生源情况，能够帮助了解和预测当年就业状况，调整好就业心态。需求信息，即用人单位的信息。现代大学生在择业时，往往有一个弊端，就是对用人单位不作充分的了解，他们通常只考虑大城市、工作岗位、薪酬等这些因素，但是没有将用人单位与其他的单位进行对比，从而导致择业的随意性和盲目性。要避免这些，就必须先对用人单位作一个充分详细的了解。

（3）就业信息收集的渠道。要想作好充分的求职准备，就必须尽可能地利用多种渠道，收集更多、更全的信息。①通过国家或地方就业指导部门获得信息。②通过学校就业指导机构获得信息。根据国家教委相关文件规定，各高校都成立了毕业生就业指导中心，毕业生就业指导中心是高校学生毕业分配工作的行政管理部门。学校就业指导办公室每年会及时地有针对性地向部委、地方主管部门和用人单位发出征求用人信息，因此在那里你可以得到许多用人单位的需求信息。通过学校就业指导机构获得的信息针对性强、可靠性高、成功率高。③社会人才市场目前是获得需求信息的重要途径，那里的机构和职位级别不同，而且数量很多，同样在人才市场的面试机会可以为今后的面试积累经验。人才市场职业信息的特点：一是量大，大型招聘活动则往往会吸引更多的招聘机构前来选能纳贤；二是直接，在人才市场上，毕业生将直接面对招聘单位，通过彼此的交流可以获得远较报刊等渠道更为丰富和全面的信息，更有利于毕业生正确地作好就业决策。④通过新闻媒体获得信息。今天的传媒业高速发展，使得报刊、电视、广播等媒体备受求职者和招聘机构的青睐。⑤你身边的朋友或亲人，也是你找工作时的有利资源，他们可能会为你提供就业机会。多数用人单位更青睐于熟人介绍过来的人才，因为这样的人才可靠性更高，所以，如果你有这样的机会，请不要错过。一般可以为你提供信息的主要有以下几类人：家长亲友、学校教师、自己校友。⑥社会实践（或实习）获得信息。有很多大学生能凭借自己实习期间的表现赢得用人单位的青睐。另外，还有一个很重要的实践环节是毕业实习，毕业实习是你今后工作中一份重要的人生财富，所以请好好珍惜。[①] ⑦通过计算机网络获得信息。因特网（Internet）作为一个庞大的信息和服务资源基地，已在商业、科研、教育、娱乐、生活、新闻等各种领域发挥了巨大作用，越来越多的公司开始选择在网上招聘。

（4）就业信息的选择取舍。在择业前，必须清楚地认识自己，了解自己的兴趣、爱好和能力等，包括自己想做什么，自己能做什么，从这些方面适当地对收集的信息

① 覃勇，彭建盛．论大学毕业生的就业信息准备．河池学院学报（理科综合版），2005，(02)：84-86.

进行筛选，选出最有利于自己的。①专业性。如果你具有更强的专业知识，那么你便具有更强的竞争力，专业学习后希望能从事专业对口的工作岗位，另外由于毕业生没有任何工作经验，对专业以外的工作往往没有十分的把握去涉足，所以，专业对口，这个既是用人单位的选择，也是求职者最好的选择。②兴趣爱好。如果一个人能做自己喜欢做的事，那么他便会有持久的工作热情，全身心地投入，那么个人成功的概率便会增加很多。当然，在个人选择职业的时候，应当充分地考虑自己的能力和素质，它包括实践动手能力、计算机能力和外语能力等。③性格特征。职业选择还和性格特征有一定的关系。如果你性格外向，那么你便更适合做一些能经常与人打交道的工作，如销售或人力资源等。不同的性格适合不同的工作，这也是毕业生选择职业时必须考虑的一个重要因素。再者，你还可以考虑公司位置、工作单位的规模和性质等，最重要你要明确自己想要什么，然后再进行选择。

5.2.4 自我分析

制订职业生涯规划要求个体真正了解自己，对过去的职业生涯作总结，依据个人背景材料，对自己的能力、潜力进行自省和测评，并明确自己的发展目标。把制约条件和个体自身的企业环境、社会环境、发展潜能、发展方向和条件进行对比，最后能了解自己做过什么，以后想做什么和可做什么。

1. 自身条件分析

自身条件分析要素如表 5-1 所示。

表 5-1 自身条件分析表

个人	健康情形	身体是否有病？是否有不良生活习惯？是否有影响健康的活动？生活是否正常？有没有养生之道
	自我充实	是否有专长？是否经常阅读和收集资料？是否正在培养其他技能
	休闲管理	是否有固定的休闲活动？是否有助于身心和工作？是否有休闲计划
事业	财富所得	薪资多少？有储蓄吗？有动产和不动产吗？有外快吗
	社会阶层	现职位如何？是否有升迁机会？是否有升迁准备？人际关系如何
	自我实现	喜欢现在的工作吗？理由是什么？有完成人生理想的准备吗
家庭	生活品质	居家环境如何？有没有计划换房子？家庭布置和设备如何？有心灵或精神文化生活吗？小孩、夫妻、父母有学习计划吗
	家庭关系	夫妻和谐吗？是否拥有共同的发展目标？是否有共同的创业计划？父母子女与父母、与公婆、与姑叔、与岳父关系如何？是否常与家人相处、沟通、活动、旅游
	家庭健康	家有小孩吗？小孩多大？健康吗？需托人照顾吗？配偶健康如何？家里有老人吗？需要家人照顾吗

2. 关键成就因素分析

关键成就要素分析如表 5-2 所示。

表 5-2　关键成就因素分析

领域	要素	方法与途径
人脉	家族关系、姻亲关系、同事（同学）关系、社会关系	沟通与自我推销
金脉	薪资所得、有价证券、基金、外币、定期存款、财产（动产、不动产）、信用（与为人和职位有关）	储蓄、理财有方、夫妻合作、努力工作提高自己的能力条件及职位
知脉	知识力、技术力、咨询力、企划力、预测（洞察）力、敏锐力	做好时间管理、安排学习计划、上课、听讲座、进修、组织内轮调、多做事、反复练习、经常记笔记、制订模拟计划

3. 关键问题分析

关键问题分析如表 5-3 所示。

表 5-3　关键问题分析

问题领域	家庭问题、自我问题、还是工作问题；或是其中两者或三者的共同作用
问题难度	是否学习新技能？是否需要全神贯注？是否需要个人改变态度与价值观
与组织配合情况	自己是否作出贡献；是否能够发挥专长；和其他组织人员的团结协作怎样；组织对自己的职业生涯设计和自己制订的职业生涯规划是否有冲突等

5.3　职业生涯的机会评估

5.3.1　职业生涯机会评估内涵

职业生涯机会评估是考察各种环境因素对个体职业生涯发展有何影响。任何人都不可能离开集体而单独存在，都必须生活在特定的环境中。特别是近年来，科技越来越发达，市场竞争越来越激烈，社会情况变化越来越快，极大地影响了个人的发展，当然如果你能充分利用这种外部机遇，那么会有利于自身的发展，如果不能便会阻碍自身的发展。在制订职业生涯规划时，分析个人与环境的关系、环境发展变化情况、环境中的有利与不利因素，以及环境对个人提出的要求等。了解环境对职业发展的影响和作用，就必须分析组织中的发展战略，人力资源需求和社会环境等问题，这样才能去规划好个体的职业生涯。①

5.3.2　生涯机会评估方法

1. 生涯机会评估要素与标准

生涯机会评估要素与标准如表 5-4 所示。

① 马力．职业发展研究—构筑个人和组织双赢模式．厦门：厦门大学，2004.

表 5-4 生涯机会评估要素与标准

方式	评估者	评估内容	评估标准
自我评价	本人	自己的才能是否充分施展 对自己在企业发展、社会进步中所作贡献是否满意 对自己的职称、职务、工资待遇等变化是否满意 对职业生涯发展与其他人生活动关系结果是否满意	根据个人价值观、知识和能力
家庭	父母、配偶、子女等家庭成员	是否能够理解和肯定 是否能够给予支持和帮助	根据家庭文化
企业	上级、平级、下级	是否有下级、平级同事的赞赏 是否有上级的肯定和表彰 是否有职称、职务晋升或相同职务责权利范围扩大 是否有工资待遇的提高	根据企业文化
社会	社会舆论与社会组织	是否有社会舆论的支持和好评 是否有社会组织的承认和奖励	根据社会文化

2. 生涯机会评估工具

生涯机会评估工具如表 5-5 所示。

表 5-5 生涯机会评估工具

自我访谈	给每人发一份提纲，其中有 11 道问及他们自己情况的问题，要他们提供有关自己生活(有关的人、地、事件)、经历过的转折及未来的设想，并让他们在小组中互相讨论。这篇自传文件将成为自我分析所依据的主要材料
斯特朗-坎贝尔个人兴趣调查问卷	这份包含有 325 项的问卷填答后，就能据此确定他们对职业、专业领域、交往的人物类型等的喜恶倾向，为每人跟不同职业中成功人物的兴趣进行比较提供依据
奥尔波特-弗农-林赛价值观问卷	此问卷中列有多种相互矛盾的价值观，每人需对之作出 45 种选择，从而测定这些参加者对多种不同理论、经济、美学、社会、政治及宗教价值观接受和同意的相对强度
24 小时活动日记	参加者要把一个工作日及一个非工作日全天的活动如实而无遗漏地记下来，用来对照其他来源所获同类信息是否一致或相反
“重要人物”访谈记录	每位参加者要对自己的配偶、朋友、亲戚、同事或其他重要人物中的两个人，就自己的情况提出一些问题，看看这些旁观者对自己的看法
生活方式描述	每位参加者都要用文字、照片、图或他们选择任何其他手段，把自己的生活方式描绘一番

5.4　职业生涯的目标与路径

5.4.1　职业生涯目标确定

1. 职业生涯目标确定的步骤

职业生涯目标是指一个人渴望获得的与职业相关的结果。职业生涯规划最关键的内容是职业生涯目标的设定。在职业发展过程中必须有坚定的目标和明确的方向，因为这是个体职业前进的动力。[①] 职业生涯目标可通过很多方式影响个人的行为和表现：第一，它可以刺激高水平的努力；第二，它可以给高水平的努力确定方向；第三，它可以提高朝目标努力的坚持性；第四，具体的目标有助于形成实现目标的战略；第五，目标可以衡量行为结果的有效性，向个体提供积极的反馈。调查结果显示，职业生涯目标的设定对个体的职业生涯成功是很有帮助的。正确的目标是职业生涯成功的前提。

职业生涯目标一般要经历一番波折才能最后确定，它会影响抉择者的一生，因此要慎重选择[②]。选择目标要依据自己的能力、性格、兴趣和环境等条件。确定目标的步骤：第一步，分析自我，了解自身的特点；第二步，综合分析，明确自己的定位；第三步，选择自己以后要发展的方向；第四步，详细列出自己的职业目标通道；第五步，制订短、中、长期计划和落实措施。

2. 职业生涯目标确定的方法

职业生涯目标确定的方法如下。①发现愿望。在自我分析的基础上，冷静思考一下，想象你这一生最想得到的东西是什么，这些东西是你最想得到的，而不是因为别人想让你得到的。②记录目标。把你的目标记录下来，不作记录的目标不是目标，仅仅是愿望或空想。③坚定信念。必须绝对相信你有足够的能力实现目标。④明确利益。想象你的目标实现后为你带来的喜悦、成就、收获和满足。你的这些利益必须有鼓舞性，必须能给予你足够的动力。⑤找到着眼点。对自己认识越清楚，你就越可以发现从什么地方入手去实现你的目标和愿望。⑥设定期限。明确目标达成的最后时间，一般而言，有切合实际的目标、详细的计划和不懈的坚持，80%的目标都会实现。⑦清理障碍。扫除实现目标的障碍，包括内部的、外部的、本身的或者是环境造成的。⑧区分信息。根据实现目标的需要，按优先次序区分所需的信息、技能、能力、经验，以决定如何去实现。⑨明确帮助。现代人的成功绝不是单打独斗的结果，都需要团队和别人的帮助。⑩制订计划。要实现目标，必须根据时间的优先次序写下你的活动计划。

此外尤其要注意的是：①里程碑庆祝，当你实现一个目标或阶段性目标时都要庆祝一下，并留下一个清晰的记忆，反复回忆达成目标时的喜悦和对未来的信心；

---

① 王薇．石油化工公司员工职业生涯规划研究．昆明：昆明理工大学，2008.

② 王加林．我国高等学校教师激励机制探索——职业生涯规划激励机制浅析．上海：上海师范大学，2005.

②坚持不懈，切记在实现目标的过程中，千万不要放弃，如爱迪生做了 11 000 次实验才发明了第一个碳丝电灯，所以成功的前提是要经得起失败的打击。

确定目标时需要注意：只有与社会需要相匹配的目标，才是适合的目标；要有适合自己的目标且有能力实现的挑战性目标；目标要比较具体，不宜太过宽泛；长短目标结合使用，更容易实现目标；目标应简单明了，便于操作和实现。此外，家庭是事业的保障，因而职业目标还要与家庭目标相结合，成功协调两者之间的关系。

3. 职业生涯目标确定的工具

根据霍兰德职业性向理论，职业性向可以分为六种类型，如表 5-6 所示。

表 5-6　职业性向测评工具

实际型职业性向	具有这种性向的人会被吸引从事那些包含体力活动并且需要一定技巧、力量和协调的职业，如森林工人、运动员
研究型职业性向	具有这种性向的人会被吸引从事那些包含着较多认知活动的职业，而不是主要以感知活动为主的职业，如生物学家和大学教授
社会型职业性向	具有这种性向的人会被吸引从事那些包含着大量人际交往活动的职业，而不是那些有大量智力活动或体力活动的职业，如心理医生和外交人员
常规型职业性向	具有这种性向的人会被吸引从事那些包含着大量结构性和规则性的职业，如会计和银行职员
企业型职业性向	具有这种性向的人会被吸引从事那些包含着大量以影响他人为目的的职业，如管理人员、律师
艺术型职业性向	具有这种性向的人会被吸引从事那些包含着大量自我表现、艺术创造、情感表达和个性化的职业，如艺术家、广告创意人员

5.4.2　职业生涯路径选择

1. 职业生涯路径选择

某个人在选定自己的职业后，如何去实现自己的目标就是职业生涯路径，因为个体的职业方向发展不同的话，那么他的培养方式也不一样，职业生涯是一个人以后工作的方向，因此它是人生发展过程中最重要的部分之一。

职业生涯路径的选择应该从以下方面考虑：①通过考虑自身的理想、价值、成就与动机，去确定自己最希望朝哪个方向发展；②考虑自己的专长、性格、经历、学历等给自己定位，确定自己适合往哪一条路线发展；③考虑个人周围所处的环境、政治与经济环境等，确定机会可能性；④对生涯选择要素进行系统的分析是职业生涯路径选择的重点。

2. 职业发展阶段识别

职业发展的周期要根据个人知识水平和职业偏好来进行。个人职业发展周期包括五个阶段，即成长、探索、确立、维持和下降，每个周期都有各自的特点，如表 5-7 所示。

表 5-7　职业发展阶段

成长阶段	出生到 14 岁：通过与家庭、朋友及老师等的相互作用，逐渐建立自我概念；角色扮演是极为重要的，儿童将尝试各种不同的行为方式。此阶段结束，进入青春期，开始对各种可选择职业进行现实性思考
探索阶段	15～24 岁：个人将认真地探索各种可能的职业选择，试图将职业选择与学校教育、休闲活动、兴趣能力匹配起来。阶段开始，较宽泛试验性职业选择，随着了解选择会重新界定。阶段结束，比较恰当的职业被选定，已经作好工作准备
确立阶段	24～44 岁：个人在这期间找到合适职业并全力以赴；将自己锁定在某一已经选定的职业上
维持阶段	45～65 岁：在工作领域中创立了一席之地；精力大多数放在保有此位置上
下降阶段	退休临近：接受权力和责任减少；学会成为年轻人的良师益友

3. 职业生涯标准确定

(1) 职业生涯发展通道——组织内部晋升。员工在组织内的职业发展方向包括纵向发展、横向发展和朝核心方向发展。纵向发展是指从低到高的员工职位升迁；横向发展是不同部门之间的转换，这样的发展可以开发员工的潜能，为其积累经验和创造有利的发展条件；核心方向发展是承担更多的责任和参与更多的决策，但职务不变。

(2) 企业生涯发展通道——组织外部晋升。组织外部晋升发生的条件如下：在一家公司过早晋升到高层；感觉在目前的公司不受重视；公司变革使你的晋升有障碍；希望得到更高层次的锻炼等，在这些情况下都可以去外部发展[①]。

5.5 职业生涯目标实现策略

职业生涯策略指一系列可以辅助职业生涯目标实现的行动和措施。职业生涯目标的实现必须有对应的职业生涯策略去保障。

5.5.1 职业生涯练内功策略

练内功的策略，主要是通过培训提高自己的竞争力，并在实际工作中取得业绩，获得外界认可。农业经济时代的资源是土地和劳动力；工业经济时代的资源是能源、机械和劳动力；而知识经济时代的主要资源是知识。土地、能源等自然资源是有限的、不可再生的，按收益递减规律运作；而知识是无限的、可再生的，按收益递增规律运作。工业经济时代是生产集中、资本集中；知识经济时代是知识集中、人才集中、教育集中和科技集中。工业经济时代的财富流向石油大王、汽车大王、钢铁大王；而知

① 邓微微．记者职业生涯规划的理论与实践．南宁：广西大学，2007.

识经济时代的财富流向信息大王、软件大王、数码大王等。而知识的更新速度日益加速。现在许多下岗的人员再就业困难，原因之一就是知识和技能陈旧，而且缺乏学习能力，但提高专业知识和技能水平也非易事，需要挤时间、花精力和经费参加各种学习。现在的培训资源丰富，个人可根据自己的经济状况和精力，适当选择适合自己的专业知识、培训渠道和培训方法。

5.5.2 职业生涯练外功策略

练外功的策略，主要是通过改善与外部环境的关系，或者适度表达自己的愿望来实现自己的职业目标。在西方，教师和家长总是以表扬为主，所以人们对自己总是信心十足，有信心就有动力，就会找到施展自己才华的领域；在中国，传统文化崇尚谦虚谨慎，并将此视为美德，因此人们习惯于隐藏自己的优势，除非迫不得已，不愿轻易表现自己。职业发展需要自我展示，自我展示主要是向管理者或资源拥有者展示自己的能力和进一步发展的希望。自我展示是把双刃剑，用得好能促进自己的职业生涯发展，用得不好则可能成为自己职业发展的障碍。

5.5.3 职业生涯关系策略

关系是一个敏感但又无法回避的话题。注重关系是处理好与发展资源掌握者的关系，获得有利于职业目标实现的资源，尽快实现职业目标。尽管关系不是中国人的专利，但中国人却特别看重。中国人的人际或社会关系依其亲疏程度可以分为三类，即家人关系、熟人关系及生人关系。家人关系是指个人与其家人（父母、子女、兄弟、姊妹及其他家人）之间的关系；熟人关系是指个人与其熟人（亲戚、朋友、领导、师生、同事、同学及同乡等）之间的关系；生人关系是指个人与生人（与自己无任何直接或间接的持久性社会关系之人）之间的关系。中国人强调内外有别，与熟人和生人相比，家人是自己人，熟人及生人是外人；与生人相比，家人及熟人是自己人，生人是外人。而家人关系中又可依对象的不同而分为亲疏不等的关系，熟人与生人关系也是如此。这种以自我为参考点，向外圈扩散（越向外关系越疏远）之类似同心波纹的人际或社会关系网，就是中国特有的关系格局和圈子。

5.6 职业生涯规划反馈修正

5.6.1 职业生涯发展方案的反馈修正

随着事物自身条件和外部环境的不断变化，职业生涯规划也要跟随着变化。当个体对自己和外界环境不清楚时，往往制定的职业生涯目标不准确，但是经过反复的反馈修正后，可以发现自己的职业定位与职业方向是否吻合。不断的反馈和修正可以帮助员工正确地认识自己，从而不断地去纠正偏差，最终制定正确的职业生涯目标。当然，评估和修正还会使员工对职业目标的实现更有信心。

在实现自己职业生涯目标的过程中，要不断地总结经验教训，重新认识并不断地修正自己的定位。我们只有在实践中，才能更好地成长，才能更清楚地认识自己到底应该做什么，能做什么。由于以上因素，我们刚开始制定的职业生涯目标往往是模糊的，甚至是错误的，在经过一段时间的经历之后，我们不断地去总结、学习和检讨。事实证明，当我们经历一番挫折和磨难之后，会制定出更适合自己的目标，然而，这个过程可能会长达十几年之久。诚然，在目标和定位正确的情况下，适当的修正和反馈同样也可以纠正你的目标偏差，同时还会增强目标实现的信心。

职业生涯规划修订包括再次选择职业、抉择生涯路线、订正生涯目标、改变实施策略和计划等。

5.6.2 职业发展规划反馈与修正方法

在职业生涯规划实施的过程中，通过反馈与修正评判一个人的职业生涯规划是否有效，一般可以从三个方面入手：一是PDCA循环法；二是检查落实者是否具有目的意识和问题意识，即对目标及风险的意识和管理；三是目标管理法（MBO）。

1. PDCA循环法

PDCA即是计划（plan）、实施（do）、检查（check）、行动（act）的首字母组合。PDCA循环又叫戴明环，最初是全面质量管理遵循的科学程序，但目前已经被引入许多管理活动领域。对职业生涯进行管理，同样应该遵循PDCA的循环体系，即整个过程可以分为规划、实施、检讨与改善四个步骤。不同的步骤间紧密相连，形成封闭的循环链条。当一个PDCA循环完成时，下一个PDCA循环又会开始，从而为职业生涯管理提供一个长期的、持续的支持与反馈活动。

职业生涯规划的实施与评估离不开PDCA的循环。

P——根据职业生涯目标，制订科学计划。当个人在进入一个职业生涯阶段前，必须了解自己想要的是什么？有没有生活保障？有没有好的学习机会？有没有卓越的名声等。当你明白自己究竟想要什么之后，就要把目标细分化，制订出自己的一年计划、两年计划、五年计划等，同时还可以将这些阶段性的计划更加细化，只有这样，你才会明白你接下来该干什么，才会在做任何事的时候事半功倍。

为提高工作效率，对于某一项具体的工作任务必须有明确的工作计划。例如：工作需要做到什么程度，应尽可能用数字表示；工作所需的时间、资金、人员等，也就是成本有哪些；工作期限，即工作何时开始，何时结束，各阶段要完成什么任务；所有参与此项工作的人有哪些，主要负责人是谁，参与者如何分工等。

D——实施计划。这一步对刚刚进入社会的人，落实得比较好，但是对于处于事业瓶颈的人来说，却尤为艰难。只要你制订合适的计划，没有什么是达不到的。

C——检查计划的结果是否与目标发生偏差。在实施计划的过程中，我们要时时提醒自己，我们是否做到了我们希望做到的，如果没做到，那么离目标还差多远呢？在这个过程中，比较是检查自己的最好的手段，我们可以拿自己的现在跟过去比，拿自己和别人比，拿理想跟现状比，那么我们才会更加努力去实现我们的目标，这样的反省才能让我们更成功。

A——即纠正错误，调整方向。在对以往行动的结果进行检验的基础上，对方案进行修正完善后再执行。在反省过后，你会知道某些结论。这些结论可能会让你失望，也可能会让你满意，但是不管你满意还是失望，机会仍会掌握在你手中。总而言之，将你的经验和教训，循环到下一个“PDCA”中去。

2. 目的意识和问题意识

为保证工作的顺利进行和职业生涯目标的实现，职业工作者还必须具备明确的目的意识和问题意识，这也是评判其工作方法是否有效的重要标准。

目的意识就是行为主体对行动目的的认知。我们经常会看到某些人所做的很多事情与最终目标没有多大关系。这样的人工作可能很卖力，但是在衡量个体工作业绩时，要看其目标的实现程度与其投入成本的比较，而不是只看他的工作量。

问题意识即风险管理，其核心在于：对现阶段工作可能出现的问题要有心理准备，对可能出现的问题制定相应的防范措施。具备问题意识的前提基于以下两个方面原因：①你收集的资料不可能完全准确、齐全、客观；②事物总是在发展变化之中，有些突发因素不是出现在你制订计划之前，而是在你实施计划时影响目标的实现。

当前的职场环境也使问题意识变得十分必要。职场竞争日益激烈，生涯机会来之不易，而且市场千变万化，如果没有问题意识可能就要付出沉重的代价。墨菲定律指出：凡是可能出现的问题一定会出现，而且事物的发展有其必然性。如果具备问题意识，也许就能够预先发现问题，并预测它的严重性，以便及时修正计划。

5.6.3 职业发展规划方案调整的建议

(1) 考虑技能和要求。人们在初次选择自己的职业及之后的整个职业生涯中，都必须考虑自己的技能特长和个人的职业爱好和要求。否则，作出的职业选择很容易导致对当前工作的不如意，从长期来说，还会造成对职业道路的失望。况且，随着时间的不断变化，人们的技能和要求也会发生变化，在这样的情况下，人们有必要不断思考自己的选择，并在必要的时候做出变动。

(2) 衡量收益与成本。人们为了更好地适应工作，必须花费大量的时间去学习与工作相关的知识和技能，这样肯定会影响到他的生活，从而产生职业升迁或职业成功的机会成本。在个人的职业发展阶段，个人必须权衡好生活和工作的关系，学会适当的放弃，这就形成机会成本。如果类似的问题不能解决，那么对工作和生活都会产生极其不利的影响，从而让个人既不能高效地工作，也不能开心地生活。

(3) 协调家庭和工作。工作和家庭的相互影响是任何人都不能忽视的问题，正如人们所说：上班和下班后所作决策的相互作用很少会被承认。人们希望不要将上班和下班混为一谈。可是，事实证明，这样的想法是不可能的。人们生存空间的局限性，导致上下班之间的联系越来越多，所以事实逼着我们去学会适应。

(4) 区别业绩与成功。工作业绩在职业成功中所起的作用是职业生涯规划所要考虑的又一要素。在每一职业阶段，那些被认为工作业绩突出的员工通常承担更具挑战性的工作，接受更多的培训，以及得到公司领导更多的重视。在职业生涯规划中，任何员工都必须思考这样的问题："我怎样做才能提高我的工作绩效和工作技能？"而不仅是"我怎样才能升职？"这往往使人们偏离了职业成功的轨道（Feldman，1985）。[①]

（5）兼顾发展与稳定。在每一职业阶段，人们必须选择职业发展还是保持现状。"明哲保身"在短期可能能给人带来一定的满足，但从长期来说，它不是一种有效的职业生涯规划方法。通常，发展意味着压力，容易引起不安，而且可能给个人和家庭生活带来波动。而保持现状则刚好相反，可做到这点并不容易。通常，组织希望员工要么力争上游，要么离开。试图终生维持一种工作几乎不可能，特别是对于那些刚进入中年的人来说，做到这一点更加困难。

（6）机遇创造与把握。机遇在职业发展中的作用是不容忽视的。善于把握机遇的人，会利用它创造美好的未来，不善于的人则会使之悄然溜走。积极参与各种社交活动，扩大自己的社交范围可以给你带来机遇。善于表达自己所想要的，会让你更加努力地去争取，从而得到更多的机会。相反，封闭自己的人则抓不住这样的机遇。因此，我们要有计划地去创造并把握机遇。

（7）职业独立与连续。每一个职业抉择会在以后某种程度上制约着我们的职业选择机会，这是人们在作决定之前必须要了解的。例如，如果一个人决定在某个领域继续深造，那么他在今后的学习中几乎不可能会涉及其他的领域。因为一方面，财力有限；另一方面，当初在学校做学生的热情已经消失。故在作职业选择时，仅仅考虑当前是不充分的，还应该考虑目前的选择给将来的选择机会带来的后果。

（8）陷阱识别与避免。现实中，许多人陷入职业陷阱而丧失了许多升迁及职业成功的机会。比如，有些员工被组织误导，相信自己不适合变换工作和进行技术转换，或在别处找不到更好的工作。[②] 组织采取这种策略是因为它们不想失去优秀的员工或确实这些员工不能适应别的工作。但组织的这种误导作用确实使员工陷入了一个不能进行职业变动的陷阱。有时员工在面临两难抉择时，如在是否为更大的职业挑战而牺牲目前稳定的保障、是否为更多的升迁机会而牺牲目前更高的薪酬待遇等时不知所措。在这种情况下，他们往往主观自我暗示：目前的工作没有退路，并以此自我安慰自己的决定。卡尔博特（Culbert，1974）认为，人们有必要认识到，在组织中，个人需求和组织需求在很大程度上是冲突的，最终人们还得靠自己为所作出的职业选择负责。不管组织在职业开发上花费多少时间和金钱，组织为个人设计的职业计划和个人的追求总会有不一致。

（9）信息准确与客观。在个人职业生涯规划中，获取对当前形势、潜在机会、可能的成败以及雇主情况等的准确信息非常重要。但是由于职业选择通常在时间上有限，所以人们有时根据头脑中固有的观念作出判断，而不是在认真收集并分析客观资料后作出决定。实际上，在每一职业阶段，作出良好的职业抉择不但需要客观环境的准确资料，还需要对自我进行深刻的分析。

---

① Feldman D C. The new careerism：origins，tenets，and consequences. The Industrial Psychologist，1985，22：39.

② Culbert M. The effects of using a portion of the rehearsal time for developing skills in describing music on the performance level and musical achievement of high school band students. Temple University，1974.

（10）兼顾单一和多种。在人们的职业生涯中，从事单一的职业还是多种职业是进行职业生涯规划要考虑的重要问题。这直接决定着人们将从事什么样的工作、为此必须进行什么样的培训，以及怎样设计自己的家庭和社会生活等。然而，在一个相当长的时期从事单一的职业，这种可能性已经越来越小了。科技及商业环境的变化，使得工作内容和组织本身会发生很大的变化。因此，选择单一传统工作的职业生涯规划几乎不可能。

关键术语

职业生涯规划　自我分析　机会评估　职业发展策略　PDCA

本章小结

本章首先阐述了职业生涯规划的内涵和意义；其次，分析了个体职业发展规划的环境与自我分析工具；再次，提出了职业生涯规划的机会评估；复次，分析了个体职业发展的目标选择和路径选择，提出了职业生涯目标实现的策略；最后，提出了职业生涯规划的反馈与修正方法。

复习思考题

1. 职业生涯规划的内涵和意义何在？
2. 职业生涯规划中如何进行职位分析？
3. 职业生涯规划中如何进行机会评估？
4. 职业生涯目标如何确定？路径如何选择？
5. 职业生涯的目标实现策略主要有哪些？
6. 如何进行职业生涯规划的反馈和调整？

案例分析

分众神话——江南春

江南春，生于1973年，祖籍宁波，土生土长的上海人。1995年毕业于华东师范大学汉语言文学专业。1994年，上大三的他成立了永怡广告公司，自任总经理。到2001年，永怡收入达到了1.5亿元，在上海广告界已经声名鹊起。2003年5月，江南春创立了分众传媒，担任董事局主席和首席执行官。此时的江南春决定绕开竞争惨烈的传统媒体，走“分众”之路，专攻楼宇液晶媒体。2003年12月，江南春被评为年度传媒人物，并获得“中国当代杰出广告人”称号。2005年3月，江南春被评为“中国广告10大风云人物”。

2005年是“超女”火爆的一年，2005年也是江南春事业巅峰的一年。在这个令人眼花缭乱、无法跟进的e时代，一夜暴富这种看似小概率的奇迹事件几乎天天在我们的身边不断上演。2005年7月13日，分众传媒登陆纳斯达克股市，拥有近30%股份的江南春年仅33岁身价暴涨，接近3亿美元，如果参照2004年福布斯中国富豪榜，将跻身前30名，甚至超过搜狐的数字英雄张朝阳。

对于绝大多数中国人来说，江南春也许是一个“突然”冒出来的年轻富翁；而分众传媒对于许多人来说，也还比较陌生。但分众早就存在身边，电梯口的液晶广告视频就是分众的杰作。上市之后，江南春就开始马不停蹄地在国内广告领域跑马圈地：2006 年 1 月 4 日，分众传媒以 3960 万美元收购框架媒介，在其版图上增加了高档公寓媒体资源；4 天之后，分众传媒再出大手笔，投资 3.25 亿美元合并当时中国楼宇视频媒体第二大运营商聚众传媒，进一步巩固其在楼宇电视、社区电视、户外大屏幕等领域的霸主地位；2006 年 3 月 7 日，分众传媒以 1500 万美元现金及价值 1500 万美元股票全资收购北京凯威点告网络技术有限公司，启动“分众无线”手机广告媒体品牌，突入手机广告领域；2006 年 8 月 31 日，分众传媒收购影院广告公司 ACL，收购完成以后，ACL 更名为分众“影院网络”，进入了影院广告领域；2007 年 3 月 1 日，分众传媒宣布，将以 7000 万美元现金和 1.55 亿美元分众传媒普通股收购国内最大网络广告服务商好耶，进军网络广告领域。

江南春天马行空，特立独行，为人作广告达到常人难以企及的高度及境界。难怪有人戏称江南春是中国广告界的“超级男生”、年轻多金，谈吐幽默、妙语连珠、反应敏锐、装束得体。玩诗歌，江南春风花雪月，独具风骚；做传媒，江南春如日中天，不可匹敌。在当今中国的广告企业中，分众传媒是一个创业的神话，也是整个广告行业津津乐道的热门话题，因为分众传媒帝国的崛起仅来源于一个简单创意，而江南春本人经常说的那句“创意创造生意”也成为一句创业名言。

究竟是什么让一个企业在如此短暂的 3 年时间内迅速崛起，而这位年轻的 CEO 又是如何快速成长为怀揣着几十亿身家的广告传媒业首富的呢？在江南春成功背后隐藏着什么样的故事呢？从大学就开始创业的江南春像许多成功人士一样，有着颇为传奇的、曲折的而又波澜壮阔的创业经历。江南春“没有生活，只有工作，工作是唯一的乐趣”，分众传媒就是他生活的全部。江南春认为，分众成长、成功的轨迹和奥秘——激情、创意、信心、态度、细节，即尽量在自己青春岁月里培养和挥洒自己的激情、不断地用激情尝试和实践自己想要做的事情；用更多的创意来丰富生活，因为创意面前人生的效率和浓度是不同的；充满信心地做人、做事，信心可以感染他人更能够感染自己；保持正确的处事态度，因为它是关乎动因的，会影响你根本的思考方式和行为方式；另外尽量尝试参加更多的社会实践活动，在尝试的过程中学习去观察细节、控制细节，对细节的关注可能是做任何事业必不可少的一种素质和能力。

江南春的成功始于“创意”。当今时代已进入创意经济时代，优秀的创意可以转化为巨大的生产力。如果说勇气、创意是铸造江南春成功的关键词条，那么坚韧不拔的执行力与勤奋刻苦就是成就江南春辉煌的金科玉律。

（摘自《江南春的创意神话——分众的蓝海》）

思考题：

1. 江南春职业生涯成功的关键是什么？
2. 为什么写诗歌的人也可以成为企业家？
3. 我们从案例中获得的启示是什么？

第6章　组织如何进行职业生涯规划

引导案例

单飞冠军——李娜

李娜，著名女子网球运动员。1982年生于湖北武汉，1999年转为职业选手，从网球低级别赛事一路打到四大满贯。曾经在2002年退役两年，2004年复出，成为第一个获得WTA巡回赛单打冠军的中国人，并闯进2008年北京奥运会四强。重返国家队后不满举国体制的训练方式于2008年“单飞”，并于2011年历史性地获得法国网球公开赛女单冠军，成为中国乃至亚洲在网球四大满贯赛事上的第一个单打冠军，同时世界排名追至第四位，追平日本选手伊达公子创造的前亚洲女子网球最高排名。

罗马不是一天建成的，能在年近30岁时达到职业生涯的巅峰，首先要感谢李娜小的时候从羽毛球转至网球，其次还要感谢她身后那位默默支持、甘当“出气筒”的丈夫姜山；最后将李娜推上网坛之巅的则是她的职业团队。这些看似偶然的因素组合在一起，铸成了这位新法网冠军。

(1) 个性：陪老公读书，九年前曾突然退役。似乎是命运的安排，李娜就是注定要在网球场上成就一番大事业。9岁的时候，李娜的爷爷带她去打羽毛球，可因为她总是发力打不好，于是李娜改行练网球。2000年，18岁的李娜进入国家队，1年后在北京的世界大学生运动会上，她包揽了女单、女双、混双三项冠军。就在大家都看好她的时候，率性的李娜又作出了不寻常的举动。2002年年底，带着对体制的不满、职业瓶颈无法突破的疲惫及对爱情的追求，李娜突然退役，陪姜山回武汉读书。在接下来的两年时间里，李娜成为一名学生，开始了她的大学生涯。2004年，在北京即将举办奥运会的大背景下，出任国家体育总局网球运动管理中心主任的前女排老将孙晋芳，极力劝说李娜能重回网坛。在费了很大周折之后，李娜终于重新回到了国家队。尽管重返国家队，但李娜对国家队的体制仍感不满，因为她很羡慕那些国外球员，拥有私人教练，拥有自己的经纪团队，参加什么比赛完全由自己决定。2006年多哈亚运会期间，李娜就在记者面前大倒苦水，甚至还流露出想再次退役的念头。在这个尴尬的时候，孙晋芳和国家队方面再次作出了重大让步——他们把姜山调入国家队当起了李娜的个人教练，不再强迫李娜参加双打。原本强硬的“体制”变得“能屈能伸”，这一切都是为了能让李娜在北京奥运会上取得好成绩。不久之后，莎拉波娃的现任教练托马斯也来到国家队专门指导李娜。最终，李娜以2008年北京奥运会女子单打第四名的优异战绩回报了孙晋芳，而后者也彻底放手成全了李娜和她的队友们“单飞”。

(2) 亲情：场上常凶姜山，老公甘做“出气筒”。李娜出名的同时，姜山也比做运动员时更有名了，不是因为他总是陪着李娜全球比赛，而是李娜总是在赛场上点他的名字——比赛打得不顺时把他赶出场，或者在主持人采访时当众向老公示爱。在球迷或观众的眼里，姜山一直以球场“出气筒”的形象出现，脾气火暴的李娜在球风不顺时，当着现场和电视机前的观众，多次对着看台上的姜山怒吼“滚出去”。而此时的姜山总是二话不说，背着包默默转身离开赛场。谁又能看得出来，当初是李娜倒追的姜山呢？恐怕全天下，也只有姜山可以扮演这样一个角色了。“当矛盾发生时，我任何时候都不能去激化它。”姜山说，“李娜需要一个发泄的渠道。我很清楚她的性格，只有我才是她最信任的人，也只有我才能完全包容她理解她”。“我很感谢姜山。我的脾气一向不好，而他一直在忍耐。”对于丈夫的包容和理解，李娜心存感激。不过，私底下据李娜的朋友透露，赛场上总是很酷很凶悍的李娜，在没有比赛的平时生活中，两人总用湖北话逗乐子，感情好着呢。

(3) 职业：法网前聘新教练，团队开销每天1.5万美元。在今年澳网开始前，李娜的教练托马斯被莎拉波娃挖走，曾经也是网球选手的丈夫姜山开始兼任李娜教练，澳网亚军也让大家一时以为这对夫妻档就是最佳模式。然而澳网后李娜接连四次“一轮游”的尴尬连败，证明爱情与事业并不兼容。法网开始前两周，现任世界第一沃兹尼亚奇的父亲，将丹麦人莫滕森介绍给了李娜的体能教练施托贝尔，莫滕森便在5月加入了李娜的团队。随即，李娜也便有了马德里和罗马两个背靠背的四强。实际上，莫滕森作为职业选手成绩并不出色，他无法让年近30的李娜改变自己的风格，但他令李娜在打球时更加专心和自信。莫滕森给李娜的最大感触就是，“任何一件事情他都要往好的方面想。他总是告诉我要容忍自己失误，一定要给自己失误的机会”。

（资料来源：《重庆晚报》）

思考题：

1. 李娜成功的关键因素有哪些？
2. 是什么样的理性选择和职业开发让李娜享受丈夫陪伴全球比赛的亲情之余，还有专业的提升呢？

过去，人们认为对员工绩效的奖励就是加薪、晋升，员工的忠诚可以换来工作的稳定，现在员工意识到公司不可能提供长期稳定的工作，个人追求的应该是自身的发展和提高。当员工对职业的忠诚开始超过对企业的忠诚，组织职业生涯管理作为一种相对长久的激励措施越来越多地成为企业吸引人才、激励人才和留住人才的重要手段。

6.1 组织职业生涯规划的内涵

6.1.1 组织职业生涯规划的内涵

组织职业生涯规划是指组织根据组织目标和人力资源规划的需要，结合员工的能力、兴趣、价值观等，确定双方共同接受的职业生涯目标，制订与组织战略发展相适应的职业发展规划，为员工提供适当的教育、培训、轮岗和提升等机会，协助员工实现职业生涯发展目标。因此，组织职业生涯规划的实质就是把员工职业生涯规划的制订和实施与企业组织的人力资源需求和规划相联系、相协调、相匹配，为员工提供不断成长和发展的机会，以最大限度地调动员工的工作积极性，在实现员工个人职业生涯目标的同时，实现企业的经营目标和持续发展。组织职业生涯管理对企业组织和员工个人而言都具有重要而深远的意义。

成功的职业生涯规划与管理具有如下的意义。

（1）职业生涯管理与规划是企业资源合理配置的基础。人力资源能够不断地开发出人们的新技能和价值，通过这样的开发能使人的才能得到更加充分的发挥，而且还能提高资源的利用率。企业的竞争力在很大程度上体现在人才的竞争上，如果人才得到合理的配置和充分的发挥，那么企业的效率会大大提高，同时企业的竞争力也会大大提升。

（2）职业生涯规划和管理能更好地实现人尽其才和企业目标。职业生涯管理的目的是帮助员工实现不同层次的需求，真正认识到员工的发展愿望是什么，然后帮助他们制订科学的计划，直到实现其职业目标。在员工的需求得到满足之后，他们才会更加努力地为公司创造价值，帮助企业实现自身目标。

（3）企业可持续发展离不开组织职业生涯规划与管理。一个企业如果能拥有高质量的人才，那么它便更容易成功。人力资源开发对员工的潜能激发是企业源源不断的财富。发达国家依靠吸引、培养和储备人才，使他们的才能得到充分的发挥，从而日益强大。通过职业生涯管理努力为员工提供发展平台，让他们去实现自己的价值，这样企业才能挽留和吸引人才。

6.1.2 组织与员工职业生涯规划的关系

（1）目标协同是基础。就业过程是企业和个人相互选择的过程，二者在相互选择中共同进步。同时，个人职业生涯目标的实现仅仅靠自己的努力是不可能的，组织的政策和环境在其中的作用是非常重要的。毫无疑问，如果员工认同组织，那么便会对组织有期待，此时组织应该鼓励员工对组织提出自己的建议和想法，并对此作出积极的反馈，从而体现出组织对员工的认可。个人如果想往更高层次的位置发展，首先必须根据职位的要求作出适当的调整，使自己与企业的价值观保持一致，全心投入到为自己的目标而努力的过程中去。当然，个人目标还受到组织目标的作用，当两者一致时，能加速目标实现，当二者不一致时，则会阻碍目标的实现。

（2）共同努力是手段。从组织角度，职业生涯规划能为组织合理配置人才，使组织具有持续的竞争力。组织可以根据发展需求，协助个人制订和实施规划。从个人角度，提前作好准备，适应组织变革。个人应该知道自己想要做什么，自己的优势和能力如何，从而确定个人职业生涯规划。同时还应该了解组织的战略、观念和制度等，从而实现个人和企业的目标。

（3）利益一致是前提。如果能同时满足个人与组织的需要，才能算是一个成功的组织职业生涯规划。也就是说，组织为个人的发展提供平台和奖励，而个人则为组织目标的实现提供自己的力量，二者相互依存，不可分割。组织和个人的目标最终都是为了最大程度地实现职业生涯发展。

总之，组织职业生涯规划为员工职业生涯规划的成功提供了基本的载体和科学的指导，为员工实现职业目标明确了职业道路，可以充分调动员工的潜能，使员工贡献最大化，从而有利于组织目标的实现。组织的职业生涯规划对员工的职业生涯发展具有重要作用。

6.1.3　组织职业生涯规划的意义

组织职业生涯规划的意义非常重要，它是在协调组织与个人的生涯规划基础上进行的，它的作用也离不开这两者。

（1）提升组织归属感，加速组织社会化。组织社会化是组织为新员工提供技能和文化培训，以使员工对组织形成认同感。从组织的角度，组织社会化就是在宣告员工是组织的一分子。从员工角度，这是学会在组织中生存的过程。科技的进步和时代的发展，必然会带来员工职业能力的差距。组织可以通过组织社会化，对其进行纠正。如果社会化失败，也可能带来严重的后果，如缺乏归属感、跳槽、无法胜任工作等。因此，通过职业生涯规划能够强化员工的责任意识，培养员工的组织认同感和归属感，这样才能使员工更愿意在组织中工作，从而为组织创造更多的价值。

（2）建设学习型组织，提升职业进取心。美国学者彼得・圣吉在 20 世纪 80 年代提出“学习型组织”后，它便被视为最具有竞争力的组织。为了让员工确立科学的学习理念，以终身学习和组织部门为基础，将员工与组织的整个目标有机结合，满足员工的学习需求，形成学习氛围浓厚的组织，使员工的整体素质得到提高，同时还可以引导员工不断地学习和成长。

（3）实现组织战略，达成生涯目标。随着人力资源管理更加科学化的发展，现代的人力资源战略都是为企业战略服务的，它的发展必须以企业战略为前提。个人和组织的发展是不可分离的整体。所有员工的个人发展，结合在一起就是组织的发展。现代企业如果能做到人尽其才，充分开发和利用企业的人力资源，能够最大程度地满足员工各层次的需求，使员工的目标与组织目标相一致，那么便会增加员工的组织认同感，使员工更尽心地做好自己的工作。组织能起到帮助个人的目的。在员工进入企业后，企业会根据员工的定位和素质等给员工一个平台，在这个平台上，组织会尽自己最大的力量去帮助和满足员工。

（4）人尽其才，才尽其用。组织职业生涯规划可以使员工获得适宜性发展。组织内的员工各有所长，又各有所短，用人之长是人力资源管理的基本原理。因此，员工的特长、兴趣与爱好在哪方面，就让其从事哪方面的工作；适合于干什么，就培养开发其哪方面的才能。这样组织根据员工的特点和特长进行配置和开发，就可以激发员工的工作热情，挖掘员工的工作潜力，做到人尽其才，才尽其用，从而促进员工的发展。造成员工“流失”的原因，如才能发挥问题、职位与社会角色问题、报酬待遇问题等，无不与员工的职业生涯发展有关。组织职业生涯规划，就是通过适当的职业生涯管理工作，发挥每个人的才能和专长，实现每个人的人生目标，并使其担任一定的社会角色，提高个人的待遇和对未来职业发展的预期，从而淡化由待遇偏低产生的负面作用。

总之，组织职业生涯规划通过实现个人价值来激发员工工作热情，发挥员工的工作潜力，从而为企业创造更大的价值；组织职业生涯规划通过有效的人力资源开发，做到人岗的合理配置，员工潜能的充分激发从而使人力资源效用达到最大化。

6.2 组织职业生涯规划的内容

组织职业生涯规划大体上主要包括以下内容。

6.2.1 帮助员工进行职业环境分析

这一阶段的主要任务是开展员工个人评估、组织对员工进行评估和环境分析三项工作。

(1) 员工个人的评估。职业生涯规划的过程是从员工对自己的能力、兴趣、职业生涯需要及其目标的评估开始的。员工个人评估的重点是，分析自身的条件，特别是性格、兴趣、特长与需求等。性格是职业选择的前提，兴趣是最好的激励，特长是胜任的关键，要求是职业的动力，不同的工作要求由不同性格的人来适应，否则职业生涯难以成功。

(2) 组织对员工的评估。组织对员工的评估是为了确定员工的职业生涯目标是否能够现实。组织可以通过以下渠道对员工进行评估：①利用招聘筛选时获得的信息进行评估，包括能力测试、兴趣爱好、受教育情况及工作经历等；②利用当前的工作情况，包括绩效评估结果、晋升记录或晋升提名、提薪及参加各种培训的情况等；③利用员工个人评估的结果。为了评估员工的潜力，许多著名的跨国公司都建立或使用评估中心来测评员工将来要从事某种职业的能力。评估中心的评估可以帮助组织确定员工可能的发展道路，同时也帮助员工知道自己的优势与劣势，以便设定自己的职业发展目标。

(3) 环境分析。环境分析主要是通过对组织环境、社会环境、经济环境等的分析与探讨，弄清环境对职业发展的作用、影响及要求，以便更好地进行职业选择与职业规划。

6.2.2　帮助员工确定职业生涯目标

帮助员工确定职业生涯目标，主要包括职业选择和路径选择两方面内容。

职业选择是事业发展的起点，选择正确与否，直接关系到事业的成败。据统计，在选错职业的人当中，有 76%的人在事业上是失败者。因此，组织应开展必要的职业指导活动，通过对员工的分析与岗位的分析，为员工选择合适的职业岗位。

个人职业生涯规划有三个基本发展方向：第一，横向发展，指员工在不同部门之间的流动，这种流动可以帮助员工积累经验，开发他们的潜能，为以后晋升作准备；第二，纵向发展，员工的职位升迁；第三，核心发展，这种发展不包含职务的晋升，但是员工会承担更多的责任，参与更多的决策。这几种方向都是个人的发展机会，但是也会不同程度地满足员工的需求。

职业目标影响个人职业发展方向，发展方向不同，要求也就不同，是向专业技术方向发展，还是向管理方向发展。因此，职业生涯路径选择也是人生发展的重要环节之一。

6.2.3　帮助员工制定职业生涯策略

职业生涯策略是指为职业目标的实现而积极采取的各种行动和措施。在积极实施员工职业生涯规划的同时，根据员工的不同情况采取不同的职业生涯策略，对组织和员工的发展具有十分重要的意义。一般来说，在人生的不同年龄阶段，员工的志趣、价值取向等都会有所转变。因此，应采取的职业管理策略和方法也有所不同。

6.2.4　帮助员工进行生涯规划修正

通过对职业生涯规划的评估与修正，架设组织发展战略与员工职业目标之间的桥梁是实现组织规划目标的重要手段。组织在了解了员工的自我评价与职业目标后，就可以结合组织的发展战略来全盘规划与调整其人力资源。当组织的未来人力资源需求与某些员工的职业目标和个人条件大体一致时，组织就可以事先安排这些员工熟悉相关工作，也可以根据未来职位的要求有的放矢地安排有关员工进行相关培训，以便作好承担此项工作的任职准备。

6.3　组织职业生涯规划的方法

6.3.1　PPDF 规划法

PPDF（personal performance development file）即个人职业生涯发展文件，是一种可以凝聚企业员工力量，使员工能朝着同一个目标去实现自我的价值。它将员工的发展与企业的发展紧密联系在一起，帮助员工设计一条可以实现的职业通道，让员工了解到，只有企业发展了，员工本身才会有更好的发展，这也是人力资源开发的方法之一。

(1) PPDF 的主要目的。PPDF 让员工的领导对员工的成就及员工今后的发展有一个系统的认识。它可以指出员工现在的目标，也可以包括员工今后的目标，它指出如果要实现这些目标，在某个阶段你应该具备什么样的能力等。在实施行动时，它也帮助你认真思考，看看你对目标的明确度和你现在具备的能力和条件。

(2) 怎样使用 PPDF。如果你希望去实现某种目标，它可以为你提供范例。将 PPDF 的表格填完之后，领导和自己各留一份。领导会告诉你，他会如何在一段时间范围内去帮助你实现目标。他还会给你建议，如哪项目标太高、怎么修正等。总之，你应该和你信任的领导共同探讨去实现自己的目标。

(3) PPDF 的主要内容。PPDF 主要包括三项内容：①个人基本情况：个人简历、教育情况、学历背景、培训情况、工作经历、成功经验、管理技能及情况小结等；②目前的行为：目前工作状况、行为档案、行为计划、当前目标、设定期限；③今后的发展：职业目标、知识技能、发展计划以及行动日志等。

员工在公司工作不仅是为了自身生存需要的满足，还要寻求人身价值发展需要的满足。如果公司无法满足员工发展的需求，就会增大员工离职的风险。所以，公司的人力资源部门应该为员工规划职业道路，让员工的发展目标与公司的发展目标保持一致。

6.3.2 SWOT 分析法

与 PPDF 法相比，SWOT 分析方法是企业在制订公司战略规划时经常使用的分析工具，同时也是一种更为常用的职业生涯规划方法，如表 6-1 所示。

表 6-1 SWOT 分析方法

	有利因素	不利因素
自身分析	strength 1. 2. 3.	weakness 1. 2. 3.
外部分析	opportunity 1. 2. 3.	threat 1. 2. 3.

SWOT 的意思就是 strength（优势）、weakness（劣势）、opportunity（机会）、threat（威胁）。其中，S、W 是内部因素，O、T 是外部因素。这种方法也可以用于我们的职业规划与就业选择。面对一个具体的职位，采用这一工具对员工进行一番从里到外的检验，同时面对外部环境进行认真的洞察和分析，发现员工职业发展的可能性，并制订相应的职业生涯规划实施方案。

SWOT 分析是检查员工的技能、能力、职业、喜好和职业机会的有用工具，通过分析自己的个人优点和缺点，并且仔细评估自己所感兴趣的职业，以及不同职业道路的机会和威胁所在。

一般来说，个人在进行 SWOT 分析时，应遵循以下四个步骤。

(1) 评估员工的长处和短处（即 strength 和 weakness）。每个员工都有自己独特的技能、天赋和能力。在当今社会分工日益细化的市场经济中，每个人只能擅长于某个领域，而不是样样精通。根据 SWOT 分析四方格，列出自己喜欢做的事情和长处所在，找出自己不喜欢做的事情和你的弱势。找出你的短处和发现你的长处同样重要，因为你可以基于自己的长处和短处作两种选择：一是努力去改正你常犯的错误，提高你的技能；二是放弃那些你不擅长的、对技能要求很高的职业。列出你认为自己所具备的很重要的强项和对你的职业选择产生影响的弱势，然后再标出那些你认为对你最重要的强弱势。

(2) 发现你的职业威胁和机会（即 threats 和 opportunity）。不同行业、不同企业都会面临不同的威胁和机会，发现这些因素可以对威胁进行化解，对机会进行利用，从而帮助自己实现职业生涯目标。如果一个公司有很多的外部威胁，那么肯定这家公司能给员工提供的发展机会就比较少，否则，情况则截然相反。列出你身边的两个行业，并分析其机会和威胁。

(3) 罗列出 3～5 年的职业目标。作一个自身的 SWOT 分析评估，包括你毕业后 3～5年内很想实现的 3～4 个目标。这些目标可以包括你想做到什么位置、你想做的行业或者薪资待遇等。

(4) 清单式列出 3～5 年的职业行动计划及实施方案。它涉及的主要包括为了实现目标要做的每一件事，以及何时完成等。如果在行动过程中需要帮助，请列明怎么帮助。

当然，列出这样的分析表可能会花费一定的时间，但是你一定要仔细认真地对待。做完这样的分析表之后，会有很多职业选择供参考。因此，除了 SWOT 分析结果和职业行动指南，你还必须保证有效地执行它，没有强有力的执行，一切努力都是徒劳的，执行中还需要逐步修正，因为世间没有最完美的方案，当你执着地去做的时候，你会发现，其实梦想并不遥远，成功就在你身边。

6.3.3　生涯愿景模型法

1. 个人愿景

个人愿景是发自个人内心的，一个人真正关心的、一生渴望达成的事情，它是一个特定的结果，一种期望的未来或意象。当你为一个自己认为至高无上的目标献出无限心力的时候，它就会变成一种自然的、发自内心的强大力量。

一般来说，个人愿景主要包括以下方面：自我形象——你希望成为什么样的人？假如你可以变成你向往的那种人，你会有哪些特征？有形财产——你希望拥有哪些物质财产？希望拥有多大的数量？家庭生活——在你的理想中，你未来的家庭生活环境是什么样子？个人健康——对于自己的健康、身材、运动及其他与身体有关的事情，有什么期望？人际关系——你希望与你的同事、家人、朋友及其他人保持哪一种关系？职业状况——你理想中的职业状况是什么样子？你希望你的努力可以发挥什么样的影响力？个人休闲——在个人的学习、旅游、阅读或其他的活动领域中，你希望创造出什么样的成果？

2. 如何建立个人愿景

学会把焦点放在追求的主要目标上，而非仅放在次要的目标上，这样的目标是“自我超越”的动力。人在做自己真正想做的事情时，就会精神焕发，并充满热忱。当遭受挫折的时候，会坚韧不拔，认为是自己分内该做的事，觉得很值得做，意愿很强大，效率也自然提高。每个人都有自己的愿景，但在很多情况下，人们对自己的愿景往往是模糊的，或者是误解的，这样就会造成行动的盲目。因此，对于每个人来说，关键并不是如何建立个人愿景，而是如何理清个人愿景。

以下三个步骤可以帮你清晰自己的愿景。

(1) 想象实现愿景后的情景（假如你得到了深深渴望获得的成果，那么这到底是什么样的情景，你怎样来形容它？你的感觉如何？这种感觉是不是你真正所想要的）。

(2) 形容个人愿景（想象你正在达成你一生最热切渴望达成的愿望，这些愿望会像什么样子）。请你回顾在你的中小学、大学毕业、参加工作及现在的个人愿景，其中哪些实现了，哪些还没实现，原因是什么？这些愿望包括自我形象、有形资产、感情生活、个人健康、人际关系、工作休闲等。

(3) 检验并弄清愿景（分步检核你写下来的个人愿景所组成的清单和每个方面，从而找出最接近你内心深处的层面）。如果你现在就可以实现愿景，你会接受它吗？假定你现在就实现了愿景，这愿景能为你带来什么？你接受了它，你的感受又是怎样？人生不能没有梦想，梦想不能没有翅膀！

6.4 组织职业生涯规划的保障

6.4.1 建立内部人才市场

随着全球化和信息化的不断升级，人力资源对企业的价值创造作用日益突出，目前防止人力资源流失已经成为企业管理工作中最主要的工作。尤其是企业的核心员工，他们比一般员工具有更强的挑战意识，对公司的工作环境要求也更高，如果企业的管理体制与他们的理念不一致，那么很可能会发生跳槽等行为，甚至给公司带来损失。另外，如果企业的机构发生变革，企业的职位结构也会相应地改变，那么人力资源具备的知识可能不适宜现在的环境，从而需要企业对人员作出相应的改变。如果要解决上述问题，建立内部人才市场是较为可行的选择，这样不仅可以加强企业员工之间的内部流通，还能控制人才的外流，让人才在不同的岗位、不同的企业里面得到适当的锻炼，从而达到人尽其才的效果。

6.4.2　加强员工职业培训工作

员工培训指的是通过科学的方法，让员工的能力、知识、技能等得到提高，从而能使员工更好地完成他所要胜任的工作。员工培训，不仅可以让员工满足对发展的需求，而且通过这个过程，可以发掘员工潜能。此外，员工培训如果做得好的话，还可以让员工对组织形成更强的认同感，从而发挥出更高的价值。

在加强企业骨干的培训中，要以完善体系为基础、以素质建设为中心、以整体规划为牵引，以遵从企业的发展战略为目标，从而创建高效的学习型组织。我们要把培训同当前实际结合起来，培养出适合目前发展需要的人才。同时，在培训过程中，还要培养员工对企业的组织认同感，使员工的目标与企业的目标相一致，这样才能增强企业的创造力和凝聚力，从而提高企业的文化实力①。

6.4.3　加强职业生涯咨询研讨

（1）职业生涯咨询。组织的人力资源部门可设置员工生涯咨询中心，以评估员工的能力与兴趣，测定职业生涯的有效性等，并可以结合科学有效的绩效评估，显现员工现有的职业生涯兴趣，为其下一步的职业生涯规划作准备。

（2）培训或发展训练。组织对员工进行培训或发展训练有利于培养一些有潜力的员工成为组织未来所需要的管理者，这种培训与训练，一是以组织发展需要为主，由组织进行有计划、有系统的培养；二是以员工自我发展为主，组织协助员工个人进行自我进修与自我训练。

（3）职业生涯研讨会。组织举办职业生涯研讨会，鼓励员工进行自我生涯评估，增进员工与其主管及员工相互之间的沟通和互动学习，共同为每个员工制定具体的职业生涯目标和管理标准，建立职业生涯发展规划。

6.4.4　工作轮调与效果评估

（1）工作轮调。组织通过水平式的工作轮调可以增进员工多方面的工作经验，扩展其工作技能，可为员工提供更多的生涯途径，进而也可能展开员工向上升迁的通路。这种方法既适合于普通工人也适用于管理人员，比较适宜于组织的职业生涯开发培训。采用工作轮换法进行培训，使员工有机会熟悉各种职务的特点及其相互关系；培训内容丰富多样，能够提高学员的学习兴趣，有利于员工掌握多种技能，从而大大提高员工对工作任务的适应性；使员工树立全局的观念，能从不同部门的实际考虑问题。由于员工的能力各有差异，并非所有人都适宜于以工作轮换法来培训，有的员工能力有限，只宜从事比较单一的工作任务。在运用工作轮换法时，有的员工可能会混淆各种任务的不同要求，影响培训效果。

（2）职业生涯管理的效果评估。职业生涯管理是一项有意义的人力资源开发活动，

---

① 周光强．企业组织职业生涯设计的基础工作．企业家天地，2010，(11)：114-115.

但其效果往往会因操作程序、操作内容、实施主体不同而不同。因此，对职业生涯管理落实的情况，需要及时总结和评估，在总结和评估时发现问题，寻找对策，逐步使职业生涯管理进入规范化轨道。

关键术语

组织职业生涯规划　职业发展通道　PPDF　SWOT　生涯咨询

本章小结

本章首先阐述了组织职业生涯规划的内涵、组成与意义；其次，指出了组织职业生涯规划的内容；再次，提出了组织职业生涯规划的步骤；复次，分析了组织职业生涯规划的方法；最后，提出了组织职业生涯规划的保障建议。

复习思考题

1. 组织职业生涯规划的内容和意义何在？
2. 组织职业生涯规划的内容是什么？
3. 组织职业生涯规划方法有哪些？

案例分析

五级双通道——华为公司

在华为公司，除了管理层以外，采购、制造、技术、营销、财务等方面的专业人才也会随着企业的进一步发展逐渐涌现出来。企业中时常会设置一些诸如正科级业务员、副处级绩效主管、正部级设计师等职位，从而可以很清楚地了解公司员工待遇和地位的级别。华为在1998年以前运用的就是这种头衔称呼模式。规定参加会议人员的级别，如正处级以上或正科级以上等是公司开会之前需要首先做的事。在这种规定下，只要满足其级别要求，无论你是管理层还是其他方面的专业人员，都必须参加此项会议。叠加式的头衔承认了专业人士的基本地位，和单一的行政称谓比起来进步了许多，但还是没有跳出“官本位”思想的束缚。职业生涯的发展既像是在走迷宫，又像是在登山。走迷宫是指可以选择许多条不同的道路，但会经常出现走错路或回到起点的情况，因此很难搞清楚究竟哪条路是正确的；而登山指的是在层级式的组织结构当中，随着职位高度的增加，相应的职位会越来越少，在这个过程中还需要注意随时可能摔下去的危险。

企业员工薪酬待遇问题的解决主要依靠传统的职位价值评估，但是员工是否拥有一个明确的身份和专业发展方向来匹配其自身的能力也是相当重要的。企业要想培养出有助于其自身发展的各类杰出专业人才及长期留住这些人才，就需要妥善解决上述问题。而让员工明确了解自己职业发展的正确通道首先要做的事是鼓励他们提高专业技能。华为著名的“五级双通道”模式就是在借鉴英国模式的基础上设计出来的。

“五级双通道”模式首先要将企业的职业通道分为管理和技术两个基本类别，接着将专业通道横向划分为采购、技术、生产、营销、财务、服务于支持、人力资源等子通道，最后再将这些细分出来的子通道纵向划分为五种不同职业能力的等级，就技术通道来说则包括助理工程师、工程师、高级工程师、技术专家、资深技术专家五大阶梯，而管理通道则从三级的监督者开始，接着依次是四级的管理者和五级的领导者。

对于技术人员来说，在获得工程师资格认证之后，可以根据自身的能力和对未来的职业规划情况，在技术通道和管理通道中选择一个适合自己长远发展的职业通道。因此在“五级双通道”模式中，企业每个员工都有两个职业发展通道。技术通道和管理通道对员工的能力要求是不一样的，如果员工的管理能力比较欠缺而技术能力相对突出的话，就可以选择在技术通道方面进一步发展，倘若最终成为技术通道中的资深技术专家，就算没有担任管理通道中的相关职位，也能够享受企业副总裁级别的薪酬和待遇，这样也可以使企业充分保留一批经验丰富的专业技术人才。此外，也有许多员工选择分别对两个通道进行认证，企业根据认证结果，采取“就高不就低”的原则来确定相应的薪酬待遇。

华为当时的常务副总裁李一男等技术领导就同时具有管理和技术两个通道的等级资格。对于一名技术部门的管理者来说，如果其失去了管理者的职位，他还可以凭借其技术等级资格在技术通道上继续发展，这就使得管理队伍新老接替中“下岗干部”无法安置的问题得到了妥善的解决。

思考题：

1. 华为的职业发展通道设计解决了员工的哪些问题？
2. 华为的职业发展通道对组织职业生涯管理的启示是什么？

第7章　组织如何进行职业生涯开发

引导案例

青云直上——命运的主宰

程辉刚参加工作时做销售工作，业绩虽不算特别突出，但他在做好销售工作的时候，经常积极地做客户访问笔记，每天把客户的意见记录下来，并在后面附上自己的意见和看法，时间久了就形成了自己独到的见解，并把这些问题和意见形成书面报告，呈给自己的直接上司。每次开会发言，程辉不仅见解与众不同，而且有理有据，在做好销售工作的同时，还主动帮助上司和周围的同事干活，尤其经常做自己团队中的事务性工作，上司有时也很自然地把这些活派给他做。有些好心的同事劝他，这又不是你分内的工作，做了不仅没有好处，还影响你的收入。可程辉并不太介意，继续做他的好事，而且在交流销售心得时还主动把自己的经验招数拿出来与大家共享。期间公司业绩虽有一定波动，但他一直坚持下来，后来他的上司因外部机遇调走了，而他由于资格老、原上司的极力推荐及同事们的良好口碑，自然而然接替了原上司的工作。后来，程辉也遇到过一位脾气不好且毛病较多的上司，但他从不抱怨，从不议论上司的不是，而是默默地积极配合上司的工作。后来这位上司因群众意见大、队伍不稳定、业绩上不去等被企业辞退，程辉自然接替这个位子。此后，程辉也曾调动过工作，但他的调动不是因为挣钱多，更多是看重发展机遇。这样程辉在大学毕业工作8年后便升任某一颇具规模公司的副总，年薪也以数十万计。

在猎头公司眼里，程辉更是价值不菲的"奇货"。而当年那些认为他比较傻的"精明"人大多还在一线做"资深"销售代表。而且随着年龄增长，那些"资深"销售代表作为基层员工，其竞争优势正逐渐让位于更年轻的员工。

（自编案例）

思考题：

1. 为什么程辉可以青云直上成为命运的主宰呢？
2. 该公司应如何改进对销售人员的职业生涯管理？

个人职业生涯开发，是指为了获得或改进个人与工作有关的知识、技能、动机、态度及行为等，以利于提高工作绩效、实现职业目标的各种有计划、有系统的努力。

7.1　个体职业素养的开发

7.1.1　职业能力的开发

能力和职业发展之间有着不可忽视的关联性，能力水平对员工的招聘、晋升等职业生涯活动具有重要影响。能力开发会影响个人的职业发展。能力包括：基础能力、业务能力和素质能力。知识和技能技巧即所谓的基础能力；协调力、表达力、开发能力指的是业务能力；体力素质、性格和智力素质等指的是素质能力。胜任本职工作最主要的是知识和技能。完成本职工作所具备的技术、技巧、经验和业务熟练程度是技能技巧。业务能力表现在员工能够说明白自己的想法，并说服别人同意协调配合，还能跟同事之间保持好关系，给下属适当的分配任务，并能够监督和协助他们完成这项工作。

因此，有针对性地进行自我能力开发，对个人职业生涯发展具有决定性影响。凡是希望职业生涯有所进展的人，都要做到以下三方面：①如果可能，要有胜任新工作的能力；②向“挑选人”证明你具有必要的能力；③能够迅速取得新能力。

对于以事业为主的人而言，其生命中主要的转折点如下：①中学至大学（教育程度）；②大学至工作（投入的领域）；③工作至精通专业（专门化过程）；④精通专业至权力（高位）；⑤权力至最高限度（停止增长）；⑥最高限度至退休（生活形态的选择及衰退）。

机会往往是和困难并存的，当一个人面对前所未有的机遇或挑战时，说明他可能到了人生转折点的关键时刻，而这每一个转折点都是一个重大的挑战，所以当事人必须作好十足的准备，通过不断学习来发展自己的能力。这样的改变和挑战可能每年一次，也可能更长时间一次，但是我们无法规避这些，要学会面对，这样才能让自己进步和成长①。

7.1.2　职业态度的开发

良好的思维方式可以让你拥有正确的处事态度，而这种态度是个人职业生涯成功的关键。作家罗本森（Adam Robin son）指出：“态度是一个人的信仰、想象、期望和价值的总和。它决定了事物在个人眼中的意义，也决定了人们处理事情的方式。”每个人都会经历各种艰难，然而他们乐天的积极态度让他们重新崛起。

态度决定一切，富有责任感的一种表现即是良好的态度。正确培养态度的方法主要有四种。

（1）自己的态度自己选择。首先你必须知道自己想要的是什么态度。例如：如果你想做一个放任型的领导，但是你对员工的事事都干预，这不就与你的意愿相违背了吗？态度只有在你实施行动之后才能决定你潜力的发挥程度。如果你想达到某种位置，

---

① 邓娅．企业新进员工职业生涯管理研究．上海：华东师范大学，2007.

你就必须把自己的态度摆在什么位置，所以你必须选择合适的态度来面对你所遇到的事情。在决定用什么样的态度之前，我们必须明确自己的目标和未来方向，这样才能用正确的态度为自己的目标而努力。

(2) 做好记录。你可以将自己的行动过程记录下来。首先，记录下自己的目标，然后记录你为目标而作的努力及你态度的转变。这样做的目的是让自己了解自己的努力过程，以及经验的积累，这样才可以让自己逐步提高。

(3) 付出时间。做任何事都需要时间。事实证明，如果你想培养某种特殊的态度，花费的时间最少是 21 天。比如，尽管园丁每天都在努力地拔除杂草，但是花园依然会长出杂草，所以园丁还是要每天在花园努力工作。因而我们要时时剔除不好的态度，让我们保留更多好的态度。

(4) 审视自我。不要指望从别人那里得到足够的赞美，来武装自己和维持自尊，然后激动地把工作干得更好。我们要不断地赞美自己，这样才能提升自信心，让自己更接近成功。

7.1.3 职业资本的开发

职业资本是一种在先天基础上，并经过后天教育和改造而形成的选择职业、自我发展和创造财富的能力总和，它包含职业阅历、职业技能和职业素质等。一个人的性格特征、兴趣和气质等都属于职业素质方面。不同的工作对职业素质的要求也不一样。个人的价值观、兴趣爱好及人格特质等对一个人的工作起重要作用。二者需要在动态中相互适应与变化。在职业素质的基础上，通过后天的教育和改造让当事人所产生的胜任某种工作的能力即为职业技能。每个人都有自己擅长的方面，将自己最擅长的方面运用到工作中才是人岗匹配的最好形式。如果一个人能够选择适合自己的工作，那么他成功的概率会大很多。职业阅历是经过长时间的工作后，在工作中积累的经验和技能，一般企业会更钟情于有经验和阅历的求职者。因此，当一个人具备丰富的资本后，才会有更多职业选择和职业发展的机会①。

提高职业资本的附加值，可以从以下方面做起。

(1) 努力汲取知识营养。职业资本的培育仅仅依靠学校教育是不够的，社会知识才是最重要的。知识是时代进步的动力，只有掌握了丰富的知识，才可以使人生拥有丰厚的资本，才会让自己更快、更好地实现理想。活到老学到老是时代发展的必然要求。

(2) 快速创新树立效率观念。在速度经济时代，效率已经是企业掌握先机的最主要的竞争力，只有提高效率，企业才能在最短的时间内做好最多的事，才能使自己的职业生涯变得更加成功。

(3) 高瞻远瞩，树立国际化观念。经济全球化时代，只有站得高，才能看得远。这就要求现代人必须有很强的综合能力，能够纵观全局，掌握自己未来的路，特别是现代社会，要掌握计算机、外语和某些法律知识等。因此，职业发展过程中，我们必

---

① 张怀礼．职业资本大盘点．光彩，1999，(9)：46-47.

须严格要求自己，做个全方位的人才。

(4) 脚踏实地，积极参与。俗话说“千里之堤，溃于蚁穴”。职业生涯开发就要求我们必须从小事做起，只有做好身边的小事，才能积累足够多的经验，才能使自己具备更强的能力，从而让自己更好地实现职业生涯目标。

7.2 社会资本的开发

社会资本指的是个人在一个组织中，通过交往和沟通，形成的一种被社会认同的关系网，这些关系可以积累下来形成丰富的资本。随着时代发展，企业对物质资本的追求逐渐转向对人力资本的追求。人力资本具有普惠性、稳定性和无限性的特点，这使其成为现代社会当事人成功的真实资本和第一财富。社会资本作为影响个人行动能力及生活质量的重要资源，在任何经济体制下都有着重要的作用。特别是在我国社会经济转型期，社会资本作为沟通个人和制度的中间物，能够提供个人与制度的缓冲，影响制度的开放性，造成不平等竞争。

重要的社会资本包括职业信用度和职业知名度。如果一个人经常被请出来主持或裁决某件事，说明他在这个行业内很有威望；否则，如果你个人很有才华也很有能力，但不被别人知道，那就只有被埋没的份儿，从而无法去创造财富和实现价值。同样，如果一个人信用度很好，即使他短时间内失败，也会很快能得到别人的帮助而东山再起；相反，如果一个人信用度差，那么别人就不愿意帮助他，从而让他在失败中沉沦。

许多优秀的管理人员在能力和工作绩效上差距并不大，往往一些外在形象和个人风格上的细微差别决定了他们的升迁和职位。因此，不断地利用和开发社会资本，注重个人公关和个人形象传播等社会资本，对促进个人职业生涯发展意义非凡。社会资本开发建议从以下方面入手：得体的服饰与举止；把握权力关系；吸引领导的注意力；处理人际关系；学会构建人际关系网。

7.2.1 形象仪表注意调整

外在的仪容仪表不仅可以反映一个人的内在修养，还可以反映一个人的职业特点。因此，仪容仪表对职业生涯发展起着不可忽视的作用。注重职业形象的员工往往选择那些更能体现权力的颜色（如灰色或勃艮第红色），而避免穿“4P”的服装［带伸缩尼龙的（polyester）、格花呢的（plaids）、带褶皱的（pleats）及尖领的（pointed collars）］。他们站立标准（胳膊自然下垂，双足分开成军人姿势），面部表情准确到位（通常显示出积极向上的情绪，适时地流露不满）。

7.2.2 权力关系适度把握

聪明的员工总是可以领会领导表达出来的权力，并在自己的行为上去迎合领导，以便能达到高升的目的。得到领导的重视，是获得高升的重要途径。在企业或公司，管理者必须主动要求某项任务，这样才能更多的与领导接触。如果你能争取到那些短期而且可以显示绩效的任务，那么你就可能会在更短的时间里被认同。例如，领导的座位总要高于来访者或下属；领导总是背光而坐，来访者或下属则必须面向领导，向光而坐；领导在接见来访者或下属之前总要让其等一段时间；领导总是将烟灰缸放于刚好够不着的地方，来访者必须稍微欠身将烟灰弹入烟灰缸内等，他们常常用这种细微的方式表达自己的权力。那么，如果明白了这一点，并据此行动，对那些致力于谋求职业发展的员工将有很大的帮助。

7.2.3 人际关系适度处理

要获得职业生涯的成功，就要注意利用负责任、勤于做事、注意仪表来为成功铺路，并时刻以成功为念，避免想到失败。同时，还要注意经营人际关系，因为良好的人际关系是达到晋升目的的重要手段和途径。

人际关系确实可以作为事业发展的工具，但这需要上级自动予以协助才有最佳效果。正如一位被调查对象所说："我一直觉得，让别人来认同，比我自己去推销好得多，我相信好好做事的功效。大家都不是傻子，周围的人都晓得必须要看表面底下所隐藏的真面目。我尽量坦白，同时努力表现。我知道我此种做法，表面上不是在推销自己，但事实上却是在进行推销。"

因此，就必须想想自己能给予别人什么？否则，别人凭什么要帮助你呢？因此，在处理职业发展领域的人际关系时要注意以下几方面的问题。①要让自己受欢迎。获得良好的人际关系、争取信任和友谊最有效的方法是替别人解决问题减轻别人的痛苦，特别是去寻找那些导致某些有权者困扰的问题。当然，不同的机构可以采用不同的方法。②要让自己有机会。要获得晋升，一方面，要找出在你之上的那些职位需要些什么能力，塑造自己去吻合那些需要，但同时不要降低你的品格。另一方面，表明你准备晋升和变动的欲望和能力也是很重要的。要设法使自己进入本公司或其他著名机构所保留的、准候选人的基本名单中，这对个人的职业生涯发展会非常有帮助。③要让自己有条件。还要积极培养继任人员，以使自己的晋升或调动成为可能，但要留意勿使自己完全变成多余的人。因此，时间把握很重要，既要为自己铺好路，又要让人觉得缺你不可，这样你就可以等待成功带来的益处了。④要让自己有准备。要建立合理的心理契约，并坦诚地自我表现。追求晋升时个人会比较容易受伤，因为可能会被别人利用。因此，在你进公司时先订个良好的心理契约，一份完善的心理契约会详细说明你的位置和责任。

7.3 员工创新思维能力的开发

7.3.1 创新思维的认识

创新不是"无中生有"，而是"推陈出新"。创新就是从特定的实用目的出发，将已有的东西以新的方式或结构重新组合，从而获得一种新价值、新效应或新成果。创新实际上就是旧材料的新组合，组合是创新的本质特征，无穷的创新来自巧妙的组合。

创新就是运用已有的知识，充分发挥想象，从而获得新的想法的过程。思维创新可以反映事务的属性，它是可以物化的且具有重要意义的高级思维活动。

对原有思维的超越是创新思维的本质。人们如何来进行思考和如何进行思维活动都是思维方式。创新是改变现有的观念、转换现有的形式和突破现有的经验范围等方式来实现既定思维方式的超越。

7.3.2　奥斯本设问法

奥斯本设问法步骤如下：①确定革新的方针；②收集有关资料作准备；③对收集的资料进行分析；④进行自由思考，记录并构思革新方案；⑤提出实现方案的各种设想；⑥综合有用的数据资料；⑦评价各种方案，筛选出切实可行的设想。

奥斯本根据设问法步骤提出了一种创新思维方法——核检表，根据需要解决的问题或创新的对象列出有关问题，一个一个地核对和讨论，从中找到解决问题的方法或创新的设想。下面介绍奥斯本核检表法九个方面的提问。

(1) 能否他用（转化）。①现有的事物有无其他用途；②保持不变能否扩大用途；③稍加改变有无其他用途。

(2) 能否借用（引申）。①现有的事物能否借用别的经验；②能否模仿别的东西；③过去有无类似的发明创造；④现有成果能否引入其他创造性设想。

(3) 能否改变（变动）。①现有事物能否作些改变，如意义、颜色、声音、味道、式样、花色品种等；②改变后效果如何。

(4) 能否扩大（扩展）。①现有事物可否扩大应用范围；②能否增加使用功能；③能否添加零部件；④能否扩大或增加高度、强度、寿命、价值。

(5) 能否缩小（缩减）。①现有事物能否减少、缩小或省略某些部分；②能否浓缩化；③能否微型化；④能否短点、轻点或压缩、分割、简略。

(6) 能否代用（替代）。①现有事物能否用其他材料、其他元件；②能否用其他原理、其他方法、其他工艺；③能否用其他结构、其他动力、其他设备。

(7) 能否调整（重组）。①能否调整已知布局；②能否调整既定程序；③能否调整日程计划；④能否调整规格；⑤能否调整因果关系。

(8) 能否颠倒（反向）。①作用能否颠倒；②能否从相反方向考虑；③位置（上下、正反）能否颠倒。

(9) 能否组合（综合）。①现有事物能否组合；②能否原理组合、方案组合、功能组合；③能否形状组合、材料组合、部件组合。

7.3.3　动词提示检核表法

和田十二法是我国学者根据上海市和田路小学开展创造发明活动中所采用的技法，总结提炼而成的。

(1) 加一加。在创造过程中，考虑哪些东西可以加入创造过程呢？或者在原有基础上改变点什么。伽利略无意中将凸透镜和凹透镜两者加在一起，发现竟然可以看得很远，于是发明了望远镜。

（2）减一减。我们也可以考虑是不是在原有的基础上减少点什么，会不会产生不一样的效果呢？在不断的尝试中，可以得到不同的结果，如将眼镜片磨薄、减小就制成了隐形眼镜。

（3）扩一扩。对现有的事务还可以再扩充一点吗？比如：对某件物品，是不是除了我们常用的用途之外，还可以扩充到其他的用途呢？吹风机不光可以用来吹干头发，还可以吹干被褥，所以在这个基础上就发明了被褥烘干机。

（4）缩一缩。是不是将原来的物品长度缩短一点、体积缩小一点会产生一个新的物品呢？例如，生活中的微型录影机、袖珍词典和我国闻名世界的微雕技术等。

（5）变一变。能不能在改变事物原来的颜色、形状、大小等产生新的物品呢？例如，企业要发展，就离不开创新，离不开变，食物行业经常有不同的花样产生，这些包括其形状、颜色等。这样的不断改变，可以使企业不断发展。

（6）改一改。在创造过程中，仔细观察，发现现有事物的缺陷，并寻找改正措施，将其付诸行动。“变一变”的技巧带有主动性，适合于思维灵活、善于创新的人，而“改一改”则带有被动性，对于初学者或不善于发现问题和保守的人比较适合。例如，手动抽水马桶改为自动式感应抽水马桶等。

（7）联一联。利用事物之间必有联系，将它们联系在一起看看能不能产生新的产品或功能呢？例如，数控机床等。

（8）代一代。能不能用其他的事物来代替现在的事物从而产生意想不到的效果呢？尽管有的东西，它们有不同的功能，使用方式也不一样，但是它们可以被找出替代品，从而解决问题。例如，曹冲称象就是“代一代”的典型案例。

（9）搬一搬。能不能将原来的事物移至别处，从而产生与现在不一样的效果呢？将某个原理、想法或技术运用到另外一个事物当中，同样可以解决问题，甚至会解决得更好。例如，改变日光灯的波长可以变成灭菌灯，灯泡移至马路上可以变成交通灯和路灯等。

（10）反一反。“反一反”是一种逆向思维，将现实生活中的事物从相反的方向出发去思考，看看能不能产生新的事物。例如，司马光砸缸的故事，小孩落水，一般人都会想让小孩离开水，而司马光砸缸却是让水离开小孩，最终将人救起。

（11）定一定。“定一定”是指为了防止出现不良后果而制定的一些新的规定，旨在提高学习和工作的效率，利用这种方法从而去提出一种创新的思路。例如，“定位防近视警报器”的发明。

（12）学一学。学习是永无止境的，我们可以通过学习别人的产品，从中总结和得到启示，再根据现有的知识去创新。例如，研究鲸鱼在海中游行的情景，将船体改造成流线型，可以大大提高行船的速度；研究蝙蝠的飞行，研发出雷达等。

7.3.4 移植法

移植法也被称为渗透法，它指的是将某一个领域已经发现的原理、技术或方法运用到另外一个领域中，从而可以产生新效果的方法，它是一种侧向思维的方法，包括以下几个方面。

(1) 原理移植。由于事物之间必有联系，在一个领域发现的新原理，可以运用到相近的领域，或者在其他的领域得到延伸和拓展，也可以成功。例如，设计师将香水喷雾器原理用到汽车发动机化油器上。

(2) 方法移植。方法移植是将现有领域发现的方法、技能或手段运用到另外一个领域，从而产生质的飞跃的效果。例如，美国俄勒冈州立大学体育教授威廉·德尔曼将凹凸的小方块压在橡胶鞋底上面，不断改进后，产生今日的“耐克”运动鞋。

(3) 功能移植。很多的产品除了一些常用的功能之外，还有一些特殊的功能不被人知道，功能移植就是将一个事物的功能为另外的事物所用。例如，拉链，大家都只知道可以用在衣服、箱包等上面，但是张应天大夫将它用在病人的肚皮上面，在手术后短期内定期检查病人体内的组织，待病人康复后拆除，这样的措施减少了感染也减少了手术的次数。

(4) 结构移植。结构移植是将一个事物的结构形式移至另外一个事物。例如，有人将滚动的轴承用在机床导轨上面，从而使常见的滑动摩擦导轨变为滚动摩擦导轨，从而大大提高机器运转的效率。

7.3.5　组合创新法

组合创新法是指将两个或者两个以上的技术通过一定的手段组合在一起，从而产生新产品或新技术的方法。它主要有以下五种类型。

(1) 同物组合，即相同事物之间的组合，如产业集群、总部经济及企业集群等。

(2) 异类组合，指两种不同领域的技术或者思想之间的组合，它又有方法组合、功能组合和原理组合。①方法组合：将不相关的两种或者两种以上的方法组合起来，从而形成一种新的方法。例如，改变日光灯的波长，可以将其变成杀菌灯。②功能组合：将不同功能的产品组合在一起，从而使之形成多种功能的方法。例如，马路上的混凝土搅拌车就是将运输机和搅拌机结合在一起的效果。③原理组合：将两种或者两种以上的原理结合在一起，形成一个新的技术方法。

(3) 结构重组。结构重组就是指将原有系统中的结构要素相互结合以便形成一种新功能的方法。例如，美国卡里格卡图将螺线桨飞机的机尾稳定翼和机首螺旋桨互调，使这种新型飞机具有流线型机体和尖端悬浮系统等特点。

(4) 概念组合。概念组合是将两个或两个以上的词类或者命题进行组合。它包括以下几种组合。①词类组合：将更多的动词与选定的题目相结合，以便产生不同的效果。②命题组和：将不同的命题组合在一起。例如，命题一，发电机转动的条件是需要很大的力，命题二，刮风可以产生动力，那么将两个命题组合在一起就是风力发电，一种新的发电设备——风力发电机。

(5) 综合。综合指的是将大量先进的事物一起融合，以期产生意想不到的效果。例如，美国阿波罗飞船将人送上太空，并送回地面。阿波罗登月总指挥韦伯指出：“阿波罗飞船计划中，没有一项是突破性的新技术，关键在于不同技术的综合。”

7.3.6 列举法

列举法是将与创新有关的对象一一列举出来分析探讨的方法，它是基本的创新方法。

(1) 特征列举法。特征举例法是列举事物的特征和属性，以便产生新的方法和技术。例如，如果想对电风扇进行改进，便要分析它的网罩、扇叶、风量等，逐个进行分析。它的操作方法包括：①确定研究对象；②列举三个方面的特征，包括名词特性、形容词特性和动词特性；③对三方面属性的各项目提出可能的创新设想，引出新方案。

(2) 缺点列举法。缺点列举法是通过寻找产品的不足之处，并把这些不足之处记录下来加以改进。它的操作步骤如下：①确定对象，仔细观察事物的缺点；②详尽列出产品缺点；③将这些缺点进行归类，并寻找突破口；④对这些缺点进行分析、改进、并创造出新的事物。

(3) 希望点列举法。希望点列举法指的是以对此产品的期望为出发点，寻找新的方法，步骤如下：①确定对象；②提出希望点；③提出创新方案。

7.4 干中学的终身学习

7.4.1 在职培训

在职培训是指为提高在职劳动者的技术技能水平，由用人单位直接或委托其他培训机构对劳动者实施的培训，是对企业内部具有劳动关系的劳动者所进行的提高教育。同时，在职培训也是人力资本投资的重要形式，对已具有一定教育背景并已在工作岗位上从事有酬劳动的各类人员进行的再教育活动。

知名猎头烽火猎聘指出，我国在职培训主要采用在岗业余培训和离岗专门培训两种方式进行。在岗业余培训一般采用岗位培训、各种短期培训班、系列讲座、各类培训中心，以及电大、业大、夜大、函大和高等教育自学考试等形式。离岗专门培训的具体形式，通常有各类职业学院、职工大学，或者委托大专院校、科研机构进行代培等形式。

7.4.2 案例研究

案例研究指的是从现实出发，通过总结现实中个别案例，再在它的基础上进行分析、总结、得出结论，从而提出自己解决方案的过程。它的内容主要有五个方面。

(1) 案例设计。①研究目的。对研究的目的必须明确，这样才能在之后的搜集资料过程更有侧重，从而通过对以前相关研究的分析，提出更有意义的问题。②研究者主张。研究者的主张一般会主导这个研究过程，无论做什么，都要先提出一个主张。③研究对象。研究对象既可以是组织，也可以是个体。④命题逻辑和连接数据。在明确主张的前提下，才能更好地将理论假设和数据联系起来。⑤研究发现。研究者解释所提出的理论命题。⑥研究案例数量的选择。选择多少个案例进行研究？如果采取单一案例研究，可以包括：成熟理论的关键性案例、极端或独特案例、揭露式案例。

（2）选择案例。要根据研究什么和研究对象来选取案例，它确定了什么样的案例会对结果有意义。案例研究可以是多个案例。多个案例研究包括跨案例研究和案例内研究。前者是不同案例之间的比较分析，后者是单一的案例研究。

（3）收集数据。案例的数据来源有六个：①访谈，包括开放式、焦点式和问卷式三种；②直接观察；③文件；④档案记录；⑤实体的人造物；⑥参与观察。

（4）分析资料。在分析资料之前，分析者必须知道自己要分析什么，哪些先分析，哪些后分析，它包括两种。第一，根据理论命题。因为收集的资料是根据命题来收集的，所以在某种程度上，它会反应你应该先分析什么。第二，个案描述。自己构建一个分析框架，在理论命题不存在的情况下采用此法。

（5）撰写报告。案例研究完之后，由于其具有一定的灵活性，所以撰写报告并不拘泥于一定的格式。但是一般由以下部分组成：①描述背景；②描述和分析特定问题、现象；③讨论和分析；④小结与建议。

7.4.3 情景模拟

情景模拟（simulation）是指依据被测试者可能工作的职位特征，设定相似的工作环境，让被测试者身临其境，从而可以测试出他在今后工作中可能会遇到问题等一系列方法。

1. 情景模拟的方法

（1）公文处理测验，也叫文件筐，被测试者担当要被选拔的岗位角色。测试过程中，把这一角色会在今后工作中遇到的文件加工成文件筐让被测试者处理，这些文件包括业务往来信函、上级下发的文件和报告等，这些文件涉及的既有日常小事，也有经营决策大事，包括生产安全问题、资金周转不灵和市场开发问题等。这些文件要求被测试者在规定的时间内分析文件后拿出解决方案。最后，评价者对被测试者的工作进行检查，看看被测试是不是能有序地处理文件，是不是很好地协调下属工作，是不是能分清文件的轻重缓急，待这些做完之后，还要询问被测试者处理的思路及为什么要这么处理。

（2）无领导小组讨论。无领导小组讨论（leaderless group discussion，LGD）指的是参与者针对某一问题进行自由讨论，事先并不指定讨论组的领头人，但是评价者会观察被测试在整个过程中的表现，并对其进行评价，被测试者往往都是就当前比较热门的话题来讨论。讨论过程中，为了方便每个测试者都有机会开口，所以不会有很偏僻的问题，讨论的内容或者话题可以跟被测试者即将担任的岗位有关，这样能体现出专业化，不论讨论何种话题，最好该话题的讨论空间足够大，以便讨论者能够发挥，但作为评价者，必须具有足够的观察力。在观察的过程中，可以观察测试者的观点是否新颖，测试者怎样说服别人接受自己的观点、是否尊重别人等。

（3）管理游戏。管理游戏中，最常用的两种就是建筑练习和小溪练习。建筑练习有一个被测试者和两个辅助人员。这项测试要求被测试者筑成一个很大的木头建筑。

在练习中，有两个“农场工人”A和B，帮助被评价人员一起来建造。这两个工人A和B是测评中心的人员，就像许多社会心理学实验中的假被试一样，他们按照预定的目的和安排行事。A表现出被动和懒惰的特征，如果没有明确的指定命令，他就什么事也不干。B则表现好斗的和鲁莽的特征，采用不现实的和不正确的建造方法。A和B以各种方式干扰、批评被评价人员的想法和建造方案。这项测试可以考察被测试者的领导能力和他们的情绪稳定状况。从实际情况来看，几乎没有人能完成这项任务，他们有的不愿意接受别人的帮助，宁愿单独完成任务；有的则变得很烦躁；还有的甚至是放弃了该项任务。小溪练习是指给被测试者一根铁棒、绳索和木板等工具，要求被测试者将一个大岩石和粗壮的圆木运到小河的另外一边，这项练习仅靠个人力量无法完成，它可以考察被测试者的合作精神、组织协调能力等。

(4) 角色扮演。测试者在模拟环境中制造一些矛盾和障碍，要求被测试者在这个过程中去处理和克服它。情景模拟能帮助测试者了解被测试者更多、更全面的信息，而且能起到很好的预测作用，但是这样对于被称测试者的观察难度大，而且耗费的时间长。

2. 特点

情景模拟主要具有以下的特点。①针对性。情景模拟是针对有人员需求的岗位所制定的虚拟工作环境，测试者也都是对该岗位的匹配度较高的人员，所以它具有很强的针对性。②直接性。某市委宣传部给被测试者叙述一篇被抽取观点的，毫无次序的成文，让其提炼。这样的测试，可以很好地考察被测试者是否适合所需的岗位，所以它具有直接性。③可信性。因为模拟测试是以实际工作环境为依据，虚拟出来的场景，它主要在考察被测试者能否胜任该工作，这样的模拟更便于观察者了解被测试者担任岗位职务的素质，所以它具有更强的可行性。

7.4.4 行为示范

1. 行为示范法的定义

行为示范法是指给受训者提供一个演示关键行为的模型，然后为他们提供实践这些关键行为的机会。这种培训方法建立在社会学习理论的基础上，强调学习是通过两方面而进行的：其一，观察示范者演示的行为；其二，看到示范者由于使用这些行为而受到强化。行为示范不太适合于事实信息的学习，仅适于学习某一种技能或行为。有研究资料表明，行为示范是传授人际关系和计算机技能的最有效的方法之一。行为示范培训项目的开发包括明确关键行为、设计示范演示、提供实践机会及促使培训成果的转化。

2. 如何明确关键行为

开发行为示范项目的第一步是要确定如下三方面的内容。①那些由于缺乏技能和关键行为而没有被圆满执行的任务。②执行任务所需的关键行为。关键行为是指完成一项任务所必需的一组行为。③关键行为顺序。在行为示范中，各种行为要按照特定的顺序执行以完成一项任务，可通过确认完成某项任务所需的技能和行为方式来确定关键行为。

实施要点：①提供一些对关键行为的解释与说明；②演示能清楚地展示关键行为，演示过程中的音乐和场景不会干扰受训者观看和理解关键行为；③示范者对于受训者来说是可信的；④每种关键行为都放两遍，向受训者说明示范者采用的行为与关键行为之间的关系；⑤重新总结回顾一下所包括的关键行为；⑥提供正确使用关键行为和错误使用关键行为的两种模式。

行为示范法培训是一种非常有效的培训方法。能够让参与者比较好地领会到参与的目的，为他们创造了一个实践的良好机会，有利于员工在培训中学到人际关系的交往能力和特殊的工作技能。

关键术语

职业生涯开发　职业素养　能力开发　态度开发　职业资本　社会资本
创新思维　组合创新　终身学习　在职培训　案例研究　情景模拟

本章小结

本章首先阐述了个体职业素养的开发，包括职业能力、职业态度和职业资本的开发；其次，分析了个体社会资本开发内容与策略；再次，列举了创新思维能力开发的方法；最后，提出了职业生涯开发的终身学习方法。

复习思考题

1. 职业素养开发的内容和意义何在？
2. 职业资本与社会资本的区别和联系是什么？
3. 职业生涯开发中有哪些调适的技巧和方法？
4. 个体职业能力和态度开发的内容和方法有哪些？
5. 职业生涯中，创新思维能力开发的方法有哪些？
6. 职业生涯中，职业生涯开发的途径有哪些？

案例分析

同化计划——美国丰田公司

美国丰田汽车制造公司（简称丰田公司）的同化计划是个人组织化方面的一个典型案例。这个计划主要的目的是潜移默化地使丰田的新员工接受该公司的质量意识、团队意识、个人发展意识、开放沟通意识，以及相互尊重意识。这个计划为期四天，其主要内容可总结如下。

第一天：上午6：30开始，由公司主管人力资源的副总裁介绍本计划梗概，致欢迎辞，详细讲述公司组织结构和人力资源部门情况。用一个半小时介绍丰田公司的历史和文化，用将近两个小时介绍员工福利，然后再用两小时介绍丰田公司质量和团队精神的重要性。

第二天：开始用两个小时进行“TMM倾听方法——沟通技能训练”。在此过程中，主要强调相互尊重、团队精神和开放交流的重要性。然后，将这天其余的时间都用于讲解上岗引导的一般性内容，包括安全、环境、生产体系及公司图书馆。

第三天：开始又用2.5～3个小时进行沟通训练，内容是“TMM提问与反馈方法”。其余时间用于介绍丰田公司解决问题的方法、质量保证、事故通报与安全。

第四天：上午召开团队精神研讨会，主题包括团队训练、丰田的提案制度，以及丰田的团队成员活动协会。还要介绍一些作为团队成员的基本知识和技巧，如工作小组负责些什么，怎样作为一个小组共同工作。下午，专门进行防火及灭火训练。

如期完成四天的同化组织化活动后，参加活动的员工便潜移默化地接受了丰田的意识，尤其是它的质量使命、团队价值观、不断改进和解决问题的方式。这是赢得新员工对丰田公司及其目标和价值观的信仰的重大步骤。

思考题：

1. 丰田公司的同化计划开发了员工什么方面的职业能力？
2. 你觉得丰田公司的同化计划有哪些值得吸取的地方？
3. 你觉得丰田公司的同化计划有哪些需要改进的地方？

第8章 组织如何进行职业生涯管理

引导案例

微软国王——比尔·盖茨

比尔·盖茨，微软公司创始人之一，他与保罗·艾伦一起创建了微软公司，曾任微软CEO和首席软件设计师，并持有公司超过8%的普通股，也是公司最大的个人股东。1995～2007年连续13年蝉联福布斯全球亿万富翁排行榜首位。截至2008年，微软公司收入近620亿美元，在78个国家与地区设立了分支机构，员工总数超过了91 000人。比尔·盖茨在2008年6月27日正式退出微软公司，并把580亿美元个人财产尽数捐到比尔与美琳达·盖茨基金会，2011年，比尔·盖茨以560亿美元资产列福布斯全球富豪榜第二位。

盖茨出生于1955年10月28日，与两个姐姐一块在西雅图长大。他的父亲是西雅图律师，母亲是学校教师。比尔小时候就爱思考，一迷上某事便能全心投入。从外祖母循循善诱的启蒙教育到父母不辞辛苦地为他寻找适合他天分发展的社团与学校，无不为他天赋的发展提供了肥沃的土壤和清新的空气。外祖母特别喜欢和聪明的小比尔一起做游戏，尤其是涉及一些智力的游戏。她教少年比尔下跳棋，玩筹码，还有打桥牌等他所喜欢玩的东西。玩游戏时，外祖母总爱对小比尔说："使劲想！使劲想！"她也常常为比尔下一步好棋、打一张好牌而拍手叫好，外祖母还常常让比尔·盖茨读书，给他讲故事，比尔·盖茨从中受益匪浅。他在外祖母的帮助与指导下，成了兴趣广泛、废寝忘食的读者——读书成了他打发精力的好方式。他十分喜欢他家附近一个图书馆举行的夏季阅读比赛，他总得男孩中的第一，偶尔也会勇夺总冠军。外祖母意识到比尔·盖茨在思维与记忆上的潜力，总是不失时机地激活比尔这方面的潜能，有时祖孙俩到公园散步，外祖母常会与比尔·盖茨交流下棋的技术或看某篇佳作，让比尔寻找更新下法或表达更独到精辟的见解。

比尔·盖茨的父母也十分关注孩子的成长。他们在质朴的处世方式中，更多地关心孩子的成长与教育，他们在工作之余总是尽可能地与孩子们待在一起。一家人不断地进行各种游戏，从棋类到拼图比赛，几乎玩遍了所有的益智游戏。随着儿子年龄的增长，家庭环境已无法满足比尔·盖茨天赋的进一步发挥。小比尔有时会责备母亲智力不足！于是，父母把目光投向社会，积极为比尔寻找属于他的空间。在一次活动中，比尔·盖茨给班上准备一份报告——《为盖茨股份有限公司投资》。这篇报告几乎成了全家人的事，他的外祖母帮着弄封皮，连父亲也插手帮忙，气氛很活跃。

小学毕业后，父母在征求比尔·盖茨意见后，送他进了湖滨中学。在湖滨中学，比尔痴迷上令他今后倾注毕生精力的计算机。比尔·盖茨在湖滨中学读书时，常按自己的兴趣爱好来安排学习。比尔·盖茨在喜欢的课程上下功夫，学得非常棒，如数学和阅读方面。每次父母看到比尔拿回来的成绩单，尽管他们知道比尔在一些课程上会学得更好，但他们并没有拉下脸来责备比尔·盖茨。

中学毕业后，比尔·盖茨很想到哈佛大学去读书，这也正是父母们最大的心愿。幸好，比尔·盖茨的父母并没有像其他父母那样把孩子看作自己的私产，必须让孩子们来完成父母喜欢的事。经过冷静思考后，父母放弃了让儿子当律师的想法，让比尔·盖茨在大学领域里自由发展。这一点帮了比尔·盖茨的大忙。

1973年，盖茨考进了哈佛大学，和现在微软的首席执行官史蒂夫·鲍尔默结成了好朋友。在哈佛，盖茨为第一台微型计算机——MITS Altair开发了BASIC编程语言的一个版本。在大三的时候，盖茨离开哈佛并把全部精力投入与好友Paul Allen于1975年创建的微软公司中。“让计算机成为每个家庭、每个办公室中最重要的工具”的信念引导下，他们开始为个人计算机开发软件。盖茨的远见卓识及他对个人计算机的先见之明成为微软成功的关键。在盖茨的领导下，微软持续改进软件技术，使软件更加易用、更省钱和更有乐趣。如今每台个人电脑里面几乎都装有微软的操作系统。比尔·盖茨使个人计算机成了日常生活用品，并因而改变了每一个现代人的工作、生活乃至交往的方式。

思考题：

1. 盖茨的职业生涯为什么如此成功呢？
2. 本案例对组织职业生涯管理有什么启示？

8.1 组织职业生涯管理的内涵与功能

8.1.1 组织职业生涯管理的内涵

近年来，作为人力资源管理的重要组成部分，企业对职业生涯管理的重视程度日益提高，职业生涯管理包括两个方面：一是员工职业发展的自我管理；二是组织协助员工规划其生涯发展，并为员工提供必要的教育、培训、轮岗等发展机会，促进员工生涯目标的实现。组织职业生涯管理是指通过分析、评价员工的能力、兴趣、价值观等，确定双方都能够接受的职业生涯目标，并通过培训、工作轮换、工作扩大化等一系列措施，逐步实现员工职业生涯目标的过程。

企业的经营发展，除了满足组织本身对利益的追求；同时，也为生活在社会中的个体提供就业、实现职业理想和抱负的机会。组织和个人正是在这种相互需要、相互合作中，实现自己的价值，满足各自的需要，促进个人不断成长，使得组织能够长久经营。

图 8-1 表明了个人与组织职业生涯管理的关系与意义。

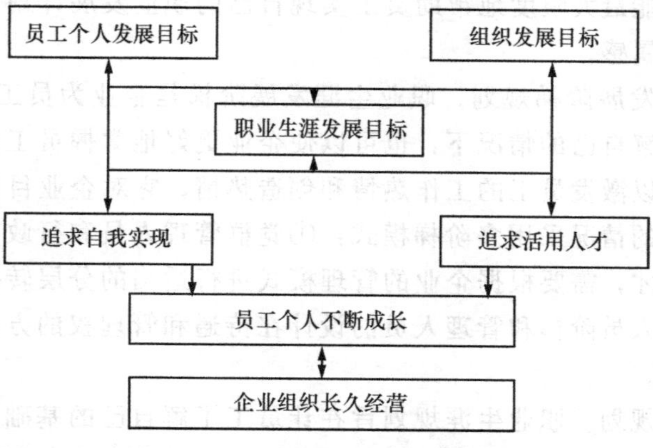

图 8-1　个人与组织职业生涯管理的关系

随着知识经济时代的到来，数字化、网络化等技术的应用，使管理发生了许多变化，特别是以实现数字化、网络化管理、虚拟式管理为中心的一些高新技术企业，管理结构扁平化，组织不确定性增强，使得员工的适应性相对原来变得更加困难。随着组织从传统型组织向学习型组织的转变，员工的能力将被最大限度的开发利用，如果职业生涯管理得好，员工就能及时地更新知识和技能来适应组织的变化，组织的反应速度加快，竞争力自然增强。所以，组织职业生涯管理可以提升组织的应变力和竞争力，能够改善企业的组织文化。

8.1.2　组织职业生涯管理的构成

职业生涯是指个体职位的变迁和工作理想的实现过程，它是个体一生的工作经历。员工职业发展与企业招聘选拔、绩效评估、工作分析、人力资源计划等关系密切。因此，组织职业生涯管理包括以下方面。

(1) 组织系统。组织系统包括公司的高层管理者、职业生涯委员会、人力资源部门和职业生涯指导顾问。①公司高层管理人员制定战略并指导实施；②职业生涯委员会一般由企业的高层领导组成，主要负责对有发展潜力的员工进行重点培养；③人力资源部门则是将企业资源充分利用，为公司的岗位培养最合适的员工，并为其制订未来的发展计划和晋升通道；④职业生涯顾问是由具有丰富人力资源管理经验和能力的人担任，也可以是企业或者行业中有卓越成就的人物担任。

(2) 职业信息系统。企业在已经制定出的战略和经营方针的基础上，预测未来可能需要的岗位和胜任该岗位的能力，然后通过网络向全体员工发布有关岗位的信息，包括人员变动、岗位设置和不同岗位的具体情况等。

(3) 职业生涯管理手册。职业生涯管理手册主要是企业、领导、员工在职业生涯开发中应该做什么，同时里面还有一份员工职业生涯关注问题的关系表。

(4) 职业锚理论的导入。每个人在职业发展过程中，都会根据自己的需要、动机、天赋等形成明确的自我认识。职业锚可以反映出个体究竟适合什么样的工作，个体所希望的工作环境、抱负和价值观。职业锚能帮助企业更好地了解员工想要什么，并站在企业的角度尽可能最大限度地帮助员工实现自己的职业发展计划，从而加强员工对企业的认同感和归属感。

（5）职业生涯发展阶梯规划。职业生涯发展阶梯是企业为员工设计的晋升方案，它可以使员工在了解自己的情况下，也可以使企业更好地掌握员工的情况。职业生涯发展阶梯的设计可以激发员工的工作热情和创造热情，它对企业目标的实现有重要影响。一般根据企业的情况采用多阶梯模式：①党群管理人员和行政管理人员阶梯。为了培养复合型的人才，需要根据企业的管理模式进行适当的分层转换。②技术专家人员阶梯。技术专家人员阶梯和管理人员的设计在待遇和管理权的方面，充分表现出员工技术水平的高低。

（6）职业生涯规划。职业生涯规划旨在让员工了解自己的基础上，为员工设计一条可以帮助其实现职业目标的通道，它是一个逐步展开的过程，能够使员工掌握新技能、养成好习惯和学习新知识。

（7）职业生涯阶段管理。职业生涯管理阶段的时期不同，特点不同，问题也不同。在不同的发展阶段，员工面临的任务不同，所以它的管理方法也存在差异。

（8）职业生涯开发。职业生涯开发要遵循个人、企业和社会协同发展相结合的原则，公开、公平、公正地开展职业生涯开发活动，为了让员工有均等的机会，企业在提供教育培训机会、任职机会和发展信息时应该公开标准和条件；组织制定战略和实施时，应该由实施对象和管理者一起制定、参与、实施和完成；职业生涯开发必须具体到什么时间段做什么事，要多角度和全过程评价，并将具体结果反馈给管理者，以便其能改正，更好地实现发展目标。成功的职业生涯开发能够帮助员工很好地平衡家庭、个人和工作的关系，达到三方面和谐发展，从而使员工更好地为企业创造价值。

（9）管理人员和员工公开研讨。员工和管理人员的公开研讨能帮助管理人员了解员工的情况，从而提高他们的管理技巧。员工公开研讨能够帮助员工通过利用职业信息系统，提高个人职业生涯的自主意识和参与意识。

（10）建立有效的责任机制。明确责任机制能帮助员工了解他们的责任和义务，充分调动员工的积极性，从而保证职业生涯开发工作的有序进行。

8.1.3 组织职业生涯管理的作用

企业从员工个人的职业发展需求出发，有意识地将之与企业组织的人力资源需求和规划相联系、相协调、相匹配，为员工职业上提供不断成长和发展的机会，帮助和支持员工职业生涯发展所实施的各种政策措施和活动，以最大限度地调动员工的工作热情，在实现员工个人职业生涯目标的同时，实现企业的生产经营目标和持续发展。因此，组织职业生涯管理无论对企业组织还是员工个人而言都具有重要而深远的意义。

（1）对企业组织的作用。对于企业组织而言，开展职业生涯管理可帮助企业了解员工的不同个性和职业需求等，盘点企业的人力资源的知识、技能存量，从而可充分利用本企业人力资源；也可帮助组织了解员工的现状、需求、能力及目标，调和它们同企业提供的职业机会与挑战间的矛盾，避免员工走弯路，从而动态提高人力资源配置的合理性；职业生涯管理还能深层次地激励员工，持久内在地调动员工的积极性和潜能，并培养起对组织的忠诚度和归属感；使员工与企业间建立长期的心理契约，从而增加现有员工队伍的稳定性。此外，职业生涯管理活动也能优化劳动力技能，提升企业人力资源的竞争力，提升企业的竞争力，从而使组织获得持续发展。

(2) 对员工个人的作用。对于员工个人而言，职业生涯管理包含开发的内容，通过培训、轮岗等活动可有效提高员工技能和素质，可实现自我价值的不断提升和超越，使心理成就感的追求得到满足；也可增强员工对自身职业环境、职业机会的把握能力，从而更加顺利地实现职业发展。通过开展职业生涯规划、咨询、测评等工作，还可使员工更加清楚自身的长处、短处及适合的职业发展方向；职业生涯管理综合考虑职业生活同个人事务、婚姻家庭等其他生活目标的平衡，帮助员工克服或避免顾此失彼、左右为难的困境，从而有利于更好地实现人生目标。

8.2　组织职业发展通道管理

8.2.1　职业发展通道的类型

在传统思维中，只有当上领导才能体现一个人的成功。因而在企业里，大多数员工都希望到管理岗位上，但企业的管理岗位总是有限的。企业不可能存在那么多的干部，那么应该怎么办呢？职业发展多重通道提供了一个好的解决方案，通过设立不同的发展序列，如管理序列、技术序列等，使每一个员工都能根据自己的特点选择适合自身发展的道路，从而避免千军万马过独木桥。

职业发展通道主要有四种类型：传统职业通道、横向职业通道、网状职业通道与双重职业通道。

(1) 传统职业通道，即纵向发展，是职务等级由低级到高级的提升，从而获得自身发展所需的经历。它的优点是直线向上，清晰地展示于员工面前，让员工清楚地了解自己必须向上发展的特定工作序列，但是在组织结构趋于扁平化的今天，传统职业通道所提供的晋升职位已大大减少，不能满足员工进一步发展的需要。

(2) 横向职业通道，即横向发展，指在同一层次不同职务之间的调动。这种横向发展可以发现自身才能与工作的最佳结合点，同时又可以积累各方面的经验，从而获得新的发展机会，尤其对处于职业中期的员工来讲，是一条行之有效的职业道路。

(3) 网状职业通道，是纵向职业发展的职务序列与横向发展的职务机会的综合交叉，它更现实地代表了员工在组织中的发展机会，减少了职业通道堵塞的可能性，可使员工晋升到较高职务之前获得丰富的经历和经验。

(4) 双重职业通道，主要适用于不想升迁到管理者岗位，只想在专业上获得提升的员工。例如，微软公司在技术部门建立了正规的技术升迁途径。

8.2.2 职业发展通道的设计

1. 通道设计原则

(1) 层次原则。通道设计层次原则是指在设计职业发展通道时，不仅要避免层次过多使员工晋升的激励不够，还要设计一定的层级，为员工提供较多的职业发展机会。一般来说，包括职业发展的层次为5～15层较为合适。

(2) 宽度原则。通道宽度是指设计的通道总的数量，它和管理幅度很相似。管理幅度要求每个岗位的管理幅度必须适当，不能太多也不能太少。如果职业发展通道过宽，会导致工作烦琐，效率降低；如果过少，则会导致岗位任务繁重。一般而言，企业内部的员工职业发展序列，以3～5种为宜，最多不能超过8种。

(3) 不破坏直线职权原则。员工得到晋升，说明员工对企业的贡献增大，为企业创造的价值增大，但并不表明员工在企业中的指挥与被指挥关系发生变化。在设计过程中，应杜绝多头领导、政出多门的命令和指挥关系。

2. 设计要点

(1) 合理设计职类、职等和职级。职类也被称为职业发展系列，它可以被分为行政辅助类、生产类、管理类等。一般会把每个职类先划分为3～4个职等，如初、中、高级；然后内部再划分职级，职级的划分根据职业发展序列和企业的不同而不同。

(2) 设计每一职等相应的内部任职资格。当员工的能力得到很大提高，我们便认为其可以晋升一个职等，但是如果进步比较小，可以晋升一个职级。设计职业发展通道时，应该表明每一职等和职级的任职资格，方便以后能对晋升的员工进行审查。

(3) 设计晋升速度适中的职业发展晋升办法。员工年度综合考核结果可以被作为员工晋升的依据。例如：年度考核结果为“称职”的占75%，累计三年晋升一级；年度考核为“优秀”的占15%，晋升一级；年度考核为“卓越”的占5%，晋升两级等。

(4) 设计出员工跨序列发展的管理办法。当员工初进公司时就应该确定自己的发展序列，有时企业为了培养员工的综合素质，也会让员工进行跨序列锻炼。如果员工想跨序列，企业也必须制定相应的方法。非管理序列间的跨序列发展，公司应该在资格符合的前提下，尊重员工的个人意愿，允许员工进入新的序列发展①。

8.3 组织未来继任规划管理

8.3.1 继任规划的功能

组织职业生涯规划的建立是保障组织持续发展的基础，但是组织职业生涯规划的落实才是关键，组织职业生涯规划落实的方式有多种，不同的组织可选择不同的方式。最常用的主要有继任规划、导师计划与职业生涯年度评审等。

---

① 申海波．员工职业发展通道设计的原则、要点及其配套改革要求．人才资源开发，2007，(10)：46-47.

继任计划也称为接班人计划，是为了保证企业内重要的岗位能有合适的人才任职，而对优秀人才进行培训和开发的制度和措施。目前，很多企业已把继任规划摆在重要的战略地位上，但是并非所有的企业都是如此。一个健康的组织会有自己的人才储备计划，不会等到企业内岗位出现空缺时才想到补充，那样对企业是一个很大的损失，所以应该事先制订计划，确保能及时地把与岗位匹配度高的人才补充到岗位上。继任规划应该成为每个企业的战略组成部分，并融入企业发展的远景规划。

组织继任规划建设的作用主要体现在以下方面：①继任规划可以确保在组织内有一批训练有素、经验丰富、善于自我激励的优秀人才接任未来的重要岗位；②继任规划可以有效地调整组织未来和现在所需的资源；③继任规划可以为组织的关键员工订立更高的目标，可以确保组织重要岗位都有称职的人可以继任；④继任规划可以帮助员工设定职业生涯发展道路，有助于组织吸引和留住人才；⑤继任规划可以改进组织内部程序，优化组织的产品和服务。

8.3.2 继任规划的要点

(1) 强化核心岗位人员。企业在实施继任规划管理时既要考虑到继任规划的收益性，又要考虑到继任规划的成本。根据“马特莱法则”，一个组织的生产效率和未来发展，往往取决于少数关键性的员工，即 20%的员工可以创造企业 80%的价值，因此20%的关键性员工是继任规划管理的重点。企业在实施继任规划管理时，不是针对全部岗位和个人，因为不现实也不可能。核心员工和岗位对企业的存在和发展举足轻重，是制订继任规划时首先要加以考虑的。当然，不同行业、不同公司甚至公司所处的阶段不同，对核心岗位和人员的界定也有所不同，这还要视具体情况而定。

(2) 完善规划档案系统。继任规划对组织发展至关重要，要处理好继任问题，必须建立和完善企业继任档案管理系统，并进行定期审查、调整修改、补充、监控和更新。该系统以岗位为中心，把继任培养者、核心岗位和核心员工当作重点，去定期整理、记录和存档，形成岗位和个人信息流，从而使继任规划管理正规化、制度化、日常化，使组织有目的有计划地对目标继任者进行培养和管理，从而提高他们的管理能力。需要指出的是，继任规划档案系统本身是一个不断记录核心员工或继任者改进状况的动态跟踪和绩效反馈系统。培养一个优秀的管理者，不仅需要投入大量的时间，还需要金钱和精力。同时还必须适时辅导和评估，让他们了解将来所继任的岗位所需要的能力，并朝着这个方向发展。

(3) 实施柔性培养方案。选择继任者必须根据岗位的不同和继任者能力的不同有所差异，而不能都沿用一个标准，这就是柔性。例如，财务和生产领域需要专业性人才，最好选用本部门员工做继任者。对于复合型岗位，如总经理岗位，则可以安排继任者在不同岗位进行锻炼，让他们积累经验，以便胜任以后的工作。柔性管理一方面需要继任者根据自己素质和能力，并结合岗位需求来培养；另一方面还必须考虑员工的自身需要，在培养继任者时充分关注他们的需求及其变化，以寻求最佳的激励效应。

(4) 推行工作轮换和工作扩大化。工作轮换可以帮助员工积累丰富的工作经验，或者更全面的知识，它可以在公司出现重要岗位空缺前实现人员储备。这种方式可以使员工对企业形成全局观念。工作扩大化为了使员工了解多样化的工作，扩大和丰富其工作，增加其工作内容。不管是工作扩大化，还是岗位轮换，都是为了增加员工的知识储备，同时也是人才储备计划的一部分，只有这样才不至于到企业出现空缺时手忙脚乱。

（5）设置助理岗位。助理岗位的设置能帮助员工获得核心工作的机会，在此过程中，核心员工给培养对象指导，让他们有学习的机会。这样可以帮助员工接触技术实务和高层管理，从而借此熟悉目标岗位的要求和内容。为了保证计划的完善，还必须建立绩效体系，对被考核者进行不断考核和及时指导①。

8.4 组织成长导师计划管理

8.4.1 成长导师的概念

导师计划是指组织中富有经验的、生产率较高的资深员工，对开发经验不足的员工进行指导。在大多数情况下，指导关系是由于指导者和被指导者具有共同的兴趣或价值观而以一种非正式形式形成的。

处于职业生涯晚期的员工开始总结自己的人生，可能有许多的经验和教训需要传授，而这些正是年轻员工需要学习的，导师计划让老员工觉得自己是组织中有价值的一员，同时还可使新员工更好地适应社会。

8.4.2 成长导师的作用

成长导师对职业生涯发展的作用有以下方面：①提携，支持初级员工的职业生涯发展，并与之建立相关的联系；②教练，教导新员工一些相关事务，对他们的工作绩效和潜能提供积极和消极的反馈；③保护，对工作和生活方面的问题提供支持，替一些新员工所犯的不可避免的错误承担责任；④展示，为新员工提供展示自己才能的机会，带领他们参加一些开阔视野的会议；⑤布置挑战性工作，为促进被指导者的成长和进步，安排一些工作以拓展他们的知识和技能。

8.4.3 制订导师计划注意事项

导师计划对职业发展有重要的作用，在运用这种方法进行职业生涯管理时，应注意以下问题。①要明确指导关系的时间不能太短。如果时间有限，有些员工在人生发展的关键期可能无处获得帮助。②要注意指导关系的性别构成。一般，同性别的人确立指导关系问题较少。③适当考虑员工的需要。大多数人喜欢找高级的同事做导师，但也有些人喜欢与没有经验的人建立关系，有些人甚至觉得与同辈、下属建立关系也有益于发展。④克服指导关系的潜在操作困难。同事之间存在着竞争问题，另外，时间分配也是问题。如果在开展这方面工作，可能职位差异大一些，工作更容易进行，

---

① 郑爱翔．继任规划管理．企业管理，2007，(04)：84-85.

而且成效更好。⑤不是任何人都适合担任指导者。指导者相当于教师，要求有一定的技术和能力。因而选择导师时应以人际交往能力和业务能力为基础，并对这种工作有愿望和兴趣。同时，导师也需要进行培训。⑥需要建立导师薪酬体系。导师对被指导者进行指导，是在完成本职工作的基础上花费了额外的时间和精力，如果没有相应的补偿，可能会影响导师计划的实施效果。

8.4.4　成长导师关系促进策略

促进导师关系的形成主要有三种策略：①建立一套正式的导师关系系统，将初级人员与高级人员配对，旨在支持初级员工的职业生涯发展；②对管理者和员工实施教育培训，使他们学会建立工作中的相互支持；③通过组织变革建立个人知识和人际技能，并促进指导过程的形成。此外，如果缺乏高素质的导师，可以建立团体辅导计划，即将一位导师与 4～6 位新员工分到一组。被指导者不仅可以向导师学习，还可以互相学习，从而共同解决问题。导师也可以帮助被指导者加深对组织的了解，引导分析自身经历，找到职业发展方向。

8.4.5　成长导师计划制订步骤

正式导师计划项目的实施通常要经过一些必要的准备，以使其程序科学化和制度化。在确定正式指导关系时，通常有以下步骤：①确定要建立关系的群体，邀请候选导师和被指导者，以确定配对标准；②收集双方资料，进行有效配对，包括职业目标、绩效记录、发展需求等；③安排双方见面，促进双向选择。提供活动目标、角色期望、员工支持服务，鼓励参加相关活动；④建立指导程序，定期向组织提供反馈。

8.5　组织职业生涯阶段评审

8.5.1　职业生涯评审的内涵

职业生涯评审是落实组织职业生涯开发与管理规划的重要环节和措施。通过这种方式可以使组织预计的职业生涯管理思路与员工期望的职业生涯前景相联系。评审中和谐愉快的气氛对达到预期的评审目标至关重要。实际上，职业生涯评审的优势和价值在于信息的直接交流：员工获得调整自己职业生涯所必需的信息，如他人评价、职务变动、培训安排等；上级获得与人力资源相适应的工作计划信息，比如员工愿望与反馈等。

除了有关个人可能的培训和晋升计划的决定外，评审最常用于发现员工的潜力。评审也可以对先期的员工岗位假设是否成立作出判断。

企业通过职业生涯评审可以达到以下目的：①使员工发现自己的缺点，并促使其改正；②满足员工想要知道别人怎样看待自己工作的愿望；③使员工能够无拘无束地讲述自己的才干、困难及愿望；④消除组织内可能存在的误解等。

8.5.2 职业生涯评审的方法

通常职业生涯评审可以是两人、三人乃至多人间进行，各种方式的特点不同。

1. 两人间进行

一位员工与其直线经理进行直接对话是最常用的做法。通过面对面谈话，互通信息、商议讨论、发表看法和提出观点，对工作结果进行评定，交换对实现组织目标的看法和愿望，从而建立起一种相互理解、相互信任的关系，形成新的心理契约。

2. 三人间进行

这种做法有时是员工和其上级管理人员共同期望的形式。员工希望他的直接上级和上级的上级同时在场，因为有两位上级在场，员工好像觉得更公正一些。这种形式可以促使上级采取行动，并信守他们的许诺。有时管理人员也喜欢这种做法，这样可以避免独自一人面对一个员工，以便利用自己上级的支持来平衡和解决可能出现的问题。

3. 多人间进行

它以小组形式进行评审，这样做可以使组内成员重视各自在团体合作中的贡献，也能使员工获得更全面、更广泛的信息。

职业生涯评审准备主要包括：①工作成绩与失误；②观念转变与能力变化；③成绩与失误的原因；④家庭和个人健康状况；⑤未来工作期望；⑥教育培训需求等。

直接上级对以上内容给予评价，特别是帮助其分析原因及明确未来安排，并传达组织高层信息。评审会谈结束后，直接上级应将会谈内容及时向上级汇报，并对未能解决的问题寻求答案，并及时反馈信息。

职业生涯评审需要特别指出：①士气需要鼓舞，谈失败需要勇气更需要策略，能够从失败中吸取教训与从成功中总结经验有同等意义；②工作方面与品行方面需要平衡发展。有的管理人员担任更高职务时，其最大的缺陷不是知识和能力，而是更高职务所要求的人格和品德。组织可以通过伦理教育，特别是通过成功者的示范效应来影响管理人员品德的发展，在年度评审会中也可以通过评价和鼓励实现积极的效果。

在职业生涯年度评审以后，组织可以通过各种方式获得各种角色（上级、平级、下级等）对员工职业生涯发展的反馈意见。通过对这些意见的反馈与整理，组织应结合员工自身的情况，对其职业生涯规划与组织继任规划进行调整。调整的重点在于根据修正后的职业生涯目标重新评价员工在管理、知识和能力方面的差距，调整与选择缩小差距的方法。

如果已明确将要发生职务变动，组织或个人应根据这一既定目标安排相应的教育培训内容；相反，如果近期内没有职务变动的可能，组织应认真考虑为员工建立新的工作目标，并根据这一目标安排相应的开发计划。

8.6 组织职业生涯管理的成功保障

8.6.1 信息保障体系

员工对企业的不认同在某种程度上是由企业管理者与员工之间信息不对称造成的；企业内的员工辞职，可能是缺乏沟通的缘故。因此，企业需要建立完善的沟通机制，加强组织内部交流。

(1) 建立开放的组织职位信息系统。职位信息系统公布一些必要的组织发展战略信息，在了解企业的发展战略信息后，人力资源部制定相应的人力资源战略来配合企业总体发展战略，这关系到员工对企业前景和发展的判断。如果企业内出现职位空缺信息，员工可以在第一时间了解，并作好相应准备。

(2) 建立员工电子档案系统。员工电子档案系统的建立是职业生涯管理的基础工作。员工个人信息系统包括个人气质、性格、能力、工作愿望和职业属性，工作愿望是建立在工作素质上的理想。

8.6.2 资源保障体系

(1) 组织机构保障。首先是加强人力资源管理机构的建设，建立健全相应的职业生涯管理机构，设定明确的目标，及时地沟通信息，协调整个管理过程，并明晰职权。

(2) 时间物质保障。企业进行职业生涯管理，仅仅是人力资源部门是不够的，必须要企业全体部门共同协助才能完成。为了企业成功和员工发展，从高层管理者到基层员工，通过有计划的晋升、职务设计和必要培训等，使他们早日实现目标。通过榜样示范作用激励员工，对全程参与职业生涯管理并取得进步的员工给予必要奖励，再将其事迹编制成册，下发给公司员工，以鞭策他人。

(3) 组织制度保障。对那些能对职业生涯管理起支持作用的辅助性活动给予足够的重视。职业生涯管理是现代人力资源管理重要的组成部分，它必须与人力资源其他的职能活动一起才能发挥最佳作用。人力资源的每一个模块都跟职业生涯管理息息相关。如果能把人力资源各职能与职业生涯管理结合起来，形成一个完整的体系，并将其有机的整理运营才能使员工与组织共同发展，从而实现双赢。[①]

8.6.3 人员保障体系

(1) 高层支持。从高层管理者到基层管理者都给予充分的支持。企业职业生涯开发可以最大限度地开发个人潜能，而且也是强化组织成功的一种途径。为了能更好地实现职业生涯管理，必须将他们的培养计划提升到战略管理的层面，使其与其他方面协调一致。一个职业生涯管理要想成功，必须与企业战略相结合。例如，阿莫科制造公司通过员工的职业生涯管理来提高企业利润，以及为企业的战略实施提供帮助。

---

① 周敏．国内企业知识型员工职业生涯管理研究．经济问题，2007，(12)：72-74.

（2）人员配备。高素质人力资源管理人员的配备。要使人力资源管理人员熟悉现代职业管理的方法、工作和理念，适当的培训是少不了的，这就需要相应的机构和人员配备。

8.6.4 制度保障体系

人力资源管理制度在外部环境的影响下，加上它更容易被社会文化因素影响，因而制度创新是突破的关键。

（1）树立以人为本、与时俱进的观念。它包含两种含义：一是企业树立以人为本的观念。人力资源战略是组织战略的重要组成部分，它可以使企业更好地实现人岗匹配，使企业在最需要的岗位得到最需要的人，而对员工而言，他可以根据自己的能力、兴趣、特长等来工作，将自己的热情带到工作中，给公司带来更多的效益。二是员工应该更新职业发展观念。职业发展是员工在不断实现目标之后，制定下一目标的过程。职业发展是企业和员工共同进步的过程，它们的外在表现是影响力提升和薪酬升高。

（2）建立职业生涯管理反馈制度。职业发展的目标并非一成不变，制订好职业生涯规划后，企业仍需加强对员工职业生涯规划实施的跟踪与辅导，允许员工随着岗位、层次和能力的变化和企业组织内外部环境的变化，对职业发展方向和路径作出调整，定期或不定期地对其工作进行反馈和评点，帮助其克服不足，最终实现职业发展目标。

关键术语

组织职业生涯管理　职业发展通道　继任规划　成长导师

职业生涯评审　资源保障　信息保障　制度保障

本章小结

本章首先阐述了职业生涯管理的内涵与功能；其次，提出了组织职业发展通道的设计；再次，分析了组织未来继任规划管理措施；复次，提出了组织成长导师计划管理，分析了组织职业生涯的阶段评审的意义与方法；最后，提出了职业生涯管理成功的保障。

复习思考题

1. 组织职业生涯管理的内涵和功能是什么？
2. 组织职业发展通道应该如何设计？
3. 组织继任规划是什么？有哪些功能？
4. 什么是组织成长导师？他有什么作用？
5. 组织职业生涯阶段评审的方法有哪些？
6. 组织职业生涯管理成功的保障有哪些？

案例分析

需求双平衡——3M 公司

3M 公司设有专门负责员工职业生涯管理的咨询小组，从 20 世纪 80 年代中期开始，该咨询小组一直向员工个人提供职业生涯问题咨询、测试和评估。公司通过采集职位稳定性和个人职业生涯潜力的数据，对其进行分析，分析结果用于内部人选的提拔。3M公司设有员工职业生涯管理体系，以使公司需求与员工需求达到平衡。该体系包括以下方面的内容。

(1) 职位信息系统。1989年，根据员工民意调查结果，3M公司试行职位信息系统。公司成立专题工作小组，包括人力资源部、一线部门及员工，进行为期数月的规划工作。

(2) 绩效评估与发展过程。公司各个级别和所有职能部门的员工都参与绩效评估与发展过程。具体做法如下：公司向每位员工提供明年用工意见表，在意见表中，员工填入自己对工作内容的看法，包括主要改进方向和期望值。在与主管就这份工作表达成一致后，该工作表就成为评估员工工作业绩的依据。当然，第二年，可以根据需要对工作表进行修改。年底进行绩效评估时，主管根据该工作表中确定的标准与实际工作情况对员工进行评估。

(3) 个人职业生涯管理手册。公司制定了职业生涯管理手册，并提供给员工。该职业生涯管理手册中概述了员工、领导和公司在员工职业生涯发展方面的责任。同时，该手册中提供了一份员工职业生涯关注问题的表格。

(4) 主管公开研讨班。公司组织公开研讨班，帮助主管了解所处的员工职业生涯管理环境，并对他们进行领导技巧方面的培训。该研讨班为期一天。

(5) 员工公开研讨班。该研讨班旨在对员工提供个人职业生涯指导。向员工强调自我评估、目标和行动计划的重要性，以及向员工讲述平级调动的好处和分享职位晋升的经验。

(6) 一致性分析及人员接替规划。集团副总裁会与各部门的副总经理讨论其下属管理人员的业绩情况和潜能，然后各层级管理者召开类似会议，并开展人员接替规划项目。

(7) 职业生涯咨询。公司向员工提供专业的个人职业生涯咨询，并鼓励员工主动去找自己的主管商谈个人职业生涯问题。

(8) 职业生涯项目。负责员工职业生涯管理的工作人员会在全公司推出根据员工兴趣开发的一些项目。

(9) 学费补偿。该项目报销学费和与员工当前岗位相关的费用，以及与某一工作或个人职业生涯相关学位项目的全部费用。

(10) 调职。公司为职位撤销的员工开设个人职业生涯过渡公开研讨班，为其提供具体的过渡咨询，并为解除聘用的员工介绍外部新职位。

（资料来源：中国管理传播网）

思考题：

1. 3M公司的职业生涯管理体系对员工的职业发展有何意义呢？
2. 3M公司的职业生涯管理体系有什么值得借鉴的地方？
3. 你认为3M公司的职业生涯管理体系还有哪些值得改进的地方？

第三篇 过程篇

第9章　如何解决职业生涯早期问题

引导案例

张敏的苦恼

张敏两年前毕业于某高校计算机专业，目前在一家IT公司从事潜在客户发掘、产品推介及客户维护等工作，这些都是与人打交道的工作，但也正是她最不擅长和最不喜欢的工作。虽然，目前她还没有找到满意的“下家”，但已萌生跳槽的想法。

张敏实际上比较擅长事务性和数字性工作，而且毕业时她学的专业方向侧重于计算机程序开发与设计。只是毕业那年考研失败才转而找工作的，当年就业形势不好，再加上自己又是女生，就抱着“骑驴找马”的想法到了目前这家公司。本以为即使是销售工作，但毕竟是IT产品销售，也算专业对口，而且招聘时公司人力资源部说公司内可以换岗，先在销售部门干着，有机会可以转到设计研发部。可这一等就是两年。

刚进单位时，整天与客户交流，并没有太多顾虑，但是随着工作的深入，她越来越觉得自己不适应这样的工作方式。现在每天想起工作就烦，更谈不上职业成就感和职业发展问题。两年来，张敏的销售业绩一直很糟，个人销售指标总完不成，这不仅直接影响其个人的收入，还拖累了整个部门的业绩，导致同事们对她意见很大，都说她是绣花枕头——中看不中用。这严重挫伤了她的自尊心。在公司工作的这两年让她从刚毕业时意气风发不谙世事的学生，转变成如今让人羡慕的职业白领，但她经历了太多的挫折和不得志，是该换个环境换种心情了。

思考题：

1. 根据案例提供的信息分析张敏的优势和劣势。
2. 如果要跳槽，张敏该跳到哪里去？什么样的公司才适合呢？

9.1　职业生涯早期的特点与挑战

职业生涯早期阶段是一个人由学校进入组织，逐渐“组织化”，并为组织所接纳的过程。处在这一阶段的员工，一般是由学校走向社会，由学生变成员工，由单身生活转变成家庭生活的过程。然而要经历这一系列角色和身份的变化必然需要一个心理适应过程，这既是个人组织化的过程，同时也是寻找自身职业锚的过程。处在这一时期的员工在心态上会面临“现实冲击”，或者感觉无用武之地，或者不被领导重视，又或者能力与企业所需格格不入。事实上，渴望被组织承认从而快速融入组织，渴望工作绩效能被组织认可，是这一阶段员工共同的发展要求。因此，他们非常看重绩效评价和职位晋升，而并不太看重工作的稳定性，如果自己的要求迟迟得不到满足，往往会产生较高的离职意愿[①]。

9.1.1　职业生涯早期的特点

（1）个体特征方面。从个体特征角度看，主要特点表现如下[②]。①进取心强与好高骛远的心理特征并存。进取心作为一种积极的推动力量，能够促使员工不断上进追求发展，给组织带来新鲜的血液。处在职业生涯早期的员工，有积极向上、争强好胜的心态，所以组织为了提高整个团队的士气和斗志要定期选择优秀的新人加盟，从而有利于提高生产效率。但由于年轻气盛争强好胜在职业工作上过度自信，有时难免浮躁和冲动[③]，经常高估自己低估他人，很少检查自己主观上的不足；工作一旦出现失误就怨天尤人，强调客观原因；缺乏基本的吃苦精神；在工作团队中不服气不认输，容易造成人际关系不和谐；对企业组织忠诚度不高，频繁跳槽，职业锚不稳定。②职业竞争力不断增强，具有做出一番轰轰烈烈事业的心理准备。具有远大的职业理想和抱负，初生牛犊不怕虎，成功的心理需求强烈。伴随工作年限的增长，他们对职业成功的信心不断增强，因为熟悉了工作环境、积累了工作经验并逐步提高了工作能力，所以决心做出一番事业而踌躇满志[④]。③家庭角色和职业角色的冲突并存。职业生涯早期是一个过渡时期，员工开始组建家庭，逐步学习调适家庭关系，承担家庭责任，从而给家庭和事业的协调发展带来考验。员工开始成家后，不可避免地需要处理配偶关系及抚育子女的任务。有时家庭和事业难免会发生冲突，家庭责任使员工自我意识逐渐削弱，家庭观念逐步增强，逐步学会与配偶相处。按照萨柏的生命彩虹图，处在早期阶段的员工会因为角色的增加而分散精力，不能在工作中全心全意投入，从而给工作带来负面影响；同时，家庭责任也会引起员工心理上的改变，自我意识逐渐削弱，家庭观念逐步增强；员工心理在家庭和事业双重压力下呈现出不稳定性特征。

（2）个体组织化方面。从个体组织化角度看，组织和个人相互考验和接纳并存。在职业生涯早期，员工刚进入组织，必须经历一个组织与员工相互适应与接纳的过程。个人组织化指的是员工受聘进入企业后经历的一个由自由社会人向组织社会人转化的过程。个人组织化需要一定的途径，企业应该创造条件和氛围帮助新员工学会如何在

① 姚远．基于职业生涯的企业研发人员开发研究．现代商贸工业，2010，(15)：159-160.

② 邓娅．浅谈企业新进员工职业生涯规划．现代企业教育，2006，(15)：12-13.

③ 王友平．职业生涯早期阶段的管理．技术经济，2005，(02)：8-10.

④ 李丽．新员工离职问题研究．北京：首都经济贸易大学，2007.

组织中更好地工作、相处、扮演好角色、接受组织文化，并逐渐融入组织。组织与员工的相互接纳是在职业生涯早期，员工进入组织，通过双方进一步认识与了解，从而达到认同，并获得组织正式成员资格。个体希望为组织作出贡献并在组织中获得发展，而组织则希望通过初期的工作来考察员工能否满足公司需要，能否给企业带来长期效益，能否为企业文化和制度所容纳①。

(3) 个体职业发展方面。从个体职业发展方面看，在员工确定职业生涯领域后，便开始接触该领域的知识和技能，并逐步尝试积累。由于身份主要是经验不足的学徒和新手，进入组织后，不熟悉周围的工作环境，不熟悉陌生的组织文化，因而需要逐步适应。此外，职业探索虽然作出了初步的职业选择，但还需要通过实际的学习和工作来验证是否合适，从而来进行调整和变更②。

(4) 个体心理方面。从个体心理方面看，自主立业意识增强与社会经历不足的现象并存。一方面，随着工作时间延长，他们逐步提高工作能力，积累工作经验，熟悉工作情境，对职业成功的信心不断增加，使员工成就意识不断强化；另一方面，由于社会经验不足，独当一面有一定难度。参加工作初期，一般是配合和支持其他有经验员工的工作，很少有机会独立担当某种重要岗位，但依赖是独立的前奏，经过学习和积累当工作经验，能力发展到一定程度，就应慢慢寻求独立，如果不能及时发展独立性，就会对职业生涯发展带来消极影响③。

因此，在职业生涯早期，个人选择合适的职业、进入合适的组织、适应组织的文化是关键。俗话说得好：良好的开端是成功的一半。在职业生涯初期，如果能够把握好自我，明确自己的能力、知识和经验，充分认识到自己的喜好和价值观，并选择合适的工作组织，职业生涯之路就会相对比较平坦，否则就可能多走许多弯路，从而影响职业发展④。

9.1.2 职业生涯早期的挑战

职业适应性是指一个人从事某项工作必须具备的生理和心理素质特征。它是由先天因素和后天环境共同作用而形成和发展起来的⑤。不论是新入职的还是刚刚晋升的员工，职业适应是每一个新员工都必须面对的问题。如果部门结构重组或职业发生变化都会对员工提出新的要求，即使工作不变同样也会面临职业适应的挑战。

(1) 理想与现实的落差。人们在工作上通常会有自己的理想和愿望——良好的发展、丰厚的报酬、规范的管理、知名的企业等。然而现实中这样的理想公司又有多少呢？特别是初入职场的新人，进入中小型企业工作是大部分人的去处。每个人进入职场前都会预期自己的职业，如机关工作比较清闲，朝九晚五升迁有望；教师职业人际关系单纯，工作稳定受人尊重。但随着时代的快速发展，职业变化也越来越快，具体

---

① 王友平．职业生涯早期阶段的管理．技术经济，2005，(02)：8-10.

② 邓娅．浅谈企业新进员工职业生涯规划．现代企业教育，2006，(15)：159-160.

③ 刘冰，郁晓燕．员工职业生涯早期管理问题．东岳论丛，2005，(02)：197-199.

④ 谭颋．论现代企业组织的职业生涯管理．成都：四川大学，2004.

⑤ 马力．职业发展研究——构筑个人和组织双赢模式．厦门：厦门大学，2004.

单位更是千差万别。有职业预期的人进入具体职业领域后会突然发现，实际工作跟他们预想的有差距，有很多始料未及的东西。很多时候不能完全按照预期的轨道发展，这种现实与预期的落差会使人产生失落感。人们容易有怀才不遇甚至产生择业受挫的负面情绪，可能对自己的工作有抵触情绪。个人对职业的评价和接受程度会在这种情绪的影响下大大降低，从而引发很多适应问题，甚至引起跳槽①。

(2) 难以获得信任和重用。新进入企业的员工，面对的是完全陌生的人员和工作环境，员工和企业彼此都缺乏深入了解，这样新员工很难在短时间内取得上司的信任。这种情况下，新员工最初接触到的工作往往是比较容易甚至乏味的，因为只有新员工真正了解公司运作的情况后，上司才会让其承担重要的工作。当然，在员工入职初期出现这种情况是可以理解的，但如果这种不信任的状态持续时间太长，就会抑制新员工的积极性和创造性②。

(3) 急于求成。工作积极、充满激情是新员工普遍的特点，因为他们都希望能尽快脱颖而出，更快地得到晋升走上管理岗位。有斗志固然好，但是幻想短时间做到优秀，并担任重要岗位，那就很容易受到挫折。事实上，刚入职时，新员工面对的是一个完全陌生的环境，上司最初交付的任务往往是简单乏味的工作，一旦急于求成很可能与成功失之交臂。

(4) 人际关系复杂。在人际关系上吃亏的现象屡见不鲜，许多人常常在踌躇满志时意外地马失前蹄。可见组织中每个人都要面对人际关系的问题，一不小心就会带来很多烦恼，让你深陷其中、黯然神伤。年龄与时代的差别使得新老员工之间不可避免地产生代沟。在企业中，老员工常常会对新员工持有种种偏见，会觉得他们自视清高、幼稚单纯、经验不足、好高骛远等。

9.2 职业生涯早期的个人管理策略

9.2.1 树立职业态度，学会为何工作

进入职业生涯前需要作好思想准备，首先要培养积极的工作态度。要培养积极的职业态度应该注意以下方面。

(1) 主动积极认知。认知是个体对客观事物的认识和理解。作为企业的准员工在进入企业时，应当培养积极的认知态度，努力加深对所选工作及企业的认知和理解，作好充分的思想准备，接受企业文化。对于自己所选定的职业，应当充满信心，只有兢兢业业努力工作，做出突出成绩，才会有发展前景；在充分认识自己选定的职业重要性和真心接受它的基础上，形成个人积极向上的价值观。

(2) 培养积极情感。在进入企业以前，无论对所选职业及其企业是否满意，都不应有消极负面情感，先入为主搞对立情绪，这样对于将来的工作和个人的发展，乃至个人身心健康都是不利的。尽其所能积极乐观融入企业是事业发展的法宝。

① 徐琳．提高职业适应性有妙招．软件工程师，2008，(09)：26-28.

② 李丽．企业新员工离职问题研究．北京：首都经济贸易大学，2007.

（3）树立积极意向。要有高度的责任感、事业心、进取心，要有忠于和服务于企业的观念，有做一名出色员工的信念。一个人如果形成了积极意向就会有利于个人职业目标的实现和职业生涯的发展[①]。

9.2.2 掌握职业技能，学会如何工作

（1）弄清岗位职责，明确工作任务。岗位职责是新员工进入企业必须要明确所承担岗位的职能、责任、权利与义务。接受工作时，一定要清楚任务目标要求和时间期限，从而避免工作过于主动而显得越俎代庖，或者不知道该做什么和怎么做而茫然不知所措。

（2）克服依赖心理，学会自主开展工作。依赖性强是新员工常有的，由于种种因素，新员工进入企业总是希望能够得到上司或老员工的指导或关照，缺乏独立开展工作的勇气。

（3）从小事做起，树立良好形象。刚进入企业的新员工，其工作表现如何对其未来发展影响较大。如果新员工给人留下的第一印象不好，以后想扭转就必须付出加倍的努力。有些刚毕业的大学生总认为自己有知识、有文化，只想干一番大事业，工作中一些零星的小事，认为自己不应该干，从而给人不踏实不卖力的印象，可能会失去发展的机会。

9.2.3 适应组织环境，学会与人相处

新员工在适应组织环境的过程中，需要注意以下方面的问题。

（1）正视企业现实人际关系。任何组织都有自己的企业文化氛围，并且形成了一定的人际关系结构，甚至是有缺陷的复杂人际氛围。例如，有的不思进取，有的拉帮结派，有的搬弄是非等。新员工面对这种处境，应有正确的态度，要正视客观现实，尽量避免介入人际关系上的是是非非。

（2）尊重上司意见，学会融洽相处。新员工进入工作岗位后，要尽快完成由学生到员工的角色转换，学会与不同性格的上司相处。现实中，领导者在性格、素质、能力、人品方面差别很大，有的开朗随和，有的内秀拘谨，有的严厉苛刻，有的宽容大度，有的懦弱无能，有的精明强干……新员工遇到任何类型的上司不应该表现出不满意、瞧不起、不在乎等情绪，而要设法与其融洽相处。与上司相处的过程中要把握好依赖性和独立性的关系。新员工要有虚心好学的态度，不畏困难，遇到问题多向上司请教和学习，这就是依赖性；与此同时还要有独立性，充分发挥自己的能动作用，积极热情认真负责地开展工作，主动解决工作中的问题，表现出自己的实力和对上司工作的支持。

（3）寻找个人位置，建立心理认同。新员工恰当的心理定位有利于争取上司的认可和同事的接受。如果新员工在工作团队中有承担的任务，要学会将自己的需要和才

---

① 王薇．J石油化工公司员工职业生涯规划研究．昆明：昆明理工大学，2008.

干与团队的要求结合起来，与其他成员和睦相处、团结协作。

9.2.4 正确面对困难，学会如何进步

对于刚参加工作的新员工来说，难免在工作中经常遇到各种障碍或困难，这时保持正确的态度是非常重要的，同时要逐渐学会克服困难的技巧。

第一，面对困难与障碍，不要心灰意冷畏缩不前。正确的态度、乐观的精神、坚韧的意志等职业心理和态度在很大程度上决定了个体未来的职业发展道路。

第二，在困境中学会如何进步。无论在工作还是生活中，个人也会面临同样的问题。我们应在履行承诺之前，看看企业为自己提供了什么样的选择。因此，这一阶段，很多东西都是不清晰的，进步标准也不明确，个人有什么样的动机、才干、个性和价值观，以及由此能带来的实效并不清楚。个人与企业在双方相互考察过程中，学会如何进步是非常重要的。而个人进步的关键则是出色地工作，为企业作出贡献，只有这样个人才会有发展前途。

9.3 职业生涯早期的组织管理策略

在职业生涯早期，员工心理上面临着“现实冲击”，建立他们的组织认同感，帮助他们快速融入企业是员工开发最重要的目的。团队协作能减轻新员工刚进入企业所遭受到的现实冲击，所以团队合作方式是这一时期员工个人与组织实现平衡的重要模式，通过团队价值来实现个人价值。因此，良好的团队合作必然会带来工作活动的高效。团队协作在员工职业生涯早期阶段可以有效衔接个人与组织，从而达到员工与组织的平衡。

9.3.1 应尽快熟悉新员工

新员工初来乍到对工作不熟悉而且往往缺乏实践经验，这时候上司应该多关心下属，针对下属的不足给予必要的指导，帮助下属熟悉工作并获得认可。作为管理者帮助下属取得工作成绩既是本身职责，又能融洽上下级关系，以便今后更好地合作。人与人相处都有一个适应的过程，上下级之间也不例外。好的领导能因人而异进行引导和教育，让下级乐于接受；差的领导则以自己的意志为转移，缺乏领导艺术，不考虑下属个性，工作一刀切，结果下属没长进，工作成效差。

(1) 对新员工进行心理测试。利用心理学工具对新员工进行性格、气质、兴趣和爱好等方面的测试，然后根据其心理特征开展职业生涯设计和规划。

(2) 对新员工进行岗位配置。岗位配置即具体介绍部门纪律、岗位责任、技能要求等，甚至具体事情的处理方式和方法，这主要由部门直接主管来完成。

(3) 对新员工进行上岗引导。即给新员工提供有关组织的基本情况，包括：与谁合作、工作时间以及工资发放等等。在多数组织中，上岗引导活动的第一部由人力资源专员来完成，主要介绍组织的基本情况，从而有助于减少新员工上岗初期的紧张不

安，以及可能的现实冲击。

(4) 向新员工介绍组织文化。帮助新员工理解组织文化，接受组织正确的价值观等。有些公司还举办减轻新员工焦虑感的讨论会。事实证明参加了讨论会的新员工比那些没有参加讨论会的表现要好得多①。

9.3.2 促进员工的社会化

新员工进入公司后，会面临许多问题和困惑，企业要真诚热情地去接纳每一位新员工，及时化解员工的困惑，从而有利于其快速适应新工作，增强企业忠诚度，降低跳槽率。员工与企业磨合阶段最重要的就是认同并接受彼此的价值观和道德标准，无论是现在还是未来，成功的公司都必须基于坚实的道德准则。公司的价值观是积累人才和留住人才的生命线。因此，上司也要尽快熟悉新员工，加强企业和员工之间的相互沟通。

员工的社会化离不开自身和组织的共同努力，除了员工自身努力以外，组织也应提供相应的帮助来促进员工的社会化，最有效的方式就是为新员工提供相应的培训。如入职培训介绍组织的概况、现状与发展历史、发展宗旨和目标，以及劳动纪律、劳动待遇等；实行师徒制，导师可以有效地向徒弟传递组织的价值观、行为准则等；适时表彰先进，让员工更好地了解组织的经营理念和价值观，从而使员工将自身价值观与组织保持一致。

9.3.3 引导员工自我评估

员工往往根据自己的兴趣和能力选择进入某一组织的某一职位，这时员工对企业的了解不够深入，选择带有个人主观色彩，因而职位有可能不是很适合。要做到人职匹配就需要企业引导他们进行客观的自我评估。在企业的引导和资源支持下，员工充分了解自身，增强评估客观性，从而达到个性心理特征与职业匹配可行性。根据职业定位企业可以判断员工职业成功的标准，职业生涯规划工作的开展更有企业经营发展，除了组织本身对利益的追求，同时也在为生活在社会中的人们提供就业、实现自己职业理想和抱负的机会。

9.3.4 支持员工职业探索

员工对自我的认识有一个探索过程。为了使工作岗位更加适合员工，组织应该提供各种职位空缺的信息，并进行广泛的传播，让感兴趣的员工都有机会参与这些职位的竞争，进而发现那些有潜力的员工。不论是专业技术人员还是管理人员，都不例外。

同一专业可以从事不同的职业，比如中文专业的毕业生可以做文字编辑、宣传策划、记者、秘书、播音员、教师、研究人员等。不同的岗位尽管需要一些共同的知识和技能，但又并非完全一样，比如，文字编辑除了需要中文知识外，还需要细心和美

---

① 王友平．职业生涯早期阶段的管理．技术经济，2005，(02)：8-10.

学素养；记者除了写作能力外，还需要比较强的人际沟通能力，还要喜欢变化的生活和具有一定的冒险精神；而教师则要求有较强的口头表达能力，以及喜欢和学生交往等品质。有一些特性可以在工作中培养，如专业知识和技能，但有些特性往往难以培养，比如细心、外向、冒险等。

9.3.5 帮助员工确立目标

在进入组织时，需要相马，一旦进入组织，就需要赛马。即使是一匹千里马，如果懒惰，也会落后；而一匹普通的马，如果勤奋，也能有出众的表现。

虽然能力可以测量，但组织更关心的是能力的发挥状况，即员工在岗位上的表现，特别是持久的表现。不论情境如何变化，有些员工始终能有优异的绩效，这种员工一定是能力比较强的，特别是在制度合理、公平的时候更是如此。

因此，在给员工确立职业生涯目标时，一方面要结合员工的绩效表现，另一方面还要适当地观察员工在工作以外的其他特点。从日常工作中我们可以获得与工作有关的表现，而工作之外的表现就要通过其他的方法获得，比如工会工作、集体休闲活动、工作外的交往等。通过工作内外的全面认识，可以使员工的职业生涯目标更加科学合理。

9.3.6 指导员工职业规划

很多先进企业的成功经验表明，企业实现人才战略目标的重要手段之一就是帮助员工规划未来职业生涯，使员工走上通往未来的“康庄大道”。因此，为员工规划职业生涯是企业留住人才和发展的必要途径。职业生涯规划可以提高员工自身素质，使他们看到未来发展的希望从而增强归属感，同时也使企业的竞争力得到提升。职业生涯规划不仅是员工谋求自我发展的个人设计，而且企业也应参与员工早期职业生涯规划，并通过文化、制度体系等辅助性措施给予指导，可以及时把握员工的职业发展动机，从而加强个体管理；在此基础上制订培训发展计划，挖掘员工的潜力和特长，开发员工的兴趣爱好，为企业与员工的持续发展创造良好氛围与条件，使员工真正安心于企业工作并发挥最大潜能。

企业指导员工早期职业生涯规划，其起点就是了解员工的职业发展规划，找到个人职业发展规划与企业理念、目标的最佳切入点。员工和企业是相互依存、紧密联系的利益共同体，每个员工的追求可能不同，也许是财富，也许是权力，抑或是工作的安全感，不管最终目标是什么，都会有自己的职业生涯规划。企业可以使用一些专业的测评工具去发现员工的个人特长，评估职业技能及了解职业倾向；同时可以建立职业发展辅导制度。

9.3.7 帮助员工职业发展

员工根据企业提供的信息进行SWOT分析，了解自己的优劣势、面临的机会和威胁，选择正确的职业生涯发展通道。企业有必要提供岗位需求信息、职业晋升通道等信息作为员工职业发展的客观依据。

在个人职业生涯中发展才是最重要的，晋升不是唯一的出路，这是企业应该灌输给员工的正确思想，因为随着组织结构日趋扁平化，企业中可晋升的职位将会越来越少。企业可通过工作轮换使新员工可以在不同岗位上积累经验，满足自身和组织发展的需要，为以后的晋升或工作丰富化打下基础。

9.3.8 开展职业发展绩效评价

企业应以职业发展为导向开展工作绩效评价，为员工提供阶段性工作轮换和职业通道。当员工发现企业重视职业发展时，会增强知觉上的认识，明白企业为了使自己有长期职业的考虑、有职业连续发展的意识，而帮助他们开展职业规划与管理等。从长期来看，主管人员向上级提供员工工作绩效评价的有效信息是十分重要的，意图提供不真实的信息而去保护直接下属的短期利益都是有害的。因此，员工通过工作轮换熟悉不同专业领域，能够更好地评价自己的资质和偏好，从而为未来职业发展奠定良好基础。

9.3.9 承诺员工契约兑现

企业开展生涯管理是一种建立心理契约的行为，意味着企业和员工彼此向对方作出在一定时期内合作的承诺，具备了一定程度的心理契约。企业对员工的承诺要综合考虑各方面因素，包括企业内外部因素及员工自身的因素，在企业能力范围内对员工适当承诺，尤其是在员工职业生涯的早期。不同的员工在晋升、轮岗、培训、平衡家庭生活与工作生活等方面有不同的期望，企业在选择时应有所侧重，对不同的员工选择不同承诺项目的组合。对于企业来说，应根据不同发展阶段管理模式的差异，适时采取不同程度的承诺，如果企业现阶段的管理模式与生涯导向的人力资源管理模式差距太大，在转变初期往往要采取低承诺决策；如果企业处于成熟的发展阶段、治理结构比较完善，属于风险小、稳定性大的行业，则可以作出较高程度的承诺。对于员工来说，如果员工受教育程度越高，越接近自我实现人，企业可以对其作出的承诺程度越高。

关键术语

职业生涯早期　社会化　组织化　职业规划　职业探索　心理契约

本章小结

本章首先阐述了职业生涯早期的特点与挑战；其次，提出了职业生涯早期的个人管理策略；最后，提出了职业生涯早期的组织管理策略。

复习思考题

1. 职业生涯早期的特点和挑战是什么？
2. 职业生涯早期的个体管理策略有哪些？

3. 职业生涯早期的组织管理策略有哪些？

案例分析

家政新秀——杨东平

杨东平 20 岁生日的时候，身上只有 1 元钱，还有一家刚刚创办了三个月都没有生意的家政服务公司。7 年后的今天，他的小蜜蜂家政公司已经在北京、重庆、贵阳、无锡等城市建起 37 家连锁店，还把生意做到了人民大会堂，承担着人民大会堂浙江厅、四川厅等 16 个大厅的定期保洁任务。

农村小伙杨东平没有很多成功人士的传奇经历，他没有上过大学。18 岁时，杨东平从当地一所高中毕业，后经人介绍到宜宾五粮液酒厂一个建筑工地做施工员。

在建筑工地做工时，每当完成工程，杨东平都要请人清洗外墙和建筑垃圾，但那些人往往做不好。杨东平从中看到了商机，在 1999 年 10 月，他辞去了建筑工地的工作，回到泸州创办了小蜜蜂家政服务中心。为了招到员工，他经常跑到大街上，看到穿着不讲究的人，就会上前询问他们是否要和他一起打扫卫生。因为作风“疯狂”，他时常被认为有问题，并终无所获。后来，他突然想到那些失去土地的农民，于是到村子里的生产队招到了 3 名员工。

人有了，客户呢？当时的家政服务对杨东平所处的泸州来说还比较陌生。为什么要花钱请人打扫卫生呢？当地的人们完全没有家政服务的概念。为了宣传，并不富裕的杨东平不得不在自己身上挖掘，再挖掘。没有钱印宣传单，杨东平就用复写纸，夜以继日地写了 3 万多份然后自己到各居民区挨门散发，杨东平常常累得晚上回到住处，不吃不喝躺下就睡。除了派发宣传单，他还在街上拉一条横幅，手拿扫帚和抹布站在街边，向人们宣讲自己公司的业务。尽管付出了许多努力，但是依旧没有客户。在最困难的时候，杨东平身上只有三毛钱，连回客户的电话都打不起，只能赊账。终于，挨了三个月后，在杨东平将要放弃的最后时刻，他接到了一笔生意，一家公司需要开荒。杨东平异常激动，虽然这是一笔赔本买卖，但杨东平欣然接受并很高兴。他觉得社会确实需要家政服务，自己选择的方向没错。

杨东平并非一味蛮干之人。在家政的道路上，杨东平开始想办法去克服层出不穷的困难。一个颠覆性的想法出现了：我要提供免费家政服务。

杨东平自己跑当地几家知名商场，说服他们打出了“购物满 300 元，赠送小蜜蜂家政服务一次”的优惠购物活动。又跑到当地晚报，向晚报订户赠送家政服务，条件是只需在晚报上发布“小蜜蜂家政免费为晚报订户做家政服务”的启事，并打上“选择小蜜蜂，生活更轻松”的广告词及联系电话——这对于商场和晚报都是促销的好办法。经过半个月的免费活动，杨东平有了一些零散的客户。半年后，杨东平和他的伙伴们一起免费做了 500 多家，其中的 200 多家成了他的长期客户。

经过长期不断的探索，后来杨东平摸索出了一套低价宣传的方法，送水公司的纯净水桶、电影票、公共汽车票甚至政府部门宣传单的背面，都贴上了小蜜蜂的宣传资料。小蜜蜂开始走出困境，打开局面。

2003年，小蜜蜂家政服务中心改名为小蜜蜂家政服务有限公司。公司做大后，麻烦也更多了，市场上开始出现伪劣的小蜜蜂宣传单。有些竞争者“免费”为小蜜蜂印发传单，版面内容与原版基本一致，除了虚假的联系方式，这给小蜜蜂的声誉造成了极大的影响。

不过，这些并没有难倒杨东平，他开始做更多新的开拓，又开办了泸州楷东环保科技有限公司，专销自己生产的清洁用品和防水材料。他还研制了一些洗手液、烟灰缸，在上面贴上“小蜜蜂”标识，送给各大高档场所，以提升小蜜蜂品牌知名度。

虽然取得了不小成就，但杨东平并没有满足，他甚至将脑筋动到了政策上。他看到国家重视“三农”问题，倡导建设和谐社会，而自己的工作正好迎合了这个大环境，于是主动与泸州市各县区劳动局联系，合作培养大批农民和下岗工人成为保洁员。这个行为让杨东平得到了当地政府的更多支持，他本人也先后得到多次表彰，现在还是泸州市的政协委员。

由于业绩突出，杨东平获得农业部、团中央颁发的“全国农村致富带头人”称号，颁奖仪式在北京人民大会堂浙江厅举行。领奖时，杨东平发现，地毯上有一些污渍未清除干净。他随后向人民大会堂管理部门提出由小蜜蜂公司清洁浙江厅地毯的设想，并愿意免费试做，因为效果突出，他先后又取得了人民大会堂16个厅的保洁任务，还承担了全国人大庐山休养所的定期保洁任务。

为了小蜜蜂的继续发展，杨东平开始考虑到全国各地去开加盟店，他还是首个采取家政行业连锁加盟的人。杨东平说：“现在我在全国有40家加盟店，我的目标是做1000个城市。”他希望通过菲佣的敬业精神来影响小蜜蜂的服务员们，实现服务1000个城市的宏伟目标①。

思考题：

1. 为什么杨东平可以把一个家政企业做大做强？
2. 杨东平是如何把不可能的业务变为可能的？
3. 杨东平是如何一步步成为优秀企业家的？

---

① 虞立琪．杨东平，带着“小蜜蜂”飞进人民大会堂．商务周刊，2006，(15)：69-71.

第10章 如何解决职业生涯中期问题

引导案例

小王该怎么办

“我现在的精神状态已经接近临界点了，再这样下去恐怕要崩溃。”

小王大学毕业后一直在一家外企供职。刚开始她在销售部做业务员，三年后调到市场部任广告主管，负责终端宣传的广告设计和制作。企业下设的专柜、专卖店经常要海报要得很急，所以常常要广告公司赶时间设计、制作。广告公司不时出现一些设计或印刷上的失误，她往往碍于情面没有及时纠正，结果遭到零售点的多次投诉。

一年后，公司又把她调到客户服务中心做文员。虽然工作比较清闲，但是小王的焦虑感和危机感越来越强。她知道广告主管的职位并不适合自己，而文员又不可能做一辈子，所以必须有所突破或尽快转型。小王尽管已经结婚，但她不敢要孩子。“我现在很害怕，因为女孩子其实就是那么几年的时间，男孩子还可以奋斗，但女孩子再过几年就要考虑家庭和孩子。如果这几年不能建立起事业基础，那以后真的就要被淘汰了。”

思考题：

1. 你认为小王应往哪里转？如何转呢？
2. 小王如果要去进修，她应该学什么呢？

职业生涯中期不仅是生命周期最重要的阶段，也是个人职业生涯最重要的时期。处于职业生涯中期的员工，既是社会的中流砥柱，又是企业的中坚力量，还是家庭的顶梁柱。由于任务繁、责任重、冲突多、压力大、易倦怠，所以如何减轻他们的职业倦怠感，帮助他们更好地发展，实现组织与个人的双赢，是组织职业生涯管理所面临的挑战。

10.1 职业生涯中期的特点与任务

10.1.1 职业生涯中期的特点

职业生涯中期阶段年龄跨度一般是25～50岁，这一阶段富有变化且充满不确定性，有可能成功，也有可能陷入职业生涯危机。

对于员工而言，他们在职业生涯中期具有以下特点。

1. 个人组织工作方面特点

职业生涯中期，个人职业能力不断提高，各方面都逐渐趋于成熟。①经验阅历丰富。人到中年，已经有了相当的生活阅历，具备处理人际交往和各种事情的技能经验；个人价值观更为成熟，事业心和责任心更强，逐步形成了沉稳、踏实和一丝不苟的工作作风；个人对组织有较为稳定的长期贡献，确立了在组织中的威信。②技能素养出色。个人进入职业生涯中期，往往成为组织的骨干，个人的创造能力和职业技能等都到了炉火纯青的地步，职业素养和职业道德也锤炼得完美无缺。③职业机会受限。人到职业中期后，会逐渐意识到职业机会随着年龄增长越来越受到限制，个人更加难以作出职业选择。在越来越多的新人成长压力下，个人会出现更强烈的职业焦虑和担忧，自身能力的难以继续提升，以及对成长空间的质疑导致“职业高原”的出现。

2. 个人家庭感情方面特点

职业生涯中期的个人都基本结束了单身生活，拥有了家庭和子女，并且子女逐渐长大并处于小学或中学阶段，工作角色和家庭角色出现较大冲突，经济负担较重，生活压力较大；孩子长大成人离开家庭后，面对“空巢家庭”，需要夫妇重新分配感情和家庭资源，重新学会处理家庭关系，同时可能面临父母与子女的交流障碍。此时，个人家庭生活的负担达到最高峰，上有父母需要赡养，下有子女需要抚育。随之而来的生活方式和家庭角色的变化，需要个人及时调整与配偶建立起来的关系，共担责任。处于职业生涯中期的个人在积累诸多阅历后，开始意识到生命的脆弱和个人快乐的重要。部分人还会经历父母或朋友的离世，从感情上加深对生命和家庭意义的认识。人到职业生涯中期后产生焦虑不安的心情可能影响到个人的家庭生活及与家人之间的关系。

3. 个人生理机能方面特点

从生理机能方面看，步入职业中期虽然精力依然旺盛，工作劲头很足，但生病的概率却在悄然上升。部分人还会因为长期的工作习惯形成职业病。例如，教师常年伏案工作而出现颈椎病；交通民警长期受马路粉尘侵害而患呼吸道疾病等。这种生理机能的变化会给个人带来一定的影响，因病而不得不推迟工作安排、取消预约的访问。更重要的是很多人变得脾气暴躁、缺乏耐心，身心的疲惫严重干扰了正常工作的开展。会因为自己无法控制情绪而出现懊恼和后悔等不良情绪，也会对自己失礼的行为感到不安和痛苦。

有调查研究表明，现在许多老年性疾病都已经提前，如高血压、高血脂、冠心病、偏头痛等疾病大都在35～40岁人身上发现。35岁以前是健康期，35～45岁为疾病形成期，45～55岁为疾病爆发期，而65岁以后则为相对安全期。调查发现，中年人的发病率正急速增加。大多数的中年人死亡的病因主要是癌症、心血管疾病和脑血管疾病，占比为81.51%。同时，这一比例还高于老年人的发病比率。总体而言，人到中年后要重新审视工作和家庭、成就和健康的关系，反思自己以往的工作习惯和工作价值。

10.1.2　职业生涯中期的任务

职业生涯中期是一个时间长、变化多，既有事业成功，又可能引发职业危机的敏感时期。成功或是失败，很大程度上取决于这个时期里员工的个人选择与所面临的职业生涯任务。根据不同的分类标准，不同员工会有不同的职业生涯任务。

1. 以职业生涯中期的经历阶段为标准进行分类

若以职业生涯中期经历的阶段为标准进行分类，可以分为稳定阶段和危机阶段。处于稳定阶段的员工一般是25～35岁。此阶段的员工具有较强的工作热情和积极性，其主要任务如下：①选定一项专业或进入管理部门；②保持技术竞争力，在自己选择的专业或管理领域内继续学习，力争成为一名专家或职业能手；③承担较大责任，确立自己的地位；④开发个人的长期职业计划，而处于职业中期危机阶段的员工一般是35～50岁。长期的工作会渐渐打消其工作的热情，并可能产生消极怠工、敷衍工作等现象。为了改善此类现象，则此阶段的员工的主要任务应该如下：①客观评估自己的工作进步、职业抱负及个人前途；②接受现状或者为争取看得见的前途作出具体选择；③建立与他人的良师益友关系。

2. 以职业生涯中期的管理主体为标准进行分类

若以职业生涯中期的管理主体为标准进行分类，可以将职业生涯中期分为个人职业生涯中期和组织职业生涯中期。个人在职业生涯中期中的任务主要如下：①保持积极进取的精神和乐观的心态；②面临新的职业与职业角色选择决策；③成为一名良师，担负起言传身教的责任；④维护职业工作、家庭生活和自我发展三者间的均衡。

组织在职业生涯中期中的任务则有两个方面：①遵循互利双赢、双向沟通、因人而异、重点管理和动态调控原则；②组织应当适时施行相应的管理措施，帮助员工自我实现，如提拔晋升、工作轮换、挑战安排、良师角色及改善环境等。

总的来说，个人应该：①保持积极进取精神和乐观心态，及时“充电”更新知识，以满足工作需要；②适时进行职业角色的决策分析，看看自己是否有必要进行职业轮换或者提升，对早期职业生涯重新评估，以强化或转变自己的职业理想，重新选择职业和生活方式；③面对家庭和工作的冲突与矛盾，应该寻找自我均衡点，平衡家庭与事业；④慎重估计自己的工作动机，开始意识到个人的职业锚、才干和价值观，依次决定要达到的职业化程度；⑤适时解除自己与良师的关系，准备成为他人的良师；⑥就接受现状或争取晋升方面作出适合自己现阶段发展的选择。

10.2　职业生涯中期的危机管理

10.2.1　职业生涯中期的危机识别

职业生涯中期是个人职业生涯周期中最重要和最关键的时期。一般而言，进入该阶段的员工大都已丢掉了年轻时不切实际的幻想，通过重新审视和评价自我，有了明确的职业目标，积累了丰富的工作经验，逐步走向职业发展的顶峰。此时，个人生活、职业周期和心理状态呈现出明显的阶段性特质，容易产生职业生涯中期的危机。在此期间，由于工作繁忙、压力大、任务重、角色多重及角色交错等，他们会对远离年轻感到恐惧，会为事业难以再有突破而感到失落，对事业和家庭的平衡感到力不从心，渐渐变得心事重重，多愁善感；对年轻一代人的进步，感到羡慕却心有余而力不足。再加上职业高原、生涯危机、工作家庭冲突等，他们可能变得烦躁而不能专心于工作，无法好好地生活。但是如果能保持良好的心态去积极地面对，可能会顺利度过；如果深陷其中长期无法自拔，就可能会停滞不前，甚至走向极端①。

1. 工作危机

在职业生涯中期阶段，由于个人不同角色的交错运行，人们面对的环境充满变数，个人自身的心理及身体等也会随之改变，导致员工容易出现职业问题，形成职业生涯中期危机。

（1）缺乏组织认同和职业认同。如果员工找不到自己的“职业锚”和“服务域”，就会陷入不被组织赏识的失落中，在企业中业绩平平、处于默默无闻的境地，可能导致员工对工作本身失去积极性，无所事事而计较报酬和工作条件，降低工作效率甚至影响组织的整体工作氛围。

（2）现实与理想不一致。理想与现实的差距一直都存在，在职场中也不例外，当人们在组织中工作了很多年，发现与自己的职业发展规划不相一致，工作也并未取得所期望的成就。长此以往，就会慢慢变得消极，不再积极进取而是得过且过，缺乏生机和活力，或者将重心转向家庭和个性发展，注重个人业余兴趣爱好、社交关系，甚至出现冒险行为。

（3）职业环境的不适应。员工进入组织如果不能适应工作环境也是危机的原因之一，职业环境不仅包括生产车间的照明与噪声程度等硬件环境，还包括管理环境、企业文化等软件环境，这些都会对员工的精神面貌、工作效率产生影响。

（4）应对变化的能力不足。科学技术日新月异的时代，社会转型、组织变革等不断冲击着员工的适应能力。要应对这样的发展变化，员工也要引进新的思考方式，让自己的内心更丰富和坚强，不断学习用新的科技成果来提高工作能力与效率，增强自身的可雇佣性。否则就容易思想僵化，被时代淘汰，自然会形成生涯的困境。

（5）人际关系欠佳。一个人的权力和影响力很大程度上决定了其职业生涯是否成功，而建立稳固和谐的人际关系对此至关重要。同时，良好的人际关系也是晋升的重要手段和途径，良好的人际关系能提高你的倾听和交流能力，能拓宽你生活的视野，让你能把握周围事务的动态，这些都有利于职业发展。反之，人际关系的不和谐则会影响职业生涯的发展。不合群、冷漠甚至喜欢占便宜是人际关系不佳者通常的表现，他们会有较重的本位主义因而无法与别人融洽相处。

---

① 艾雄进．从陈琳之死看职业生涯中期危机．人力资源管理，2009，(12)：82-84.

(6) 工作压力太大。当今的人们经受着越来越突出的压力考验，如职位变化、单调重复、难以发挥所长、难以施展抱负、无法提升能力等的心理压力。不同年龄员工压力源的侧重点不同，年纪大的员工的压力可能与经济基础、专业发展、婚姻、家庭生活等有关。而年轻员工的压力可能与工作环境适应性、专业能力、个人成长、人际关系、经济收入有关。

2. 家庭危机

人的生命空间由四个生命周期组成：自然生命周期、职业生涯周期、家庭生命周期、社会生命周期是构成人的生命空间的四个部分。步入职业生涯中期的人不可避免地要面对组织与社会的客观工作环境、婚姻家庭状况、子女教育及其他任务。在这些任务中经常会出现工作和家庭之间的冲突，人到中年要承担上有老下有小的家庭责任，同时个人职业生涯发展任务繁重。

不同生命周期相互影响最为明显。四个生命周期相互作用和影响在职业生涯中期表现最为突出，各方面的平衡越来越难，因为人的时间和精力都是有限的，投入到自我发展的时间越多，相对地给予家庭或者其他事情的时间就越少，天平长期偏向工作超过了一定限度就会影响家庭的利益，家庭生命周期良性运行受到阻碍就会影响生命周期及职业生涯周期的运行，反之亦然。因此，保持各个生命周期之间的平衡尤为重要。

3. 心理危机

在职业生涯中期，人们的家庭环境、职业环境及身心状态都会发生变化，个人心理特征也会随之变化。

首先，对于职业生涯中期的员工来说，特别是人到中年之后，回首过往会发现梦想和实际成就之间的差距，自然会对曾经的职业选择产生怀疑，有人也许会重新评估、审视自己目前的工作，作出新的职业选择；有人或许会寻找某种业余爱好，作为一种心理补偿。

其次，孩子长大成人、独立成家以后，家庭结构就会产生变化，中年人不再需要抚育子女，经济负担减轻了，子女独立后夫妻也必须重新分配感情，时间和精力也会更充裕一些，日常活动也有所改变，这一系列的变化可能导致职业生涯中期的员工重新评估职业目标。

最后，随着年龄的增长人们会逐渐意识到时间是有限的，人生那么短暂一晃就过了大半辈子，深感再没有那么多时间来完成未竟之业、实现自己的抱负。人到中年后期逐渐会意识到随着年龄的增长，职业机会也越来越受到限制，在金字塔式的职位结构中，越向上职位越来越少，重新作出职业选择很难；年龄越大竞争力就越来越差，找到适合的职业岗位机会越来越少，职业转换的成本风险很大，自然会犹豫、焦虑与不安。

10.2.2 职业生涯中期的危机原因

(1) 家庭因素。职业生涯中期是家庭关系最复杂多变的阶段。这一阶段，员工上有老下有小，员工在家庭中的责任重大，既要抚养、教育子女，又要在经济和感情上承担赡养老人的责任，还要处理好夫妻之间的感情，同时，要为子女自立门户作好经济准备和角色变化后的心理准备。员工要付出大量的精力去处理好这些家庭关系。另外，家庭经济义务的履行也需要员工有稳定、可观的收入来源。员工会更加关注组织的薪酬福利，工作创新和自身知识更新的精力就会减少，员工价值相对贬值，从而阻碍员工业绩水平的提升。

(2) 组织因素。①“金字塔”组织结构的限制。传统的金字塔结构管理幅度小、层次多，从下往上各层级的人数递减，基层员工人数最多，中层管理者人数较少，顶部决策者人数最少，因而员工越往上晋升机会越小。②组织结构扁平化趋势。随着时代的发展，组织结构将会逐渐朝扁平化发展，因为相对于“金字塔”式结构，扁平式结构精简了管理层次，很好地解决了等级式结构中存在的层次重叠和冗员等弊端。但企业若采用扁平式结构就势必会裁减冗员和减少管理层级，最直接的是会减少中层管理人员人数，使一部分员工失去晋升的机会。

(3) 个人因素。在知识经济时代，知识和技术以惊人的速度在发展变化，为了适应技术和市场需求的变化企业也必须与时俱进，员工作为企业的成员也要坚持学习，不断提升自身价值。如果跟不上时代发展的需要，员工的知识技能老化之后就很难再满足企业的要求，使自己的晋升通道受阻甚至可能被淘汰。而处于职业生涯中期的员工，家庭负担重而减少了对自身成长的关注，或是生涯早期过分投入工作，没有及时充电更新知识提高技能，这些可能造成知识技能老化。

10.2.3 职业生涯中期的危机预防

在职业生涯中期，各种问题和矛盾比较集中，很多人只是疲于应对眼前的压力，而很难有精力去预防未来危机的发生，缺乏危机防范意识。防患于未然当然是最有效的方法，对于职业生涯中期可能出现的危机，我们可以从以下几个方面去加以预防。

(1) 保持乐观向上的心态。职业生涯中期是人生的一个关键时期，个人要同时面对诸多问题和生命周期运行的变化，所以容易出现职业生涯中期危机。不同的人对危机所作出的反应是不同的：对于那些乐观向上有信心的人，他们劲头十足，能够把握晋升机会，从而成为职业中的稳定贡献者。危机可能会带来压力，但同时也酝酿着转机，员工如果能保持良好的心态，正视现实积极寻找解决问题的方法，就可能会有新的机遇，从而实现职业生涯的跨越式发展。

(2) 确立信念。正确而坚定的信念会对人起积极作用，每个人都应有自己的人生理想，你想成为怎么样的人完全掌握在自己的手中。比如立志成为优秀的职业经理人，在这样的信念的指引下，经过自己的努力就会成为一名优秀的职业经理人。神经语言学已经证明信念和暗示具有一定的影响作用。

(3) 设定目标。目标是人生的指南针，它指引着人努力奋斗的方向，没有目标的人只能随波逐流，永远无法到达理想的彼岸。成功的员工往往对自己的去向很清晰，并为自己设置切实可行的目标，然后向着这些目标坚持不懈地努力，最终实现自己的目标，并且收获充实的生活。不合适的目标会起到相反的作用，那些将目标定得过高的人，容易承受较大的压力，反而因为目标的难以实现产生自怨自艾或愤世嫉俗的情绪；但是目标定得过低，不需要付出太多就可以轻松达成，又会失去奋斗的动力。

10.2.4　职业生涯中期的危机控制

(1) 选择新的职业与职业角色。经历了较长时间的职业工作，个人到达了职业生涯中期，当人们审视自己走过的职业生涯时，可能面临着新的职业与角色选择，他们需要根据自身的目标和价值观，转变角色模式，选择新的角色。或通过培训进入新领域，改变职业角色；或去新的组织寻找新的职业角色；或在组织内部寻求新的发展机会；或在原岗位上，不断精益求精成为某一领域的骨干或专家。

(2) 应对挑战。员工在企业中面临着来自各个方面的挑战，企业并购、组织变革、新技术的运用、新产品的开发、新员工的压力及同事的晋升加薪等，都会对自己形成压力。因此，员工要不断学习，要与时俱进，勇于接受挑战。

(3) 接受新信息。在现代社会，信息对于组织和个人来说都是一个重要资源，影响着个人职业生涯发展。生活在信息时代，员工应加强处理信息的能力，尤其是如何接收、处理、储存与传递与自己专业有关的信息。要通过多种信息渠道（如专业书刊、专题演讲、研讨会或培训）丰富自己的知识体系。

(4) 管理好时间。学会和时间做朋友，时间是人的一生中最稀缺、最宝贵的资源，谁抓住了时间就等于拥抱了成功。一个人如果能能充分利用时间，每天按照设定的计划执行，不但可以提高时间的边际效益，也收获了好的工作业绩，每一天都在向成功靠近。

(5) 有效的沟通。我们的工作每天的工作有 70% 是沟通，沟通无处不在，但是并不是所有的沟通都是有效的，有效的沟通需要掌握一些技巧，遵循沟通的特征。沟通的双方首先要有诚恳的态度，要善于倾听、积极反馈和适当运用非语言沟通，通过明确的方式有效传递自己所要表达的信息，这样才能创造良好高效的沟通。

(6) 调适工作压力。中期员工会面临来自企业、部门、同行、同事、家长，以及自身的人格特质、职业角色与身体状况等方面的压力。压力如果适当有利于激发员工的潜能，提高工作效率；但压力过大就会造成员工身心不适，反而影响正常的工作和生活。所以员工应了解压力的来源及其程度，善用各种方式（如自我放松、自我激励、管理时间、锻炼身体等方式）释放自己。

10.2.5　职业生涯中期的危机转化

职业生涯中期阶段的危机转化，我们可以从以下几个方面去做。

(1) 快速适应有效决策。假如你站在正确的道路上，如果没有跟随潮流而是站着不动，迟早会被撞倒。所以处理危机也是一样，要迅速作出反应，提出解决办法，毕竟危机不等人。

(2) 成为专业化员工。员工要明白，只有努力成为企业的核心，才会更容易获得晋升和加薪，所以要在日常的工作中不断开发自身能力，使自己成为业务上的骨干①。

(3) 维护职业工作、家庭和自我间的均衡。在职业生涯中期，工作、家庭和自我事务的三个周期相互影响、相互制约，正确处理三个周期之间的关系，求得三者均衡。首先，重估自己的职业锚和贡献区，现实地看待自己的职业表现和业绩，重新思考自己的成功标准和目标定位等，然后对人生进行重新定位。

总之，在员工职业生涯危机管理过程中，危机的预防是经常性的工作，是基础；危机的识别，是危机管理的前提，而危机的控制与转化是危机管理的关键；危机的预防是为了避免危机的出现，危机的识别为危机的解决提供有效信息；危机的控制和转化，是危机管理的目的和结果。员工步入职业生涯中期之后，出现危机是不可避免的。但是，我们要尽量地避免它，遇到危机，我们要接受和管理它。要综合各方面的因素，妥善处理工作、家庭和自我事务三者间的关系，求得三个区间的适当均衡，调适各种矛盾与压力，开发与利用自己的人力资本和社会资本，更好地实现自己的职业理想。

10.3 职业生涯中期危机的管理措施

职业生涯中期是员工职业生涯发展的重要阶段，职业高原现象多发于这一阶段，容易让员工产生心理危机。职业高原现象会危害员工和企业的发展。因此，加强对职业高原的管理和缓解员工的心理危机，是企业实现自身发展目标的必经之路。虽然我们不能完全避免职业生涯中期危机的负面影响，但是员工本人和企业的管理者，都要致力于防范和减少职业高原现象。

10.3.1 员工的职业中期管理策略

(1) 转变观念，认识调整自我。首先要对自己所面对的职业危机类型有个明确分析。若是不可避免的职业，则首先应该接受现实，用积极的心态调节自我；若是感到工作内容缺乏挑战，则可选择富有挑战性的工作。大部分人都期望能得到组织和社会的认可，他们注重自我价值的实现，并选择能激发自己兴趣的工作，把战胜困难视为体现自我价值的方式。

(2) 不断充电，强化自身技能。在信息爆炸的社会，越来越快的发展节奏要求个人必须不断提高自己的专业知识、技能与技巧，这样员工才能在以后职业发展中获得更多的发展机会。在工作中，不断提升自我职业技能是一个不错的选择，寻找各种机会不断进行职业培训，提升自身职业素养，主动去承担挑战性工作激发自己的潜能；利用工作之余，不断学习新的知识和技能，丰富自己的职业素养，为以后的职业发展

① 江历明，赵森，马俊．员工职业生涯中期阶段的危机管理．漳州师范学院学报（哲学社会科学版），2005 (04)：5-9.

寻求更多的机遇。

（3）积极沟通，主动寻求上级支持。认识工作中存在的缺陷，积极主动地和上级沟通，获得上级反馈信息，从而认识到自身的长处和不足，从而树立正确的自我观念，为以后的职业发展作好充足的准备[①]。

（4）明确目标，积极融入企业文化。规划好自己的职业生涯，才能在明确目标的指引下去积极主动地实现理想。员工积极地为自己的未来职业生涯发展做好规划，才能在职业发展中变被动为主动，不会感到迷失方向。当对工作或生活没有激情时，要设法投身到企业文化中去。一般来说，一个成熟企业自身的文化具有很强的凝聚力，能使个人及时调整心态，对工作更有激情和活力。好的企业文化应当充满凝聚力和向心力，当员工感到对工作或生活没有激情时，融入企业文化中能使个人及时调整心态，恢复工作热情和活力。

（5）尝试跳槽，寻找新的发展机会。当你对现在的职业感到没有希望时，当你发现目前的企业已经不适合自己的发展时，跳槽也是寻找新机遇的一种选择。离开所在企业，寻找其他企业中相似的职位，希望新的工作环境能有效地改变这一现状。

10.3.2　组织的职业中期管理策略

职业高原现象的影响可以通过对职业生涯的有效管理来减轻或消除。要做到有效管理，可以考虑如下策略。

（1）以人为本，实现双赢。当今社会，人力资源已经成为企业的核心资源，人才是企业的一种重要竞争力，这已成为一个不争的事实，尤其是处于关键岗位的人才。当这些员工遇到职业高原现象产生心理危机时，必然会影响企业的生产效率和经营效益。所以帮助员工克服心理危机，走过职业高原，是企业与员工“双赢”的做法。企业可以通过加强员工职业生涯管理，将员工的个人目标与企业总体目标结合起来，使员工的努力符合企业的发展规划，最终实现员工个人发展与企业长远发展的互动双赢。

（2）重塑企业文化，提倡成功标准多样化。虽然人们普遍认为，晋升是职业成功的最重要标志之一。然而在企业中，能够得到晋升的员工毕竟是少数，更多的员工将会在职业生涯中期或更早的阶段遇到职业高原。如果企业主流文化认为，晋升为最重要的甚至是唯一的成功标志，那么大部分职业高原期员工都会感受到极大的压力，可能会为企业增加不必要的内耗。企业应重塑企业文化，提倡职业生涯成功标准多样化，要让员工认识到职业成功不仅仅是晋升和薪酬，还应包括工作本身的乐趣以及不断的自我完善等等。只有成功标准多样化的企业文化，才能让员工认同自我价值，在工作中获得更多的成就感。

（3）建立多重职业生涯发展阶梯。单一的职业生涯发展阶梯阻碍了员工职业的生存与发展，因而拓宽职业生涯发展阶梯则是转为的解决办法。企业里员工的职业锚除了管理型职业锚外，还有技术型职业锚、业务型职业锚等，因此企业应该建立除传统管理型阶梯外的技术型和业务型等多重职业生涯发展阶梯，而且各个阶梯的层级结构

---

① 程芳．职业生涯高原的成因与应对策略探讨．中国市场，2012，(40)：30-31.

应该平等，对于每一个层级来讲，每个阶梯里都有对等的层级，在对等层级的员工都可获得和同级管理者同样的报酬、权限、地位和尊重。

(4) 制定合理平等的岗位晋升机制。良好的晋升机制会让员工有公平感，是有效防范职业高原的关键性因素。有平等晋升机会的企业，会使员工对自己的职业发展有信心，只要有能力、有技术，迟早会有好的发展前途，产生职业高原的人数比例也会相应降低。

(5) 根据需求进行针对性在职培训。进入职业高原期的员工过多对企业的发展不利。因此，企业应根据此类员工的不同的状况和需求，有针对性地进行相关培训，帮助员工提高专业知识和技能，这样当企业内没有足够晋升空间时，可以转移员工的注意力，降低失落感，从而有效减少职业高原的人数。有针对性、有侧重点的培训体系有助于提高员工的职业素养、拓宽员工的工作范围、提升企业绩效以及增加组织的灵活性。

(6) 进行岗位轮换，提升工作能力。岗位轮换指的是为提高员工的工作能力，避免单一岗位产生的厌倦，让员工水平地轮换工作，通过多样化的职业活动提高员工能力。对于同一项工作，干久了都会产生厌烦感，即使是原来很有创造力的员工也会没有热情，而流于照章办事。通过多样化的岗位轮换让员工时刻保持工作的新鲜感，从而避免单一岗位所带来的厌倦。日复一日地重复同一个工作，无论员工的创造力多强，无论其工作热情有多高，都不可避免地会产生厌烦感。要保持工作的敏感性和创造力，适当的岗位轮换是必要的，有些员工在遭遇职业高原后，认识到自己有从事其他工作的潜力，除此之外，岗位轮换能为员工提供发挥潜能的机会。还能增强职业高原期员工对环境的适应力，全面锻炼员工多方面的能力，这些是晋升和加薪无法替代的。

(7) 进行工作丰富化，提升管理能力。工作丰富化是指在工作中赋予员工更多的责任、自主权和控制权。它不是水平地增加员工工作的内容，而是垂直地增加工作内容。这样员工会承担更多重的任务、更大的责任，员工有更大的自主权和更高程度的自我管理，还有对工作绩效的反馈。通过扩大员工的工作自主权、增加责任感而让工作更有吸引力，减轻高原期员工的心理压力，缓解对工作的倦怠感和晋升压力。

(8) 宽带薪酬，多样化奖励。宽带薪酬是指为了使薪酬达到相对较少的等级和较宽的变动范围而对多个薪酬等级和薪酬变动范围进行重新组合。这种薪酬体系对打破等级观念有很大帮助，从而推动工作绩效。同时使员工薪酬取决于绩效工资和技能工资，这有利于员工将注意力转移到自身技能的提高和业绩的改善上，从而淡化对职位晋升的需求。同样这种薪酬体系削弱了员工薪酬和岗位的关联，有利于员工避免职业高原的阻碍。对于大多数企业而言，职位晋升和金钱奖励往往是认可员工绩效的有效手段。然而，采用多种方式进行表彰或许是一个不错的手段。灵活的运用奖励措施不但能达到激励员工的效果，同时还能使员工的工作成就感、自我认同感得到相应的提升，进而逐渐淡化对职业晋升的关注。

(9) 鼓励其成为年轻员工的导师。对于部分年龄较大且处于职业高原期的员工，他们工作经验丰富，同时专业技能熟练且熟悉企业文化。针对这类员工，企业应采取适当的引导措施使其成为年轻员工的导师。这样他们丰富的知识和经验就传授给了年轻员工，同时又帮助年轻员工熟悉了企业文化，使有效资源不至于流走。此外，他们在指导新员工的过程中满足感和被尊重感都能得到提升，且在教导的过程中对自己的创造力也有一定的激发作用[①]。

此外，企业还要营造和谐氛围培养人际关系。良好的企业文化氛围能增强员工的忠诚度，激发员工的工作热情和奉献精神，建设并留住优秀人才。而良好的人际关系会使人心情愉快，乐于在企业工作，从而有利于工作中的沟通合作[②]。

10.4 职业生涯中期的工作/家庭冲突管理

10.4.1 工作/家庭冲突出现的原因

职业生涯中期的个人基本结束了单身生活，拥有了家庭和子女，个人家庭生活的负担达到最高峰，上有父母需要赡养，下有子女需要抚育，必须面对组织与社会的客观工作世界、婚姻家庭状况、子女教育及其他任务。工作角色和家庭角色出现较大冲突，是维持职业目标，继续自我发展，或是重新抉择，而且个人与家庭和职业之间存在矛盾冲突。

员工的自我发展时间越多，相对地给予家庭的时间就少，如果牺牲家庭利益超过一定限度，家庭生命周期运行就会影响生命周期及职业生涯周期的运行，反过来，投入家庭时间多了，又会影响职业生命周期和其他周期的运行。因此，作好工作/家庭冲突之间的平衡很难，但又极为重要，它影响着人们的工作绩效、组织承诺、工作生活质量和竞争力。

员工职业生涯发展、工作绩效、生活质量及组织与员工关系，是影响家庭幸福感乃至社会稳定的重要因素。所以，企业、家庭和个人三方面都应该积极采取措施从主观和客观方面减少工作/家庭冲突。

10.4.2 工作/家庭冲突的组织策略

组织可以采取弹性策略和支持计划来减少工作/家庭冲突。弹性策略包括弹性时间、弹性操作和弹性边界。支持计划包括提供信息、托管孩子、照顾老人和家庭生活咨询与培训。

1. 弹性策略

弹性策略主要指组织为平衡员工工作与家庭，以及其他非工作活动而采取的一种扩大员工工作自主性、灵活性，增强员工控制力的一种激励政策，具体包括弹性工作时间、弹性工作操作和弹性边界。弹性工作时间是指完成规定工作任务或固定工作时间的前提下，员工可以自由选择工作的具体时间安排，以代替统一固定上下班时间的

---

① 欧阳玉楼．职业高原的类型及其管理策略．企业改革与管理，2006，(08)：56-57.

② 刘陆梅．职业高原现象分析及对策——以职业生涯中期为例．经济师，2008，(03)：168-169.

制度。它的实施要以员工有能力安排好时间为前提，有利于协调工作和家庭的冲突。

弹性工作制是组织只规定工作的目标和过程关键节点，而由员工自主安排工作的具体实施过程，前提是员工有自主管理工作过程的胜任力。这样可以提高员工的自我认同感、成就感及对组织的忠诚度，淡化工作与家庭的冲突影响。

弹性边界认为工作和家庭的边界可以相互渗透，二者是一个有机整体。工作和家庭没有严格的界限，二者可以相互配合，员工可以选择在家工作，也可以在工作中照顾到某些家庭职责。员工可以根据当前任务的重要性灵活处理工作和生活问题，如果员工在家时遇到重要的工作任务会放下家务先完成工作，反之亦然。

2. 支持计划

支持计划是指组织采取一系列措施帮助员工克服困难，顺利履行工作和家庭责任。主要包括培训与咨询服务计划、信息提供计划、托管福利计划。

(1) 培训与咨询计划是指为了让员工有正确的观念去处理工作和家庭之间的关系，企业为员工制订和实施的相关培训与咨询计划，目的是让员工的冲突处理能力得到提升。

(2) 信息提供计划是指企业通过各种手段帮助员工获得充分信息，降低工作中的不确定性，从而减少压力的计划，主要包括角色职责、政策信息、领导意图及一些满足家庭需要的社会信息。这些可以帮助员工明确企业制度和政策，降低由角色信息模糊形成的压力对员工家庭生活的影响，从而减少家庭对工作的影响。

(3) 托管福利计划是指当员工家庭生活负担过重影响工作的时候，企业制订相关的福利计划去补贴员工，或者协助员工照顾孩子和老人。

这些应对策略使得影响工作/家庭冲突的因素从客观方面减少了。除了组织所采取的策略外，最重要的是个人的应对策略，因为企业策略最终是通过个人来发挥作用的，所以要将个人策略与企业策略结合起来。

10.4.3 工作/家庭冲突的个人策略

Nelson 等提出，应对工作/家庭冲突时，个人采取的策略主要有四种，即直接行动策略、寻求帮助策略、积极思维策略和回避/退让策略。个人通过采取直接行动来改变外部冲突因素影响的策略叫作直接行动策略；寻求帮助策略为个体通过寻求与别人合作和别人的帮助，促使外部冲突的环境因素发生变化，从而最大程度降低冲突。这两种策略的共同点都通过改变问题的产生环境来减少或消除冲突，所以被称为问题中心型策略。与之对应的策略是情绪中心型策略，它的特点是不改变问题产生的环境，而是通过控制和管理个人的认知或情绪来减少或消除冲突的影响，此策略包含积极思维策略和回避/退让策略。积极思维策略是指个体通过个人认知来控制自己的知觉，从而减少工作/家庭冲突的影响；回避/退让策略则是指个体可以通过漠视或忽略冲突的存在来把冲突的影响降低到最小的策略。

个体应对冲突的四种策略各有优缺点，只有冲突与策略相匹配，才能最大程度地发挥作用。虽然问题中心型策略比情绪中心型策略有长久的效果，但是要求改变冲突发生的环境，如果没有一系列的条件如组织文化、较好的策略以及家庭成员的支持，那么它就不可能奏效。情绪中心型策略是一种暂时性策略，在无法改变组织或其他客观环境因素的情况下，可能是更佳的选择，它可以从心理上减弱个人对冲突的体验，从而减少冲突带来的消极影响①。

关键术语

职业生涯中期　空巢家庭　职业危机　危机转化　职业高原
职业适应性工作/家庭冲突　组织管理策略

本章小结

本章首先阐述了职业生涯中期的特点与任务；其次，提出了职业生涯中期的危机管理措施；再次，提出了职业生涯中期的职业高原应对策略；最后，提出了职业生涯中期工作/家庭冲突的管理策略。

复习思考题

1. 职业生涯中期的特点和任务是什么？
2. 职业生涯中期如何进行危机管理？
3. 什么是职业高原，如何应对职业生涯中期的职业高原？
4. 职业生涯中期的工作/家庭冲突如何处理？

案例分析

止步不前的高手——李刚

李刚是位销售高手，参加工作时业绩骄人。但不久后，他发现晋升到领导岗位上的员工，有一些是业绩不如自己，甚至是业绩二流的销售人员，而他自己无论业绩多好，得到的奖励多高，就是没有这些上司拿到的奖励高。于是他开始产生种种揣测：他们会拍领导的马屁，他们和某某领导有关系。李刚感到不服气，他们凭什么管理自己？他甚至开始把时间和精力用在与自己的直接上司作对上，因此他的销售业绩也开始下降。如此一来，这位销售高手的命运可想而知。李刚愤然辞职，满怀希望地进入另一家企业，重新开始干起销售。除了销售经验大打折扣后留存于自己的职业生涯里，其余的积累都化为乌有。就这样，他在新的销售岗位上开始了自己新的人生征程。

李刚并没有意识到自己失败的主观原因，于是抱着同样的思想观念开始新的工作，结果还是重蹈覆辙。反复折腾了几个单位后，他对自己都没有了信心，甚至找个工作都很困难，因为这世界圈子很小，尤其同一行当的圈子更小，当他先后到几家新的单位应聘时，发现新单位的销售主管甚至主管的上司都是他原来的同事，有的还是他曾经带过的徒弟。正是因为这些主管对他有所了解，所以他的面试一次次的失败。他又开始抱怨这些人不念旧情，但这对他找工作并没有任何益处。他也曾到过几家没有认

① 陈兴华，凌文辁，方俐洛．工作—家庭冲突及其平衡策略．外国经济与管理，2004，(04)：16-19.

识自己的单位去应聘，那些主管，尽管对他来说都是“嘴上没毛”者，但神情傲慢地把他上下打量一番后，都或多或少的有些疑惑，甚至下意识不想录用，因为坐在这些主管岗位上的人与他素不相识，只能按一般常理去推测：“您这么大年龄还在找这么基础的工作，而且还跳槽那么多次，每次都是重复最基层的销售员工作?”招聘者对他的能力持怀疑态度，在这样的前提下，他应聘成功的概率近乎于零。而且随着年龄的增长，家庭生活的压力越来越大，他着急挣钱养家糊口，更加没有机会做更多选择，于是他只能委曲求全做自己最不愿意、最低收入比、最低层次，还随时可能被辞退的工作，因为随着社会的进步，低层次的工作竞争更为激烈，并且随时都有可能消弭。此时，李刚感觉到人生的失意、失落、失败，想到自己如今灰暗的前景，再回首自己早期让人骄傲的业绩，仿佛是曾经的一场梦。

李刚也许至今还不明白，最初一起参加工作的同事，为什么如今有如此大的差别呢？为什么那些还不如自己的人会超过自己，甚至成为年薪丰厚的总裁级人物呢？

思考题：

1. 李刚人到中年遇到了什么样的危机？
2. 为什么李刚会出现这样的危机？
3. 你认为，李刚应该如何摆脱目前的危机呢？

第11章　如何解决职业生涯后期问题

引导案例

慈善股神——沃伦·巴菲特

沃伦·巴菲特（1930.8.30～），生于美国内布拉斯加州的奥马哈市，全球著名投资商。2011年，他以净资产500亿美元位列福布斯榜第三名。

沃伦·巴菲特从小就极具投资意识，他钟情于股票和数字的程度远远超过了家族中的任何人。他满肚子都是挣钱的想法，五岁时，就在家中摆地摊兜售口香糖；稍大后他带领小伙伴到球场捡“大款”用过的高尔夫球，然后转手倒卖，生意颇为红火；上中学时，除利用课余做报童外，他还与伙伴合伙将弹子球游戏机出租给理发店老板，挣取外快。

1941年，刚刚11岁，他便跃身股海，购买了平生第一支股票。1947年，沃伦·巴菲特进入宾夕法尼亚大学攻读财务和商业管理。但他觉得教授们的空头理论不过瘾，两年后转学到内布拉斯加大学林肯分校，一年内获得了经济学学士学位。1950年，巴菲特考入哥伦比亚大学商学院，师从于著名投资学家本杰明·格雷厄姆。格雷厄姆反对投机，主张通过分析企业的盈利情况、资产情况及未来前景等因素来评价股票。他传授给巴菲特丰富的知识和诀窍。1951年，21岁的巴菲特以最高A＋获得了哥伦比亚大学经济学硕士学位。

1957年，巴菲特掌管的资金达到50万美元；1964年，他掌管的资金高达2200万美元。1966年春，美国股市牛气冲天给投机家带来了横财，但巴菲特却不为所动。他认为，股票的价格应建立在企业业绩成长而不是投机的基础之上。1968年，巴菲特公司的股票增长了46%，而道·琼斯指数才增长9%，他掌管的资金达到1.04亿美元。1968年5月，当股市一路高歌的时候，巴菲特却通知合伙人他要隐退了。1969年6月，股市直下渐渐演变成股灾，到1970年5月，每种股票都要比上年初下降50%。1970～1974年，持续的通货膨胀和低增长使美国经济进入了“滞涨”时期，然而一度失落的巴菲特却暗自欣喜异常，因为他看到了财源即将滚滚而来——他发现了太多的便宜股票。1972年，巴菲特又盯上了报刊业，他偷偷地在股市上蚕食《波士顿环球》和《华盛顿邮报》，他的介入使《华盛顿邮报》市值大增，每年平均增长35%。10年之后，巴菲特投入的1000万美元升值为2亿美元。1980年，他以每股10.96美元的单价用1.2亿美元买进可口可乐7%的股份。1985年，可口可乐改变经营策略，开始抽回资金投入饮料生产，其股票单价升至51.5美元，翻了5倍。1992年，巴菲特以74美元每股购下435万股通用动力公司的股票，到年底股价上升到113美元。1994年年底，他的公司已发展成拥有230亿美元的伯克希尔工业王国，它早已不再是一家纺纱厂，它已变成庞大的投资金融集团。1965～1998年，巴菲特的股票平均每年增值20.2%，高出道·琼斯指数10.1个百分点。如果谁在1965年投资巴菲特的公司10 000美元的话，到1998年，他就可得到433万美元的回报，也就是说，谁若在33年前选择了巴菲特，谁就坐上了发财的火箭。

"股神"沃伦·巴菲特麾下的投资公司Berkshire Hathaway2006年度，利润增长了29.2%，盈利达110.2亿美元。1965～2006年的42年里，伯克希尔公司净资产的年均增长率达21.46%；同期标准普尔500指数成分公司的年均增长率为10.4%。

巴菲特2006年6月25日宣布，他将捐出总价达300多亿美元的私人财富投向慈善事业。这笔巨额善款将分别进入比尔·盖茨创立的慈善基金会及巴菲特家族的基金会。巴菲特捐出的300多亿美元是美国迄今为止出现的最大一笔私人慈善捐赠。此外，巴菲特向已故妻子创立的慈善基金捐出100万股股票，同时向他三个孩子的慈善基金分别捐赠35万股的股票。巴菲特被美国人称为"除了父亲之外最值得尊敬的男人"。

思考题：

1. 为什么巴菲特成为美国人最尊敬的男人呢？
2. 本案例对职业生涯后期的管理有什么启示？

11.1 职业生涯后期的特点与任务

11.1.1 职业生涯后期的特点

处于职业生涯后期阶段的员工，一般处在50岁至退休年龄之间，从心态上看，此时员工的家庭状况发生了很大变化；自我意识上升，怀旧、念友心重；进取心显著下降，开始安于现状，淡泊人生。由于知识经济时代，科学技术的迅猛发展，知识老化和技术更新的速度加快，他们所掌握的技术开始落后于企业的需要，他们的能力开始下降。处于这一时期的员工，更加看重个人对企业的贡献，他们具有很强的归属感和认同感。

处在职业生涯后期的员工，由于其职业能力与身心条件的变化，其职业呈现出完全不同于早、中期职业生涯阶段的特征。

（1）知识老化、进取心弱、能力下降。知识经济时代，科学技术迅猛发展，知识老化和技术更新的速度非常惊人。处在职业后期的员工，由于其体能和精力不可避免地衰退，学习能力及整体职业能力呈下降趋势，其知识、技能明显老化和磨损，且无力更新与恢复，职业工作能力和竞争能力逐渐减弱以至丧失。

（2）权力削弱、责任减少、地位下降。在职业中期，正值员工年富力强、职业发展至顶峰的时期。有的员工攀升至中、高层领导岗位，拥有相当权力，负有重要责任。

就是一般员工，也多是工作中的骨干，娴熟的技能和丰富的经验，使他们处于良师角色和工作中心的位置。但是，到达职业生涯后期，这一夺目的光环会渐渐消失。领导职务逐渐被年轻人取替，权力与责任随着削弱，中心地位和作用逐渐消失。

（3）优势尚存、发挥余热、尽职贡献。尽管进入职业生涯后期阶段的员工在体能、智能方面已明显下降，在职业工作中处于次要地位，但他们熟知企业及其发展过程，已深深融入企业文化之中，对企业颇有感情；在长年的职业工作中，练就了娴熟的技能，积累了丰富的业务实践知识；他们有丰富的人生阅历，具有处理工作中各种复杂的人与事、人与人之间矛盾的能力和经验、技能和智慧，可以担当良师的角色，继续在职业工作中发挥自己独有的作用。

11.1.2　职业生涯后期的任务

职业生涯后期在西方通常是指 45～60 岁的一段时间。而在我国，45 岁左右还属于精力比较旺盛的时期，员工的经验丰富，处于事业的高峰。50 岁左右时，大多数人的事业已经达到顶点，体力、学习能力下降，适应能力也开始减弱。在我国，不论脑力劳动者还是体力劳动者，男性退休的年龄是 60 岁；女性则有一些差别，在企业，干部退休是 55 岁，工人退休是 50 岁；在事业单位，女性高级知识分子退休的年龄是 55 岁，但也有些可以延长到 60 岁。由于计划生育政策，多数家庭只有一个孩子，加上结婚比较晚，如果按男性 26 岁，女性 24 岁生育，孩子 20 岁左右独立生活，则父母的年龄在 44 岁左右。在这个阶段，部分比较优秀的员工可能还没有达到事业的顶点，还有发展的空间，而大部分员工都已经达到了顶点，在 50 岁以后呈逐步下降的趋势。因此，综合考虑各方面的因素，我们将职业生涯后期划定在退休前的 5～10 年时间。

职业生涯后期阶段，员工即将结束职业生涯，而此时此刻组织的任务依然繁重。一方面，要鼓励、帮助员工继续发挥自己的才能和智慧，帮助他们做良师益友，传授自己的经验；另一方面，要帮助员工作好退休的心理准备和退休后的生活安排。此外，还要适时作好人员更替计划和人事调整计划。

11.2　职业生涯后期职业生涯危机

退休前主要是完成交接班，带徒弟，并为退休做准备，以便适应退休生活，健康地安度晚年时光。

11.2.1　工作危机

组织中的重要岗位通常是由经验丰富、熟悉历史、能力较强的员工负责。然而，随着组织事业发展的规范化，组织中新老员工的交替工作衔接得越来越好。往往在过了 50 岁以后，就应该考虑从重要的岗位上逐步离开，而将重担交给年纪较轻的员工。在职业中期，正值员工年富力强，职业发展至顶峰，有的员工攀升至中高层领导岗位，权力大责任重地位高，但是到达职业生涯后期，这一夺目的光环会渐渐消失，领导职务往往逐渐被年轻人所取替，权力与责任随之削弱，中心地位和作用逐渐消失。

11.2.2 经济危机

职业生涯后期的员工由于退休，收入会急剧减少，而通货膨胀的压力总是客观存在，在社会保障体系还不健全和不完善的情况下，退休后的生活来源自然成为主要的心病。因此，完善保险制度，按时足额发放退休金，使员工的晚年衣食住行有保障，是减少这种担心的关键。

11.2.3 心理危机

害怕被社会、家庭、子孙们冷落和歧视。通常，社会对老人是尊敬的，然而，受西方自我中心观念的影响，现在有些年轻人开始嫌弃老人，觉得他们啰唆，观念老化，思想僵化，生活习惯不合，疾病多，医疗开支大，不愿意和他们生活在一起。当然，大多数子女还是比较孝顺的，至少在经济上支持，在疾病治疗方面关心。但总是有一些人，过于自私，不愿意帮助老人，甚至是自己的亲生父母。因此，老人希望建立和谐的人际关系，得到子孙的理解，形成老有所养的社会氛围。另外，还有对生活的担心。老伴、好友陆续去世，使老年人感到恐惧和孤独。希望能形成一个互助的组织和机构，使老人不孤独，有人安慰，充实地度过余生。

11.2.4 生理危机

由于身体衰退和老化，抵抗力降低，疾病会显著增加，所以担心医疗服务跟不上，身体健康没有保障，希望提供符合老人特点的特殊医疗服务及相关的卫生保健措施。过去，提倡对组织和工作的无私奉献，许多员工牺牲家庭、牺牲休闲时间，将自己的整个身心都贡献给了组织。这些员工是组织生存、发展的栋梁，是组织的有功之臣。其中有些人由于过度专注于工作，业余爱好没有得到很好的培养，除了工作别无所好。当他们从工作岗位上退下来时，便不知道该干些什么，很容易产生空虚感和失落感，甚至导致身体健康状况的恶化。

11.3 职业生涯后期的个人管理策略

11.3.1 培养年轻的接班人

要将自己的感受、理解以科学的方式和方法传递给年轻人，就像教师和教练一样。为了达到培养年轻人的目的，既需要了解年轻人的心理，与年轻人和谐相处，又需要讲究技术，使受教育者能轻松地理解。为此，如果个人有这个愿望，还应该继续学习一些相关的知识和技能，将自己的经验和教训传授给未来的接班人。

11.3.2 接受和发展新角色

处在职业生涯后期阶段的员工，要勇敢地面对和欣然接受生理机能衰退及其所导致的竞争力、进取心下降的客观现实，另辟新径，寻求适合于自己的职业新角色，以发挥个人的专长与优势。在现实工作中，当师傅、带徒弟、培育新员工；充任教练，对员工进行技能培训；充当参谋、顾问等角色，或出谋划策，提供咨询，或者从事力所能及的事务性工作等。均不失为适宜于职业生涯后期阶段的良好角色。

11.3.3　重心转向家庭生活

要从思想上认识和接受“长江后浪推前浪”是必然规律，心悦诚服地认可个人工作权力和责任的减少，以及中心地位的下降，以求得心理上的平衡。将思想重心逐渐从工作转移到个人活动和家庭生活方面，善于在业余爱好、家庭、社交、社区活动和非全日工作等方面寻找新的满足源。例如，通过参加钓鱼、养花、收藏、旅游、老友相聚、社会治安、交通治理等活动，或者从事新职业等，来充实自己的生活，满足自己的需求。不是所有的单位都对年长者不公，还是有许多单位从感情上承认老职工的贡献，在实际生活中关心老职工的利益，并希望老职工能发挥自己的经验优势，帮助培养年轻的员工。

11.3.4　发展爱好应对空巢

在职业生涯后期，“空巢”的出现是家庭生活的一大变化，也是人生的一大转折。应付好这一变动，对于员工职业生涯后期的工作和个人发展都很重要。

员工思想重心应向家庭倾斜，多给配偶时间，通过多种方式方法密切同配偶的关系。随着生活重心的转移，个人时间增多，所以有条件发展个人业余爱好和兴趣，满足以前难以实现的个人需求，也可以充实和丰富个人的“空巢”家庭生活。注重社会人际交往，增进亲情和友情。积极参加社会活动，寻找适宜的新职业。

11.3.5　回顾生涯着手退休

在职业生涯结束之时，员工应当很好地回忆自己所走过的职业生涯道路，一方面，可以总结和评价自己的职业生涯，为自己的职业人生画上圆满的句号；另一方面，通过总结自己职业生涯成功的经验和失败的教训，现身说法对新员工进行培训教育也是很好的选择。应为退休作必要的准备，有些人在退休之前心理准备比较充分，对自己将来的生活有计划和打算，能很快适应退休后的生活；而有些人，尚没有意识到未来的生活与现在工作的区别，没有充分的心理准备，特别是缺乏必要的爱好和活动安排，一旦退休会感到严重的不适应，觉得寂寞、空虚、度日如年，以致身体也迅速衰退。

如果单位没有人替你着想，自己应该主动地为自己打算。如果身体好，工作还能延续，可以找一个理想的单位，继续自己的事业。如果觉得自己忙碌了一辈子，生活太单一，精力允许、经济上有保障，可以选择旅游。如果身体较差，则可以选择比较安静的生活方式，比如上老年大学，学习写字、绘画，学习电脑、上网；也可以选择一些适合老年人的体育运动，如打门球、慢跑、打太极、跳健身操等。如果子女需要帮助，自己也愿意，可以和子女生活在一起，共享天伦之乐。

11.4 职业生涯后期的组织管理策略

11.4.1 理解员工感受给予充分尊重

在计划经济向市场经济转轨的条件下，由于种种因素，许多曾为集体、国家作出贡献的员工没有得到应有回报。在论资排辈的年代，他们的资历不够，不能得到回报；当他们终于获得了足够的资历时，社会分配又强调效率优先。过去，为了组织的发展，他们全心全意地工作，甘当一颗螺丝钉，在奉献自己知识和技能的同时，忽视自身的发展和建设；当尊重知识的时代到来时，他们人生获取知识的大好时光已经过去了。可以说，他们目前的一些问题除了自身因素的影响外，组织和社会也是有责任的。如果设身处地地想一想，他们有不满情绪也是正常的，组织和社会应该给以充分的理解和关心。如果在物质利益没有保证的情况下，精神上也得不到补偿，就会导致冲突。

也许有一些员工知识技能老化，但是掌握着组织的很多权力和资源，客观上造成了对组织发展的消极影响，但只要给这些员工以充分的尊重，晓之以理，动之以情，从大局出发，切实以制度的形式保障这些员工的利益，相信能建立起新老员工之间的相互信任，最终说服这些员工逐步退出重要的岗位。

11.4.2 退休待遇制度化差别化结合

针对退休的问题，组织应该根据实际情况制定相应的政策和措施。比如，什么时候退休，哪些人员可以延聘，哪些人员可以提前退休；退休金如何发放，退休保险金如何安排，社会保险费如何落实；退休后的医疗费用如何支付；退休后的生活如何保障等，都应该有相应的组织制度。当然，由于整个国家处于变革期，许多规章制度都在制定和完善中，组织可根据自己的实际，制订配套的方案。

一般情况下，应该严格按组织规定的相关制度对待退休职工，但也要考虑企业或组织实际，作一些符合市场变化和特殊情况的差别化处理。僵死的制度不适合当今变革的社会，但凡事凭长官意志，又不利于管理的透明、公平、公正。

员工有各自的情况和类型，多数员工的贡献能力不会随着正式退休而结束，组织如果需要相关的人员，可以采取兼职、顾问或其他方式优先考虑聘用他们。不同的员工，由于其能力、经历、社会声望、身体状况、兴趣爱好等不同，应该对其实行有差别的管理。对于事业上有成就的员工，如果身体允许，应该采取适当的措施，提供其发挥余热的机会，比如指导年轻员工，继续退休前尚未完成的研究，协助审查新的立项项目等，将员工的智慧充分利用起来。

11.4.3 做好退休安排丰富关心形式

许多人为单位工作了一辈子，心里总是惦记着组织。特别是人总有惯性，工作习惯了，一下子离开单位，总是有些不适应。为了解决这些问题，有些单位采取了一些人性化做法：比如让将要退休的职工外出旅游、疗养；有些单位则让员工延聘一年，在这一年中逐渐减少他们的活动，特别是有些会议、重要工作可以适当地减少，给他们一些时间，逐步处于半工作、半退休的状态，到了真正退休的时候，就习惯多了。此外，有些员工如果项目没有完成，可以继续工作，但对他们的要求可以逐步降低，给他们更大的自主权，比如不一定非要按时上班，只要能按计划完成工作即可。

组织要以多种形式关心退休员工。生涯后期的员工更多希望从组织中寻求稳定和温暖。可以通过开展一些社团活动，丰富其退休后的生活。例如，为退休员工办好养老保险和医疗保险；关心退休者的疾苦，切实解决其实际困难和问题；每逢节日、生日之际，慰问安抚退休员工；对于希望丰富老年生活，弥补过去由于工作太忙，而没有时间休闲的员工，可组织他们去一些地方度假和旅游，充实晚年生活；可以举办老年大学鼓励老年员工发展多种兴趣与爱好；举办联谊会支持他们参加社会公益活动，以此增进身心健康；可提供锻炼的场地，开展丰富多彩的、适合老年人的体育活动。组织可采用退休员工座谈会、联谊会等形式，向退休者通报企业发展情况，互通信息；征求退休员工对企业的意见和建议；加强员工之间的沟通、联系和友谊。

11.4.4　发挥余热做好新老交替工作

根据马斯洛的需要层次理论，人有尊重的需要，特别是年纪大的人，对晚辈的尊重更加在意，这涉及年长员工对自己一生价值的评价。特别是当这些员工逐步从重要的岗位退下来之后，本身就有一些失落，如果不对他们的贡献以适当的形式予以认可，会让他们心理不平衡。

处于职业生涯后期的员工，工作了一辈子，拥有丰富的经验、熟练的业务、广泛的社会阅历，这些经验或教训都是宝贵的财富，如果将这些传授给年轻的员工，让这些年轻的员工吸取成功的经验，避免失败的教训，无疑有利于员工的顺利成长，从而为组织培养优秀的员工创造条件。此时，企业应安排他们做一些咨询和指导性工作，也是对他们价值的一种认同。例如，为新员工安排讲座，介绍职业生涯规划的经验和一些业务知识；为生涯发展中的员工提供心理咨询，可以缓解压力并解决生涯低谷中遇到的问题。

在退休前夕，首先应做好新老接替工作，其次还应该有计划地组织一些活动，帮助即将退休的员工了解退休后的生活，尝试性地适应这种生活，作好退休之际的工作衔接。组织要有计划地分期分批安排人员退休，及早进行岗位接替人的选拔和培养工作。帮助退休员工与其接替者做好具体的交接工作，在新老员工职业更替之时，确保工作的正常进行。

关键术语

职业生涯后期　空巢　工作危机　心理危机　生理危机　经济危机
兴趣爱好　退休安排　新老交替

本章小结

本章首先阐述了职业生涯后期的特点与任务；其次，指出了职业生涯后期的危机因素；再次，提出了职业生涯后期的个人管理策略；最后，提出了职业生涯后期的组织管理策略。

复习思考题

1. 职业生涯后期的特点和任务是什么？
2. 职业生涯后期的危机有哪些？
3. 个人如何应对职业生涯后期的危机？
4. 职业生涯后期的组织管理策略有哪些？

案例分析

烟橙大王——褚时健

褚时健是中国最具争议性的财经人物之一，曾经是中国有名的“烟草大王”。1928年，褚时健出生于一个农民家庭。1955年27岁时担任玉溪地区行署人事科长。1979年10月任玉溪卷烟厂厂长。1990年褚时健被授予全国优秀企业家终身荣誉奖——“金球奖”。1994年，褚时健被评为全国“十大改革风云人物”，走到了他人生的巅峰。褚时健使红塔山成为中国名牌，他领导的企业累计为国家上缴利税数以千亿计，他以战略性的眼光，强化资源优势，抓住烟草行业发展的机遇，使玉溪卷烟厂脱颖而出，成为中国烟草大王和地方财政支柱。但是企业家激励机制与监督体制的不健全葬送了他的政治和职业生命。1995年2月，一封匿名检举信指控玉溪卷烟厂厂长褚时健贪污受贿。1997年，褚时健黯然离开执掌18年的红塔山。1999年1月9日，褚时健被处无期徒刑、剥夺政治权利终身，此时他已是71岁的老人，他的女儿在狱中自杀身亡，自己又身陷囹圄。在褚时健效力红塔山的18年中，为国家创造的利税高达991亿元，加上红塔山的品牌价值400多亿元，他为国家贡献的利税至少有1400亿元。在褚时健时期，他缔造了红塔山帝国，造就了多少百万富翁，为多少人解决了吃饭问题，已数不可数。也正因此，很多人为褚时健晚年的遭遇抱不平。

今天我们不得不思考，为什么一个优秀的企业家会变成阶下囚？又为什么有人为其喊冤而有人叫好？其主要原因可以归结如下。①价值观的转变。计划经济年代，国有企业福利待遇都在统一的模式下运行，人们按部就班，而从计划经济到市场经济的转变，企业开始走向市场自负盈亏，同时国家对民营经济也从限制转为鼓励，人们的思想意识、价值观、人生观和对社会的责任感都发生了极大的变化。②监督机制不力。计划经济经转向市场经济，企业角色变了，而相应的政策和法规则显得滞后；③分配制度不公。计划经济时期，分配的制度看似公平合理，然而却严重制约了经济的发展，降低了人们的工作效率，阻碍了社会的进步。上市公司老总在企业严重亏损情况下年薪可拿几百万，而红塔集团年上缴利税百亿元的企业老总褚时建18年收入不足百万，而类似规模的美国可口可乐公司总裁的收入1996年为885万美元，外加2500万美元股权，收入的巨大差异使他心理严重不平衡，认为做出的贡献没有得到回报；④社会评价不一。红塔集团的很多人认为，褚时健是在不该拿钱的时候，拿了他应该拿的钱。

许多人为他惋惜，认为他这辈子完了。但出人意料的是，褚时健并没有垮掉，2002年春节办理保外就医，回到家中养病，75岁的他承包了2000亩“鸟不拉屎”的荒山开种果园。诸多困难并没有阻碍他脱下西装穿上农装，用努力和汗水把荒山变成了绿油油的果园。在昆明，街上的橙子 10 块钱 4 公斤，而他的冰糖脐橙 1 公斤 8 块钱你都买不到，他的果园效益好得惊人。他是如何管理 2000 亩荒山的呢？他使用了以前在管理烟厂时烟农的办法：①定标准。他给每棵树定标准，产量定个数，因为太多会影响果子质量，果农见到差点的果子就主动摘掉，从不以次充好；②明激励。果农完成任务能领到 4000 元工资，质量达标再领 4000 元，年终奖金 2000 多元，一年能领 1 万多元，比外面打工挣钱还多。以前，褚时健管理烟厂的时候，想到烟厂上班的人挤破头；现在他管理果园，想在果园干活的人也挤破头。王石曾感慨道，如果我遇到他那样的挫折，到了他那个年纪，我会想什么？

——改编自 http：//www.sina.com.cn 2008.4.23

思考题：

1. 褚时健职业生涯后期遇到了什么危机，又是如何克服的呢？
2. 褚时健晚年再创业为什么如此成功？
3. 褚时健的成功对于职业生涯后期的个人发展有什么借鉴意义呢？

附录1：职业锚的自我分析测试

请回答以下问题，看看你的职业锚属于哪一种？

1. 你在中学和大学时期主要对哪些领域比较感兴趣（如果有的话）？为什么对这些领域感兴趣？你对这些领域的感受如何？

2. 你毕业之后所从事的第一种工作是什么（如果相关的话，服役也算在其中）？你期望从这种工作中得到些什么？

3. 当你开始自己职业生涯的时候，你的抱负或长期目标是什么？这种抱负或长期目标是否曾经发生过变化？如果有，是在什么时候？为什么会发生变化？

4. 你第一次换工作或换公司的情况是怎样的？你希望下一个工作能给你带来什么？

5. 你后来换工作、换公司或换职业的情况是怎样的？你为什么会做出变动决定？你所追求的是什么？（请根据你第一次更换工作、公司或职业的情况来回答这几个问题）

6. 当你回首自己的职业经历时，你觉得最令自己感到愉快的是哪些时候？你认为这些时候的什么东西最令你感到愉快？

7. 当你回首自己的职业经历时，你觉得最让自己感到不愉快的是哪些时候？你认为这些时候的什么东西最令你感到不愉快？

8. 你是否曾经拒绝过从事某种工作的机会或晋升机会？为什么？

现在请你仔细检查自己的所有答案，并认真阅读关于五种职业锚的描述。根据你对上述这些问题的回答，将每一种职业锚赋予1～5分内的某一分数，1代表最不符合你对问题的回答，5代表最符合你对问题的回答，最后你从5种职业锚的得分上可以得知自己最倾向的类型。

（资料来源：孟万金．职业规划——自我实现的教育生涯．上海：华东师范大学出版社，2005）

附录2：职业价值观测量问卷

(1) 以下十二项是人们重视的人生目标，请以1～12表示你对各目标和价值的重要性排列：

领袖地位与权力（　　）；

快乐的婚姻关系（　　）；

丰厚的经济收入（　　）；

为人父母，胜任而具满足感（　　）；

心理成熟和良好的精神健康（　　）；

自我实现和快乐（　　）；

宗教、伦理和道德的信念（　　）；

满足的性关系（　　）；

在工作上胜任而具有满足感（　　）；

对国家和社会有贡献（　　）；

与同性朋友有亲和关系（　　）；

身体健康（　　）。

(2) 如果你乘船遇难了逃到一个荒岛上，你选择做：

祈祷者（　　）；

跳海者（　　）；

造船者（　　）；

等待者（　　）；

安慰者（　　）；

自缢者（　　）；

组织者（　　）；

(3) 请你凭着你的感觉去抓以下几样东西：

扳手、试管、口琴、麦克风、原子笔、洋娃娃

扳手：吃苦耐劳、有操作机械的能力。喜欢做和物体、机械、工具、动物和植物有关的工作，是勤奋的技术家，如农牧民、机械师、电器师或匠人等。(实用型)

试管：有数理能力和科学研究精神。喜欢观察、学习、思考、分析和解决问题，是重客观的科学家，如生物学家、医学家、化学家、物理学家、地质学家和天文学家及人类学家等。(研究型)

原子笔：有敏捷的文字和计算能力。喜欢处理数字和文字资料。注意细节，按照指示完成琐碎的事，是谨慎的事物家，如会计师、银行职员、财税专家、文书人员、秘书、资料处理人员等。(常规型)

麦克风：有领导和说服他人的能力。喜欢以影响力、说服力和人群互动，追求政治或经济上的成就，是有自信的领导者，如企业家、政治家、法学家。(企业型)

口琴：有艺术、直觉和创作的能力。喜欢运用想象力和创造力，从事美感的创作，是表现美的艺术家，如作家、音乐家、画家、设计师、演员、舞蹈家等。(艺术型)

洋娃娃：有教育、宽容及与人安全相处的能力。喜欢与人接触，以教学或者是协助的方式，增加他人的知识、自尊心、幸福感，是教育或社会工作者，如教师、心理治疗师、辅导或社会工作人员等。(社会型)

(4) 职业价值观的自我检核。

根据不同职场中人们对工作价值观的调查，有如下的职业价值观类型，请你自己对照这些类型，在自己认可的生涯价值观后打钩，然后整理和厘清自己的价值观。

• 审美性：很重视美感，希望自己做出来的东西都能带有一些美感和艺术气息，追求美感的呈现，不喜欢简陋、平淡的事务（ ）

• 职场物质环境：选择工作时，会特别注意该工作所提供的工作环境。喜欢在安静、舒适的环境下工作，也会尽量去经营自己的工作环境，使它更适合自己的工作。（ ）

• 威望：较看重自己的尊严和威望。希望所从事的工作带来好的名声，也因此希望获得别人的尊重和肯定，对社会地位较高的职业更有兴趣。（ ）

• 利他主义：有较明显的理想性格，工作是为了造福人群，喜欢从事能够帮助别人的工作，希望因自己的付出而让社会更加美好。（ ）

• 自主性：能安排自己该做的工作，很有主见，别人的意见通常只是参考，坚持己见是常有的事。（ ）

• 工作中人际关系：重视与同事和上司的关系，喜欢在工作中认识很多朋友，更希望自己的工作人际关系和谐，除了工作时间以外，也喜欢与同事来往和交流。好的同事关系能带来较大的满足，而不佳的人际关系，则会影响工作效率，甚至影响生活。（ ）

• 经济报酬：工作的主要目的是获取报酬，重视财富的累积，收入的高低常会有意无意地影响他对工作的选择。（ ）

• 崇法修德：重视工作的正当性，不去从事不正当的、不合乎道德的或不合乎法律的工作，更不希望工作会对他人造成直接或间接的伤害。（ ）

• 挑战性：喜欢面对不同的挑战，宁愿失败也不愿意守旧，喜欢向自己的极限挑战，不断超越自己的成就。（ ）

• 成就：较看重工作中的成就感，希望能有成功和突出的表现，也能因为一项工作的完成而获得满足，喜欢从事能够看得到具体成效的工作。（ ）

• 心灵成长：希望能在工作中促进自我成长，并通过工作认识各种不同个性和生活背景的人。（ ）

• 变异性：希望自己的工作多彩多姿、丰富变化，不喜欢每天做同样的事情，更讨厌呆板、单调，会期待工作中的变化。（ ）

• 安定性：较注重工作的安定、稳定，而不是冒险，不希望经常调换工作，很少

想要调工作。(　　)

·实现性：工作的目的在于能够表达自己的想法和看法，喜欢能表现自我风格的工作，更希望能将个人理念通过工作而付诸实现。(　　)

·对组织及工作的影响力：希望能对所在的机构有影响力，喜欢领导别人一起工作时的能力感，若自己无力改变组织中不合理的现状，则会感到比其他人更深的挫折感，常是组织中最有影响力的领导者。(　)

·升迁及个人发展：较重视工作的长期发展，在考虑选择工作时，会以升职、进修、在职训练机会多或者有发展前景而选择工作。(　　)

·专业表现：希望在自己的工作中发挥所学，实现自己的专业理想。因此，一份适合自己的兴趣和个性、展现自己能力及发挥专长的工作是最吸引人的。(　)

·自我充实：对于工作的附带效应较重视。希望工作能使自己获得更多的知识、增长见识、不断进步，不断创造性地实现增加的工作理想。(　)

·生活安适：最重视安适的生活，不希望因为工作而让自己的生活太过辛苦和紧张，认为工作应该轻松、愉快、过得去就好。(　)

·休闲时间：较重视假期，希望有较多、较长的假期，无法接受忙碌得几乎没有休假的工作，也不希望工作会妨碍到自由自在的生活。(　)

附录3：职业兴趣问卷

说明：

(1) 测验的目的在于了解你的兴趣，以便你将来可以选择适当的职业。

(2) 只要在题前“是”或“否”的方格里，划上“√”的记号即可。每一项问题都要作答。

(3) 请如实作答。

是 否

□ □ 1. 飞行员（驾驶飞机）

□ □ 2. 秘书（在办公室中替人整理信件或打字）

□ □ 3. 侦探（侦察犯罪的人）

□ □ 4. 邮政人员（在邮局工作）

□ □ 5. 电子技师（做电子技术工作）

□ □ 6. 摄影师（做拍照工作）

□ □ 7. 飞机修护员（修理飞机）

□ □ 8. 气象学家（研究气象）

□ □ 9. 神职人员（在教会工作，如牧师、神父等）

□ □ 10. 簿记员（在机关里记账）

□ □ 11. 诗人（写诗歌）

□ □ 12. 报社编辑（编印报纸）

□ □ 13. 托儿所保姆（在托儿所照顾三四岁的小孩）

□ □ 14. 律师（在法院审判案件时，替人辩护）

□ □ 15. 生物学家（研究动物和植物）

□ □ 16. 中学教师（在中学教导学生）

□ □ 17. 品质管理员（管制货物的品质）

□ □ 18. 采购人员（采购公司货物）

□ □ 19. 交响乐队指挥（指挥管弦交响乐队）

□ □ 20. 建筑物拆除业者（拆掉古老破旧的建筑物）

□ □ 21. 医生（替人治病）

□ □ 22. 小学教师（在小学教导学生）

□ □ 23. 校长（当学校的校长）

□ □ 24. 发电厂操作员（在发电厂工作）

□ □ 25. 天文学家（研究星星、月亮、太阳等天上的物体）

□ □ 26. 预算审核员（核算预备开支的账目）

□ □ 27. 音乐家（从事音乐工作）

□ □ 28. 起重机操作员（建筑或造房子时，操作起重机）
□ □ 29. 管钳工（装修下水槽、浴缸及其他钳管设备）
□ □ 30. 航空设计工程师（从事飞行设计工作）
□ □ 31. 语言矫治专家（矫治说话有困难的人）
□ □ 32. 交通业经理（经营交通业务）
□ □ 33. 制造商代理（代理出售产品）
□ □ 34. 作家（写文章或著书）
□ □ 35. 消防队队员（失火时，参加救火工作）
□ □ 36. 军官（在军队里带领士兵）
□ □ 37. 室内装潢师（帮助人们设计家具或房屋）
□ □ 38. 小说家（写小说）
□ □ 39. 人类学家（从事人员研究）
□ □ 40. 婚姻辅导员（帮助人员解决婚姻问题）
□ □ 41. 统计人员（统计数字）
□ □ 42. 电视机制造人员（制造电视）
□ □ 43. 商业性艺术工作者（设计广告、招版等）
□ □ 44. 外交官（出使外国的代表）
□ □ 45. 政府官员（在政府机关工作）
□ □ 46. 雕刻家（刻雕像）
□ □ 47. 汽车技工（修理汽车）
□ □ 48. 测量员（测量土地）
□ □ 49. 动物学家（从事动物研究）
□ □ 50. 体育教师（教导人们运动技能）
□ □ 51. 速记员（迅速记事）
□ □ 52. 旅馆经理（经营旅馆）
□ □ 53. 运动选手（参加运动竞赛）
□ □ 54. 木匠（用木头制造器具）
□ □ 55. 建筑监理工（监督房屋建造的工作）
□ □ 56. 化学家（做化学实验）
□ □ 57. 游乐场指导员（在游乐场所指导人们做游戏）
□ □ 58. 出纳员（在公司或机关计算薪水并发放薪金）
□ □ 59. 商业经理（商业主管）
□ □ 60. 银行职员（在银行工作）
□ □ 61. 电台播报员（在电台广播新闻或气象）
□ □ 62. 科学家（从事科学研究）
□ □ 63. 心理学家（帮助人们了解他们的能力和兴趣）
□ □ 64. 税赋专家（从事税赋的研究）
□ □ 65. 餐馆服务人员（在餐馆工作）

□ □ 66. 艺术品商人（贩卖艺术品）
□ □ 67. 裁判员（执行运动规则，以裁定胜负）
□ □ 68. 加油站服务员（在加油站工作）
□ □ 69. 社会科学教师（教社会科学的老师）
□ □ 70. 司仪（报道典礼仪式的程序）
□ □ 71. 爆破员（使用炸药开挖山洞或挖坑）
□ □ 72. 英语教师（教英语）
□ □ 73. 销售经理（推销货物）
□ □ 74. 树木修剪员（修剪树枝的人）
□ □ 75. 科学杂志编辑（编科学性的刊物）
□ □ 76. 福利机构主任（福利事业的主管）
□ □ 77. 电脑设备操作员（操作电脑）
□ □ 78. 旅行推销员（到各地推销物品）
□ □ 79. 音乐会歌星（在音乐会里歌唱）
□ □ 80. 检察官（处理犯法案件）
□ □ 81. 工厂领班（领导工厂里的工人）
□ □ 82. 大学教授（在大学教书）
□ □ 83. 工具设计师（设计工具）
□ □ 84. 地质学家（研究岩石和化石以探测石油和矿物）
□ □ 85. 督导（监督学校的教学与行政工作）
□ □ 86. 经济学家（分析经济情况）
□ □ 87. 不动产经纪人（做房屋土地买卖的生意）
□ □ 88. 作曲家（创作乐曲）
□ □ 89. 人像艺术家（描绘人像）
□ □ 90. 机械师（制造机械的技师）
□ □ 91. 火车工程师（设计或制造火车）
□ □ 92. 植物学家（研究植物）
□ □ 93. 生活辅导员（帮助人们解决问题）
□ □ 94. 估价员（估计物品价格）
□ □ 95. 工商关系顾问（提供意见给工商界的专家）
□ □ 96. 导演（指导演员演戏）
□ □ 97. 制图员（绘制工作）
□ □ 98. 法官（在法庭上做审判官）
□ □ 99. 精神病患者个案工作员（帮助精神病患者解决问题）
□ □ 100. 职业拳击师（参加拳击或摔跤以挣取奖金）
□ □ 101. 剧作家（写剧本）
□ □ 102. 儿童服饰设计师（设计儿童服装的式样）
□ □ 103. 货车司机（开货车）

□ □ 104. 电器技工（修理电器）
□ □ 105. 物理学家（研究物理学）
□ □ 106. 职业辅导员（帮助人们选择适当的工作）
□ □ 107. 银行审计员（审查银行的各种收支记录）
□ □ 108. 漫画家（画卡通图片）
□ □ 109. 社会工作者（从事服务社会的工作）
□ □ 110. 锁匠（制造钥匙）
□ □ 111. 殡仪师（在殡仪馆做事）
□ □ 112. 运货及收货员（从事送货或收货工作）
□ □ 113. 保险经纪人（做推销保险的生意）
□ □ 114. 理发师（替人理发）
□ □ 115. 收账员（从事收款工作）
□ □ 116. 探险家（到没有人去过的地方探险）
□ □ 117. 火车司机（开火车）
□ □ 118. 编曲（改编乐曲）

职业兴趣类型及题目如下，回答“是”记1分，回答“否”不记分。

⏩R（realistic）实用型：3，7，20，24，28，29，35，42，47，48，54，55，68，71，74，81，90，97，103，104，114，117

⏩I（investigative）研究型：1，5，8，15，17，21，25，30，39，49，51，56，62，83，84，91，92，105，116

⏩A（artistic）艺术型：6，11，12，19，27，34，37，38，43，46，72，75，79，88，89，96，101，102，108，118

⏩S（social）社会型：9，13，16，22，23，31，40，50，53，57，63，67，69，76，82，85，93，106，114

⏩E（enterprising）企业型：14，18，33，36，42，44，45，52，59，60，65，66，70，73，78，80，87，95，98，99，113

⏩C（conventional）常规型：2，4，10，26，32，41，51，58，61，64，77，86，94，107，111，112，115

R	I	A	S	E	C	Total

通过记分便可看出测试者职业类型的倾向性。

（资料来源：吴武典修订）

□ □ 104. [illegible]（[illegible]）

□ □ 105. 物理学家（研究物理学）

□ □ 106. [illegible]（[illegible]）

□ □ 107. [illegible]（[illegible]）

□ □ 108. [illegible]（[illegible]）

□ □ 109. 社会工作者（从事[illegible]工作）

□ □ 110. [illegible]（[illegible]）

□ □ 111. [illegible]（[illegible]）

□ □ 112. [illegible]（[illegible]工作）

□ □ 113. [illegible]（[illegible]）

□ □ 114. 理发师（为人理发）

□ □ 115. 收银员（从事收银工作）

□ □ 116. [illegible]（[illegible]）

□ □ 117. 大学教师（[illegible]）

□ □ 118. [illegible]

[illegible]，回答"是"记1分，回答"否"不计分。

R（realistic）[illegible]：[illegible]，20，24，28，[illegible]，35，[illegible]，48，54，[illegible]，68，71，74，81，90，97，100，101，[illegible]，117

I（investigative）[illegible]：[illegible]，5，8，13，17，21，[illegible]，30，[illegible]，49，[illegible]，56，62，68，84，91，[illegible]，[illegible]

A（artistic）[illegible]：[illegible]，10，27，31，37，[illegible]，43，[illegible]，72，75，79，85，89，96，[illegible]，102，[illegible]

S（social）[illegible]：[illegible]，20，[illegible]，23，31，[illegible]，50，53，57，58，67，69，76，82，85，93，106，[illegible]

E（enterprising）[illegible]：[illegible]，16，[illegible]，36，[illegible]，44，46，[illegible]，59，60，65，[illegible]，70，73，76，80，[illegible]

C（conventional）[illegible]：[illegible]，29，[illegible]，38，51，64，77，[illegible]，94，107，111，112，[illegible]

R	I	A	S	E	C	Total

[illegible]

（资料来源：[illegible]）